知识产权
裁判观点选粹和文书推介

杜华英　王俊河　主编

知识产权出版社
全国百佳图书出版单位

图书在版编目（CIP）数据

知识产权裁判观点选粹和文书推介／杜华英，王俊河主编. —北京：知识产权出版社，2018.7
ISBN 978 – 7 – 5130 – 5668 – 7

Ⅰ. ①知… Ⅱ. ①杜… ②王… Ⅲ. ①知识产权法—法律文书—案例—中国 Ⅳ. ①D926. 135

中国版本图书馆 CIP 数据核字（2018）第 150994 号

责任编辑：刘　睿　邓　莹　　　　　　　　责任校对：潘凤越

文字编辑：刘敏华　　　　　　　　　　　　责任印制：刘译文

知识产权裁判观点选粹和文书推介

杜华英　　王俊河　主编

出版发行	知识产权出版社 有限责任公司	网　　址	http://www.ipph.cn
社　　址	北京市海淀区气象路 50 号院	邮　　编	100081
责编电话	010 – 82000860 转 8346	责编邮箱	dengying@cnipr.com
发行电话	010 – 82000860 转 8101/8102	发行传真	010 – 82000893/82005070/82000270
印　　刷	北京嘉恒彩色印刷有限责任公司	经　　销	各大网上书店、新华书店及相关专业书店
开　　本	787mm×1092mm　1/16	印　　张	18
版　　次	2018 年 7 月第 1 版	印　　次	2018 年 7 月第 1 次印刷
字　　数	382 千字	定　　价	65.00 元

ISBN 978-7-5130-5668-7

做你喜欢的事，爱你喜欢的人，你就是幸福的；
做好你喜欢的事，爱好你喜欢的人，你就是成功的。

与读者共勉

序

在知识产权法官队伍中，王俊河法官是一员老兵。在知识产权审判领域深耕多年，俊河法官亲历了难以计数的知识产权案件，审判阅历和经验丰富，见多识广。"工欲善其事，必先利其器"。在审判工作之余，俊河法官善于进行专业上的总结和积累，这既是他的工作特色，又保障了他能够高质量地应对工作难题。这种持之以恒的精神和态度令人感佩。现俊河法官精选其累积的知识产权裁判要旨，汇集成册并交付出版，使其个人的积累发挥溢出价值，奉献给业界同仁，当真是可喜可贺。本书无疑是一本独具匠心的裁判要旨选粹。

俊河法官任职的济南市中级人民法院是我国知识产权审判的一个重镇，多年来该院多有创新和作为，裁判了一系列颇有影响和具有典型示范意义的知识产权案件。俊河法官作为一位"元老"级法官，无疑也是其中的重要参与者。例如，合理确定赔偿数额始终是知识产权审判的难题之一。(1998) 济知初字第 54 号原告广西黑五类食品集团公司与被告枣庄市劳技经济发展公司食品厂侵害外观设计专利权案，在确认侵权成立而被告拒不提供侵权产品生产、销售账册的情况下，结合案情尝试适用法定赔偿，全额支持原告 8 万元的赔偿请求。这发生在济南中院知识产权审判庭刚刚组建的第一年，是难能可贵的。又如，(2006) 济民三初字第 121 号原告山东九阳小家电有限公司与被告慈溪市西贝乐电器有限公司等侵害发明专利权纠纷案，该案入选最高人民法院评选的"改革开放 30 周年 100 件知识产权案件"。在原告就侵权时间跨度、侵权产品销售范围广度和侵权产品型号、价格多样等多维度举证充分的情况下，该案突破了当时的法定赔偿数额上限全额支持原告 300 万元的赔偿请求，实际上是率先尝试了定额赔偿制度。该种做法为后来的相关司法文件肯定并吸收为司法政策。侵权对比，尤其是围绕同一历史题材的不同作品的侵权对比是知识产权审判的另一难题，(2010) 济民三初字第 84 号原告张某某与被告雷某某等侵害著作权案对此做了很好的探索，该案于 2017 年 3 月被最高人民法院公布为第 31 号指导性案例。著作权法所保护的是作品中具有独创性的表达，即思想或情感的表现形式，不包括思想或情感本身。创意、素材、公有领域的信息、创作形式、必要场景、有限或唯一的表达方式，均不受著作权法的保护。（2013）济民三初字第 716 号原告北京庆丰包子铺与被告济南庆丰餐饮管理有限公司商标侵权及不正当竞争案是被最高人民法院再审改判的案件。俊河推介该案反映了其求真的审判态度。该案提出如何在商业标识性权利冲突中适用比例原则的问题，值得进一步探讨。当然，本书收集的内容不限于俊河法官亲历的案件，尤其还包括经精心挑选的最高法院裁判要旨。这使得本书更具有参考价值。此外，本书推介的 20 篇裁判文书，从一个侧面反映了知识产权审判工作的变化和进步。

当前中国知识产权审判又处于新的历史节点。鉴往知今和继往开来，对于知识产权审判工作具有特殊意义。俊河法官一定会再接再厉，既在知识产权审判工作中再创佳绩，又不断进行专业上的积累和提升，常做有益同仁的善举，为知识产权保护增光添彩。知识产权审判事业的繁荣发达，非常需要像俊河法官这样专业厚实、勤勤恳恳和默默无闻的耕耘者。我与俊河法官曾同在中国政法大学求学时相识，后来又都从事知识产权审判工作，现邀我作序，故非常乐意向读者推荐。

是为序。

上海交通大学凯原讲席教授、博士生导师
凯原法学院代院长、知识产权与竞争法研究院院长
孔祥俊

凝练推介　彰显情怀（代序）

　　法律的生命力在于实施。法律实施的最重要环节就是司法，知识产权法更是如此。实施学习和研究知识产权法，离不开知识产权裁判文书。在最高人民法院要求裁判文书上网公开前的很多旧的知识产权裁判文书，现在已无从获得。而最近几年，随着知识产权案件的增加和大多数裁判文书在网上公开，知识产权裁判文书多得看不过来。如何能看到旧的裁判文书和如何快速浏览权威裁判文书的要点，成为研读知识产权裁判文书中的问题。本书可以说在一定程度上就是针对这一问题而编写的。本书内容主要是两部分。第一部分是最高人民法院裁判文书的凝练，除汇编了最高人民法院历年年度报告中的裁决要点之外，还萃取2008年以前部分案例和裁判观点，是理解和研究最高人民法院知识产权司法理念的重要资料。第二部分是王俊河法官裁判文书的推介，精选了20件裁判文书并附有推介理由。这些裁判文书都是俊河自己撰写，代表了济南中级人民法院不同时期知识产权审判的状况。这些裁判文书，有的是在公开渠道找不到的。虽然个别裁判文书所依据的法律已经修改，审理的原则和精神已经过时，很难作为学习和理解现行知识产权法的参考，但仍然可以作为研究和探讨知识产权问题的资料。

　　本书的编者之一王俊河法官是我多年的朋友，我们相识于我在山东省高级人民法院任职期间。1996～2006年我在山东省高级人民法院做法官，审理的案件绝大部分是知识产权案件，俊河是我最早接触的、也是接触最多的知识产权法官。1999年我在山东高院经一庭从经济审判转而从事知识产权审判。我审理的第一起知识产权案件是一起涉及高空摩托车表演装置的专利侵权案件（好像就是俊河一审判决（1999）济知初字第31号河南高空飞车艺术团与沈阳高空钢缆表演艺术团实用新型专利侵权案）。当时我结合一审判决书，开始学习专利法的规定，尝试理解专利权利要求书和说明书，虽然费了不少脑细胞，开完庭后心里还是没底。按照一位老法官告诫的"审不明白就维持"的原则，就维持了原判。之后，在感觉逐渐明白时，开始改判一审案件。当然，改判俊河的判决还是要做好准备，他往往会找机会讨论改判的原因。而我们讨论的内容不仅仅是他审判的案件，他经常会发现知识产权审判中的问题，自己思考，找人讨论。每次讨论，他思维之活跃、思考的深度和广度，都给我留下深刻的印象，而我从这些讨论中也受益匪浅。

　　今天看到俊河编写的书稿，惊讶地看到他准确地记得自己所承办案件的确切数量，对20多年来审理的每个案件都列得清清楚楚，并推介了20多年前的裁判文书。能做到这些实属不易。这其实是俊河做事认真和有条理的体现，也可以看到他工作的认真和审理案件的细致。

　　王俊河法官是知识产权司法界的老人，不是年龄大，而是资历深。据我所知，他是山东省法院系统从事知识产权审判工作时间最长的法官，全国法院系统担任知识产权合议庭审判长时间最长的法官，也是全国法院系统从事知识产权审判工作超过20年的为数不多的法官之一。多年来的知识产权审判工作，审理难度大，案件标的小，当事人难打交道，没有一点自娱自乐的精神，很难坚持下来。而俊河在知识产权审判一线一干就是25个年头，其间静观领导变换、同事转岗、部下升迁，凭着对知识产权审判工作的热爱，始终坚守一颗执着的心，更是难能可贵。

　　这种探究的精神、认真的态度和执着的心，体现了俊河的知识产权情怀。这种情怀，在本书中也可以领悟。正是由于许多法官的知识产权情怀，不但推动着中国的知识产权司法进步，而且推进中国知识产权立法完善，带动了中国知识产权研究的繁荣，促进了中国知识产权事业的发展。

　　很高兴应俊河之邀作序。也借此机会，祝俊河保持情怀，更进一步。

中国科学院大学知识产权学院副院长、教授、博士生导师

闫文军

2018 年 2 月

目 录

第一部分 裁判观点选粹

一、专利权案件 /3

　　（一）发明和实用新型专利民事案件 /3

　　（二）发明和实用新型专利行政案件 /16

　　（三）外观设计专利案件 /30

二、著作权案件 /34

三、商标案件 /41

　　（一）商标民事案件 /41

　　（二）商标行政案件 /48

四、竞争和垄断案件 /63

五、植物新品种权案件 /74

六、集成电路布图设计专有权案件 /75

七、知识产权合同案件 /76

八、知识产权诉讼程序和证据 /80

第二部分 裁判文书推介

（1994）济南中法经初字第 71 号原告孙某甲与被告山东省济宁市任城区柳行食品机

　　械厂侵害实用新型专利权纠纷民事调解书 /101

（1998）济知初字第 54 号原告广西黑五类食品集团公司与被告山东省枣庄市劳技经济发展公司食品厂侵犯外观设计专利权纠纷民事判决书 /103

（1999）济知初字第 16 号原告舒某某与被告济宁无压锅炉厂实用新型专利侵权纠纷民事判决书 /107

（2000）济知初字第 48 号原告济南市雕塑创作室与被告刘某某、被告山东正方环艺工程有限公司侵犯著作权纠纷民事判决书 /109

（2002）济民三行初字第 127 号原告平邑县蒙阳水泥添加剂厂与被告临沂市专利管理局、第三人张某某不服专利处理决定纠纷行政判决书 /113

（2003）济民三初字第 54 号原告中国建筑材料工业地质勘查中心山东总队与被告莱芜市钢城金矿、莱芜市钢城区艾山街道办事处技术合同纠纷民事判决书 /120

（2005）济民三初字第 132 号原告虎都（中国）服饰有限公司与被告广州虎都服装有限公司、池某某商标侵权、不正当竞争纠纷民事判决书 /124

（2006）济民三初字第 121 号原告山东九阳小家电有限公司、王某某与被告济南正铭商贸有限公司、上海帅佳电子科技有限公司、慈溪市西贝乐电器有限公司发明专利侵权纠纷民事判决书 /132

（2007）济民三初字第 88 号原告河南金博士种业有限公司、河南农科院种业有限公司、河南农科院粮作所科技有限公司与被告山东省种子总公司、济阳县泉星种业有限公司侵犯植物新品种权纠纷民事判决书 /138

（2008）济民三初字第 37 号原告山东中创软件工程股份有限公司与被告山东融仕软件有限公司、周某、刘某某侵犯计算机软件著作权纠纷民事判决书 /144

（2009）济民三初字第 102 号原告三联商社股份有限公司与被告山东三联集团有限责任公司商标使用许可合同纠纷民事判决书 /154

（2010）济民三初字第 84 号原告张某某与被告雷某某、赵某、山东爱书人音像图书有限公司侵犯著作权纠纷民事判决书 /160

（2010）济民三初字第 297 号原告周某与被告中国金币总公司、被告深圳国宝造币有限公司、被告山东齐泉纪念币有限公司、第三人彩石大方（北京）艺术设计有限公司侵犯著作权纠纷民事判决书 /167

（2011）济民三终字第 11 号上诉人济南德佳玻璃机器有限公司与被上诉人上海优森
德产品检测技术有限公司技术服务合同纠纷民事判决书　　　　　　　　　/175

（2012）济民三初字第 636 号原告谢某与被告济南健朗生物科技有限公司特许经营
合同纠纷民事判决书　　　　　　　　　　　　　　　　　　　　　　　/178

（2013）济民三初字第 716 号原告北京庆丰包子铺与被告济南庆丰餐饮管理有限公
司侵犯注册商标专用权纠纷民事判决书　　　　　　　　　　　　　　　/182

（2014）济民三初字第 337 号原告山东普瑞聚能达科技发展有限公司与被告济南瑞
德聚氨酯有限公司、张某某侵犯商业秘密纠纷民事判决书　　　　　　　/188

（2014）济民三初字第 952 号原告奥托恩姆科技有限公司与被告山东天业恒基股份
有限公司侵犯计算机软件著作权纠纷民事判决书　　　　　　　　　　　/193

（2015）济民三初字第 208 号原告烟台欣和味达美食品有限公司与被告滕州市鼎盛
酿造有限责任公司侵犯注册商标专用权及不正当竞争纠纷民事判决书　　/201

（2016）鲁 01 民初 1656 号原告泰诺健公司与被告山东天展健身器材有限公司侵害
外观设计专利权纠纷民事判决书　　　　　　　　　　　　　　　　　　/206

附　件　个人年度结案目录　　　　　　　　　　　　　　　　　　　　　/211

后　记　　　　　　　　　　　　　　　　　　　　　　　　　　　　　/275

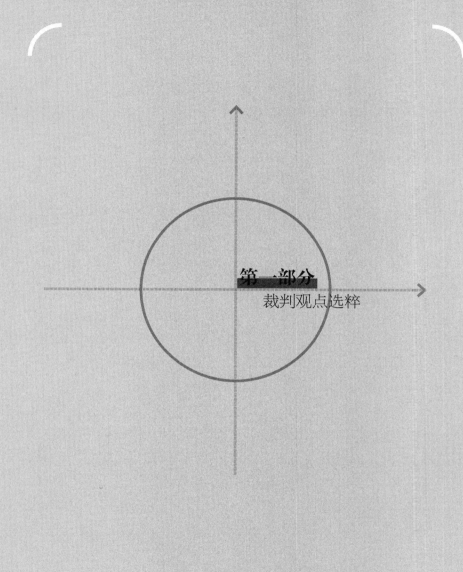

第一部分

裁判观点选粹

一、专利权案件

（一）发明和实用新型专利民事案件

■1. 权利要求技术特征的划分方法

在张某与大易工贸公司等侵犯专利权纠纷案【（2012）民申字第 137 号】中，最高人民法院指出，划分权利要求的技术特征时，一般应把能够实现一种相对独立的技术功能的技术单元作为一个技术特征，不宜把实现不同技术功能的多个技术单元划定为一个技术特征。

■2. 专利侵权判断中权利要求技术特征的划分标准

在再审申请人刘某某与被申请人台州市丰利莱塑胶有限公司侵害实用新型专利权纠纷案【（2017）最高法民申 3802 号】中，最高人民法院指出，恰当划分专利权利要求的技术特征是进行侵权比对的基础。技术特征的划分应该结合发明的整体技术方案，考虑能够相对独立地实现一定技术功能并产生相对独立的技术效果的较小技术单元。

■3. 解释权利要求时应当遵循的原则

在孙某某与肯德基公司等专利侵权案【（2009）民申字第 1622 号】中，最高人民法院认为，解释权利要求时应遵循说明书和附图可以用于解释权利要求、权利要求中的术语在说明书未作特别解释的情况下应采用通常理解、不同权利要求中采用的相关技术术语应当解释为具有相同的含义、考虑专利权人在专利授权和无效宣告程序中为保证获得专利权或者维持专利权有效而对专利权保护范围作出的限制等原则，正确地确定专利的保护范围。

■ **4. 对权利要求的内容存在不同理解时应根据说明书和附图进行解释**

在新绿环公司等与台山公司专利侵权案【（2010）民申字第 871 号】中，最高人民法院认为，如果对权利要求的表述内容产生不同理解，导致对权利要求保护范围产生争议，说明书及其附图可以用于解释权利要求。本案中，仅从涉案专利权利要求 1 对"竹、木、植物纤维"三者关系的文字表述看，很难判断三者是"和"还是"或"的关系。根据涉案专利说明书实施例的记载："镁质胶凝植物纤维层是由氯化镁、氧化镁和竹纤维或木糠或植物纤维制成的混合物。"由此可见，"竹、木、植物纤维"的含义应当包括选择关系，即三者具备其中之一即可。

■ **5. 不能以专利说明书及附图的例示性描述限制专利权的保护范围**

在徐某某与华拓公司侵犯发明专利权纠纷案【（2011）民提字第 64 号】中，最高人民法院指出，运用说明书及附图解释权利要求时，由于实施例只是发明的例示，不应当以说明书及附图的例示性描述限制专利权的保护范围。

■ **6. 权利要求的术语在说明书中有明确的特定含义，应根据说明书的界定解释权利要求用语**

在福建多棱钢公司与启东八菱钢丸公司专利侵权案【（2010）民申字第 979 号】中，对于当事人存在争议的专利权利要求的技术术语，最高人民法院认为，虽然该术语在相关行业领域并没有明确的定义，但涉案专利说明书中的记载指明了其具有的特定的含义，并且该界定明确了涉案专利权利要求 1 的保护范围，所以应当以说明书的界定理解权利要求用语的含义。

■ **7. 说明书对权利要求的用语无特别界定时应如何解释该用语的含义**

在蓝鹰厂与罗某某侵犯实用新型专利权纠纷案【（2011）民提字第 248 号】中，最高人民法院认为，在专利说明书对权利要求的用语无特别界定时，一般应根据本领域普通技术人员理解的通常含义进行解释，不能简单地将该用语的含义限缩为说明书给出的某一具体实施方式体现的内容。

■ 8. 不能利用说明书修改权利要求用语的明确含义

在西安秦邦公司"金属屏蔽复合带制作方法"专利侵权案【（2012）民提字第 3 号】中，最高人民法院指出，当本领域普通技术人员对权利要求相关表述的含义可以清楚确定，且说明书又未对权利要求的术语含义作特别界定时，应当以本领域普通技术人员对权利要求自身内容的理解为准，而不应当以说明书记载的内容否定权利要求的记载；但权利要求特定用语的表述存在明显错误，本领域普通技术人员能够根据说明书和附图的相应记载明确、直接、毫无疑义地修正权利要求的该特定用语的含义的，应根据修正后的含义进行解释。

■ 9. 说明书背景技术文件的引证文件视为已被说明书所公开

在再审申请人慈溪市博生塑料制品有限公司与被申请人陈某侵害实用新型专利权纠纷案【（2015）民申字第 188 号】中，最高人民法院指出，在可能的情况下，说明书的背景技术部分应当引证反映背景技术的文件。在文件内容构成本案专利的现有技术，且通过引证的方式，上述内容已经成为说明书所涉技术方案的组成部分，则文件内容应视为已被说明书所公开。

■ 10. 权利要求中自行创设技术术语的解释规则

在再审申请人摩的露可厂与被申请人固坚公司侵害实用新型专利权纠纷案【（2013）民提字第 113 号】中，最高人民法院指出，在解释权利要求时，对于权利人自行创设的技术术语，一般可依据权利要求书、说明书中的定义或解释来确定其含义。如果缺乏该种解释或定义的，则应当结合权利要求书、说明书、附图中记载的有关背景技术、发明目的、技术效果等内容，查明该技术术语的工作方式、功能、效果，以确定其在整体技术方案中的含义。

■ 11. 使用环境特征的解释规则

在株式会社岛野与日骋公司侵犯发明专利权纠纷案【（2012）民提字第 1 号】中，最高人民法院认为，已经写入权利要求的使用环境特征属于必要技术特征，对于权利要求的保护范围具有限定作用；使用环境特征对于权利要求保护范围的限定程度需要根据个案情况具体确定，一般情况下应该理解为要求被保护的主题对象可以用于该使用环境即可，而不是必须用于该使用环境，但是本领域普通技术人员在阅读专利权利要求书、说明书以及专利审查档案后可以明确而合理地得知被保护对象必须用于该使用环境的除外。

■ 12. 应用环境特征在方法专利侵权判断过程中的作用

在再审申请人华为技术有限公司与被申请人中兴通讯股份有限公司、杭州阿里巴巴广告有限公司侵害发明专利权纠纷案【（2015）民申字第 2720 号】中，最高人民法院指出，对于虽然未作为技术特征写入权利要求，却是实施专利方法最为合理、常见和普遍的运行环境和操作模式，应当在涉及方法专利的侵权判断中予以考量。

■ 13. 母案申请对解释分案申请授权专利权利要求的作用

在邱某某与山东鲁班公司侵犯专利权纠纷案【（2011）民申字第 1309 号】中，最高人民法院认为，母案申请构成分案申请的特殊的专利审查档案，在确定分案申请授权专利的权利要求保护范围时，超出母案申请公开范围的内容不能作为解释分案申请授权专利的权利要求的依据。

■ 14. 独立权利要求与从属权利要求区别解释的条件

在再审申请人自由位移公司与被申请人英才公司、健达公司侵害发明专利权纠纷案【（2014）民申字第 497 号】中，最高人民法院指出，通常情况下，应当推定独立权利要求与其从属权利要求具有不同的保护范围。但是，如果二者的保护范围相同或实质性相同，则不能机械地对二者的保护范围作出区别性解释。

■ 15. 通过测量说明书附图得到的尺寸参数不能限定权利要求的保护范围

在盛凌公司与安费诺东亚公司侵犯实用新型专利权纠纷案【（2011）民申字第 1318 号】中，最高人民法院指出，未在权利要求书中记载而仅通过测量说明书附图得到的尺寸参数一般不能用来限定权利要求保护范围。

■ 16. 当事人在与涉案专利享有共同优先权的其他专利的授权确权程序中所作意见陈述的参考作用

在再审申请人戴森技术有限公司与被申请人苏州索发电机有限公司侵害发明专利权纠纷案【（2017）最高法民申 1461 号】中，最高人民法院指出，在确定权利要求用语含义时，同一专利申请人或专利权人在与涉案专利享有共同优先权的其他专利的授权确权程序中，对该相同用语已经作出了明确陈述的，可以参考上述陈述。

■ 17. 主题名称对专利权保护范围具有限定作用

在再审申请人星河公司与被申请人润德公司侵害发明专利权纠纷案【（2013）民申字第 790 号】中，最高人民法院指出，在确定权利要求的保护范围时，应当考虑权利要求记载的主题名称；该主题名称对权利要求保护范围的实际限定作用取决于其对权利要求所要保护的主题本身产生何种影响。

■ 18. 并列独立权利要求引用在前独立权利要求时保护范围的确定

在再审申请人星河公司与被申请人润德公司侵害发明专利权纠纷案【（2013）民申字第 790 号】中，最高人民法院指出，在确定引用在前独立权利要求的并列独立权利要求的保护范围时，虽然被引用的在前独立权利要求的特征应当予以考虑，但其对该并列独立权利要求并不必然具有限定作用，其实际的限定作用应当根据其对该并列独立权利要求的技术方案或保护主题是否有实质性影响来确定。

■ 19. 如何界定专利保护范围

在原审上诉人宁波市东方机芯总厂与原审被上诉人江阴金铃五金制品有限公司侵犯专利权纠纷案【（2001）民三提字第 1 号】中，最高人民法院认为，在确定专利权的保护范围时，既不能将专利权保护范围仅限于权利要求书严格的字面含义上，也不能将权利要求书作为一种可以随意发挥的技术指导。确定专利权的保护范围，应当以权利要求书的实质内容为基准，在权利要求书不清楚时，可以借助说明书和附图予以澄清，对专利权的保护可以延伸到本领域普通技术人员在阅读了专利说明书和附图后，无须经过创造性劳动即能联想到的等同特征的范围。既要明确受保护的专利技术方案，又要明确社会公众可以自由利用技术进行发明创造的空间，把对专利权人提供合理的保护和对社会公众提供足够的法律确定性结合起来。

■ 20. 专利侵权案件的审理思路和技术对比分析方法

在薛某某与赵某某等专利侵权案【（2009）民申字第 1562 号】中，最高人民法院对适用等同原则时如何具体判断"三个基本相同"和"显而易见性"作了比较深入的分析。最高人民法院同时指出，专利权人在侵权诉讼程序中对其技术特征所做的解释如果未超出其权利要求书的记载范围，也与其专利说明书及附图相吻合时，可以按照其解释限定该技术特征。

■ 21. 专利侵权对比不适用"多余指定原则"

在原审上诉人大连新益建材有限公司与原审被上诉人大连仁达新型墙体建材厂侵犯专利权纠纷案【（2005）民三提字第 1 号】中，最高人民法院认为，权利要求书的作用是确定专利权的保护范围，即通过向公众表明构成发明或者实用新型的技术方案所包括的全部技术特征，使公众能够清楚地知道实施何种行为会侵犯专利权，从而一方面为专利权人提供有效合理的保护；另一方面确保公众享有使用技术的自由。只有对权利要求书所记载的全部技术特征给予全面、充分的尊重，社会公众才不会因权利要求内容不可预见的变动而无所适从，从而保障法律权利的确定性，从根本上保证专利制度的正常运作和价值实现。凡是专利权人写入独立权利要求的技术特征，都是必要技术特征，都不应当被忽略，而均应纳入技术特征对比之列。本院不赞成轻率地借鉴适用所谓的"多余指定原则"。

■ 22. 专利侵权纠纷中技术特征等同的认定

在竞业公司与永昌公司专利侵权案【（2010）民申字第 181 号】中，最高人民法院认为，在判断被诉侵权产品的技术特征与专利技术特征是否等同时，不仅要考虑被诉侵权产品的技术特征是否属于本领域的普通技术人员无须经过创造性劳动就能够联想到的技术特征，还要考虑被诉侵权产品的技术特征与专利技术特征相比，是否属于基本相同的技术手段，实现基本相同的功能，达到基本相同的效果，只有以上两个方面的条件同时具备，才能够认定二者属于等同的技术特征。

■ 23. 等同替代应属技术事实问题

在原审上诉人宁波市东方机芯总厂与原审被上诉人江阴金铃五金制品有限公司侵犯专利权纠纷案【（2001）民三提字第 1 号】中，最高人民法院认为，等同替代或者称等同物替换，应属技术事实问题，即专利权利要求中的必要技术特征与被控侵权产品的相应特征相比，在技术手段、功能和效果方面是基本相同的；二者的互相替换对本领域普通技术人员来说是无须经过创造性劳动即能实现。人民法院在认定二者是否属于等同物替换时，有时需要借助本领域专业技术人员的判断。金铃公司认为，"是否属于等同替代"的判断应属于人民法院的职权范围，不应通过技术鉴定来解决，而这恰恰是对等同替代性质的一种误解。

■ 24. 封闭式权利要求的解释

在胡某某"注射用三磷酸腺苷二钠氯化镁"专利侵权案【（2012）民提字第 10 号】中，最高人民法院指出，对于封闭式权利要求，一般应当解释为不含有该权利要求所述以外的结构组成部分或者方法步骤；对于组合物封闭式权利要求，一般应当解释为组合物中仅包括所指出的组分而排除所有其他的组分，但是可以包含通常含量的杂质，辅料并不属于杂质。

■ 25. 封闭式权利要求侵权判定中等同原则的适用

在胡某某"注射用三磷酸腺苷二钠氯化镁"专利侵权案【（2012）民提字第 10 号】中，最高人民法院明确了等同原则在封闭式权利要求侵权判定中的适用。最高人民法院指出，专利权人选择封闭式权利要求表明其明确将其他未被限定的结构组成部分或者方法步骤排除在专利权保护范围之外，不宜再通过适用等同原则将其重新纳入保护范围。

■ 26. 封闭式权利要求的侵权判定

在再审申请人鑫宇公司与被申请人猴王公司侵害发明专利权纠纷案【（2013）民申字第 1201 号】中，最高人民法院指出，对于封闭式权利要求，如果被诉侵权产品或者方法除具备权利要求明确记载的技术特征之外，还具备其他特征的，应当认定其未落入权利要求保护范围。

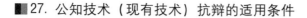

■ 27. 公知技术（现有技术）抗辩的适用条件

在施特里克斯有限公司与宁波圣利达电器制造有限公司、华普超市有限公司侵犯专利权纠纷申请再审案【（2007）民三监字第 51 – 1 号】中，最高人民法院认为，公知技术抗辩的适用仅以被控侵权产品中被指控落入专利权保护范围的全部技术特征与已经公开的其他现有技术方案的相应技术特征是否相同或者等同为必要，不能因为被控侵权产品与专利权人的专利相同而排除公知技术抗辩原则的适用。

■ 28. 现有技术抗辩的比对方法

在泽田公司与格瑞特公司侵犯实用新型专利权纠纷案【（2012）民申字第 18 号】中，最高人民法院指出，审查现有技术抗辩时，比对方法是将被诉侵权技术方案与现有技术进行对比，在两者并非相同的情况下，审查时可以专利权利要求为参照，确定被诉侵权技术方案中被指控落入专利权保护范围的技术特征，并判断现有技术是否公开了与之相同或者等同的技术特征。

■ 29. 人民法院可主动适用禁止反悔原则

在沈某某与盛懋公司专利侵权案【（2009）民申字第 239 号】中，最高人民法院认为，在认定是否构成等同侵权时，即使被控侵权人没有主张适用禁止反悔原则，人民法院也可以根据业已查明的事实，通过适用禁止反悔原则对等同范围予以必要的限制，合理确定专利权的保护范围。

■ 30. 为克服权利要求不能得到说明书的支持的缺陷而修改权利要求可导致禁止反悔原则的适用

在澳诺公司与午时公司等专利侵权案【（2009）民提字第 20 号】中，最高人民法院认为，从涉案专利审批文档中可以看出，专利申请人进行的修改是针对国家知识产权局认为涉案专利申请公开文本权利要求保护范围过宽，在实质上得不到说明书支持的审查意见而进行的；被诉侵权产品的相应技术特征属于专利权人在专利授权程序中放弃的技术方案，不应当认为其与权利要求 1 中的技术特征等同而将其纳入专利权的保护范围。

■**31. 实用新型专利的非形状构造类技术特征在认定现有技术抗辩时原则上不予考虑**

在再审申请人谭某某与被申请人镇江新区恒达硅胶有限公司侵害实用新型专利权和外观设计专利权纠纷案【（2017）最高法民申 3712 号】中，最高人民法院指出，实用新型专利的保护对象是由形状、构造及其结合所构成的技术方案，故权利要求中非形状构造类技术特征对于该权利要求的新颖性和创造性不产生贡献。因此，在实用新型专利侵权案件中，现有技术抗辩的认定原则上不考虑现有技术是否公开了权利要求记载的非形状构造类技术特征。

■**32. 专利权人在授权确权程序中的意见陈述可导致禁止反悔原则的适月**

在优他公司与万高公司等专利侵权案【（2010）民提字第 158 号】中，最高人民法院根据专利权人在涉案专利授权和无效宣告程序中作出的意见陈述，以及涉案专利说明书中记载的有关不同工艺条件所具有的技术效果的比较分析，认定被诉侵权产品中的相关技术特征与涉案专利中的对应技术特征不构成等同，被诉侵权产品没有落入涉案专利权利要求 1 的保护范围。

■**33. 部分权利要求被宣告无效情形下禁止反悔原则的适用**

在中誉公司与九鹰公司侵犯实用新型专利权纠纷案【（2011）民提字第 306 号】中，最高人民法院指出，禁止反悔原则通常适用于专利权人通过修改或意见陈述而自我放弃技术方案的情形；若独立权利要求被宣告无效而在其从属权利要求的基础上维持专利权有效，且专利权人未曾作自我放弃，则不宜仅因此即对该从属权利要求适用禁止反悔原则并限制等同侵权原则的适用。

■**34. 专利申请时已经明确排除的技术方案，不能以技术特征等同为由在侵权判断时重新纳入专利权的保护范围**

在再审申请人孙某某与被申请人任丘市博成水暖器材有限公司、张某某、乔某某侵害实用新型专利权纠纷案【（2015）民申字第 740 号】中，最高人民法院指出，等同原则的适用需要兼顾专利权人和社会公众的利益，且须考虑专利申请与专利侵权时的技术发展水平，合理界定专利权的保护范围。

■ 35. 是否取得药品生产批件不影响先用权抗辩

在银涛公司与汉王公司、保赛公司侵犯专利权纠纷案【（2011）民申字第 1490 号】中，最高人民法院认为，先用权抗辩是否成立的关键在于被诉侵权人在专利申请日前是否已经实施专利或者为实施专利做好了技术或者物质上的必要准备；药品生产批件是药品监管的行政审批事项，是否取得药品生产批件对先用权抗辩是否成立不产生影响。

■ 36. 销售商也可以提出先用权抗辩

在再审申请人北京英特莱技术公司与被申请人深圳蓝盾公司北京分公司、北京蓝盾创展门业有限公司侵害发明专利权纠纷案【（2015）民申字第 1255 号】中，最高人民法院指出，现有证据能够证明，制造商在申请日前已经实施或已经为实施本案专利做好了技术或物质上的必要准备，且仅在原有范围内继续制造的，先用权抗辩成立。在制造商并非本案被告，但销售商能够证明被诉侵权产品的合法来源以及制造商享有先用权的情况下，销售商可以提出先用权抗辩。

■ 37. 专利法意义上的销售行为的认定标准

在再审申请人刘某某与被申请人北京京联发数控科技有限公司、天威四川硅业有限责任公司侵害实用新型专利权纠纷案【（2015）民申字第 1070 号】中，最高人民法院指出，专利法意义上销售行为的认定，需要考虑专利法的立法目的，正确厘定销售行为与许诺销售行为之间的关系，充分保护专利权人利益。为此，销售行为的认定应当以销售合同成立为标准，而不应以合同生效、合同价款支付完成、标的物交付或者所有权转移为标准。

■ 38. 专利侵权案件中适用禁止反悔原则的限制条件

在再审申请人曹某某、胡某某、蒋某、蒋某某与被申请人重庆力帆汽车销售有限公司等侵害发明专利权纠纷案【（2017）最高法民申 1826 号】中，最高人民法院指出，人民法院在专利侵权案件中适用禁止反悔原则时，判断权利人作出的意见陈述是否符合《最高人民法院关于审理侵犯专利权纠纷案件应用法律若干问题的解释（二）》第 13 条规定的"明确否定"，应当对专利授权和确权阶段技术特征的审查进行客观全面的判断，着重考察权利人对技术方案作出的限缩性陈述是否最终被裁判者认可，是否由此导致专利申请得以授权或者专利权得以维持。

■39. 改劣技术方案未落入专利权的保护范围

在张某某与直连公司等专利侵权案【（2008）民提字第 83 号】中，最高人民法院认为，人民法院判断被控侵权技术方案是否落入专利权保护范围时，应当将被控侵权技术方案的技术特征与专利权利要求记载的全部技术特征进行对比；若被控侵权技术方案缺少某专利技术特征而导致技术效果的变劣，则应认定被控侵权技术方案未落入专利权的保护范围。

■40. 被诉侵权技术方案缺少专利技术特征的情况下不构成侵权

在张某与金自豪公司、同升祥鞋店侵犯实用新型专利权纠纷案【（2011）民申字第 630 号】中，最高人民法院认为，在被诉侵权技术方案缺少权利要求书中记载的一个以上技术特征的情况下，应当认定被诉侵权的技术方案没有落入专利权的保护范围。

■41. 保护范围明显不清楚的专利权的侵权指控不应支持

在柏某某与难寻中心、添香公司侵害实用新型专利权纠纷案【（2012）民申字第 1544 号】中，最高人民法院指出，准确界定专利权的保护范围，是认定被诉侵权技术方案是否构成侵权的前提条件，对于保护范围明显不清楚的专利权，不应认定被诉侵权技术方案构成侵权。

■42. 采用与权利要求限定的技术手段相反的技术方案不构成等同侵权

在再审申请人捷瑞特中心与被申请人金自天和公司等侵害实用新型专利权纠纷案【（2013）民申字第 1146 号】中，最高人民法院认为，被诉侵权技术方案的技术手段与权利要求明确限定的技术手段相反，技术效果亦相反，且不能实现发明目的的，不构成等同侵权。

■43. 专利侵权案件中制造行为的认定

在再审申请人沈阳中铁安全设备有限责任公司与被申请人哈尔滨铁路局减速顶调速系

统研究中心、宁波中铁安全设备制造有限公司及一审被告哈尔滨铁路局侵害实用新型专利权纠纷案【（2017）最高法民再 122 号】中，最高人民法院指出，被诉侵权人虽未直接制造被诉侵权产品，但根据其对他人制造行为的控制、最终成品上标注的被诉侵权人企业名称和专属产品型号等因素，可以推定被诉侵权人实施了制造行为。

■44. 改变方法专利的步骤顺序是否构成等同侵权

在再审申请人乐雪儿公司与被申请人陈某某等侵害发明专利权纠纷案【（2013）民提字第 225 号】中，最高人民法院指出，方法专利的步骤顺序是否对专利权的保护范围起到限定作用，从而导致发生步骤顺序改变时限制等同原则的适用，关键在于所涉步骤是否必须以特定的顺序实施以及这种顺序改变是否会带来技术功能或者技术效果的实质性差异。

■45. 产品说明书属于专利法意义上的公开出版物

在再审申请人蒂森克虏伯机场系统（中山）有限公司与被申请人中国国际海运集装箱（集团）股份有限公司、深圳中集天达空港设备有限公司、一审被告广州市白云国际机场股份有限公司侵害发明专利权纠纷案【（2016）最高法民再 179 号】中，最高人民法院指出，产品操作和维护说明书随产品销售而交付使用者，使用者及接触者均没有保密义务，且其能够为不特定公众所获取，属于专利法意义上的公开出版物。其中记载的技术方案，以交付给使用者的时间作为公开时间。

■46. 抵触申请抗辩成立的条件

在再审申请人慈溪市博生塑料制品有限公司与被申请人陈某侵害实用新型专利权纠纷案【（2015）民申字第 188 号】中，最高人民法院指出，被诉侵权人以其实施的技术方案属于抵触申请为由，主张不侵害专利权的，应当审查被诉侵权技术方案是否已被抵触申请完整公开。在该技术方案相对于抵触申请不具有新颖性时，抵触申请抗辩成立。

■47. 实施包含专利技术的推荐性标准需取得专利权人的许可

在再审申请人张某某与被申请人孑牙河公司及一审被告、二审被上诉人华泽公司侵害发明专利权纠纷案【（2012）民提字第 125 号】中，最高人民法院指出，专利权人对纳入推荐性标准的专利技术履行了披露义务，他人在实施该标准时，应当取得专利权人的许可，并支付许可使用费。未经许可实施包含专利技术的推荐性标准，或拒绝支付许可使用费的，构成侵害标准所含专利权的行为。

■48. 专利权人向他人提供专利图纸的行为不构成默示许可

在再审申请人范某某与被申请人亿辰公司侵害实用新型专利权纠纷案【（2013）民提字第 223 号】中，最高人民法院指出，专利权人向他人提供专利图纸进行推广的行为，不当然地等同于许可他人实施其专利的意思表示。

■49. 方法专利权的延及保护

在张某某与欧意公司等专利侵权案【（2009）民提字第 84 号】中，最高人民法院认为，方法专利权的保护范围只能延及依照该专利方法直接获得的产品，即使用专利方法获得的原始产品，而不能延及对原始产品作进一步处理后获得的后续产品。

■50. 专利权人错误申请海关扣留货物而应承担赔偿责任的确定

在兆鹰公司与艾格尔公司专利侵权案【（2010）民申字第 1180 号】中，最高人民法院认为，知识产权权利人错误申请海关扣留他人出口货物，他人实际交货时间因此违反合同约定，他人根据合同应支付的迟延交货违约金属于其经济损失。

■51. 专利临时保护期内制造、销售、进口的被诉专利侵权产品的后续使用、许诺销售、销售行为的民事责任

在斯瑞曼公司与坑梓自来水公司、康泰蓝公司侵犯发明专利权纠纷案【（2011）民提字第 259 号】中，最高人民法院认为，在专利临时保护期内制造、销售、进口被诉专利侵权产品不为专利法禁止的情况下，后续的使用、许诺销售、销售该产品的行为，专利权人无权禁止；在销售者、使用者提供了合法来源的情况下，销售者、使用者不应承担支付适当费用的责任。

■52. 专利权人与侵权人的事先约定可以作为确定专利侵权损害赔偿数额的依据

在再审申请人隆成公司与被申请人童霸公司侵害实用新型专利权纠纷案【（2013）民

提字第 116 号】中,最高人民法院认为,侵权人与权利人就再次侵权的赔偿数额作出约定后再次侵权的,人民法院可直接适用该约定确定侵权损害赔偿数额。

(二) 发明和实用新型专利行政案件

■1. 禁止重复授权原则和"同样的发明创造"的概念的内涵

在济宁无压锅炉厂诉国家知识产权局专利复审委员会、第三人舒某某发明专利无效纠纷提审案【(2007) 行提字第 4 号】中,最高人民法院明确了对专利法上的禁止重复授权原则的理解和相关行政操作的合法性,同时也澄清了专利法上"同样的发明创造"的概念的内涵。本案的焦点在于原中国专利局于 1995 年 9 月 28 日发布的《审查指南公报》第 6 号所确立的允许同一申请人就同样的发明创造既申请实用新型专利又申请发明专利的相关行政操作是否符合专利法上的禁止重复授权原则,这也涉及我国专利局过去依此授予的数千件专利的有效性问题。最高人民法院认为,专利法所称的同样的发明创造是指保护范围相同的专利申请或者专利,在判断方法上应当仅就各自请求保护的内容进行比较即可,本案涉案两个专利不属于同样的发明创造;专利法上的禁止重复授权是指同样的发明创造不能有两项或者两项以上的处于有效状态的专利权同时存在,而不是指同样的发明创造只能被授予一次专利权,有关的行政操作并不违背当时以及现行的有关禁止重复授权的立法精神。

■2. 企业标准备案不构成专利法意义上的公开和法院不能对专利确权行政案件行使司法变更权

在如皋市爱吉科纺织机械有限公司诉国家知识产权局专利复审委员会、第三人王某某实用新型专利无效纠纷提审案【(2007) 行提字第 3 号】中,最高人民法院认为,企业标准的备案并不意味着标准的具体内容要向社会公开发布,备案也不意味着公众可以自由查阅和获得,企业标准并不因备案行为本身而构成专利法意义上的公开;在现行的行政诉讼法律框架下,法院在判决主文中直接对涉案专利权的效力作出宣告判决,缺乏充分的法律依据。

■3. 对权利要求得到说明书支持的审查判断

在（美国）伊莱利利公司"立体选择性糖基化方法"发明专利权无效行政案【（2009）知行字第 3 号】中，最高人民法院认为，权利要求所要求保护的技术方案应当是所属技术领域的技术人员能够从说明书充分公开的内容中得到或概括得出的技术方案，并且不得超出说明书公开的范围；如果权利要求的概括使所属技术领域的技术人员有理由怀疑该上位概括或并列概括所包含的一种或多种下位概念或选择方式不能解决发明所要解决的技术问题，并达到相同的技术效果，则应当认为该权利要求没有得到说明书的支持。

■4. 权利要求是否以说明书为依据的认定

在再审申请人传感电子有限责任公司与被申请人国家知识产权局专利复审委员会、一审第三人宁波讯强电子科技有限公司发明专利权无效行政纠纷案（简称"电子货品监视用标识器"发明专利权无效行政纠纷案）【（2016）最高法行再 19 号】中，最高人民法院指出，权利人有权在说明书充分公开的具体实施方式等内容的基础上，通过合理概括的方式撰写权利要求，以获得适度的保护范围。权利要求限定的保护范围应当与涉案专利的技术贡献和说明书充分公开的范围相适应。

■5. 在认定权利要求是否以说明书为依据时涉案专利所要解决的技术问题的确定

在前述"电子货品监视用标识器"发明专利权无效行政纠纷案中，最高人民法院指出，在认定权利要求是否以说明书为依据时，可以结合说明书中记载的背景技术及其存在的缺陷，发明内容中记载的"发明目的""所要解决的技术问题""有益效果"，以及具体实施方式中与"技术问题""有益效果"相关的内容等，对涉案专利所要解决的技术问题和实现的技术效果进行认定。根据权利要求与"最接近的现有技术"的区别技术特征所重新确定的"实际解决的技术问题"可能不同于涉案专利所要解决的技术问题，不能直接作为认定权利要求是否以说明书为依据的基础。

■6. 权利要求是否以说明书为依据与该权利要求是否具有创造性的关系

在前述"电子货品监视用标识器"发明专利权无效行政纠纷案中，最高人民法院指出，即使权利要求具备创造性，对于其中记载的包括区别技术特征在内的各项技术特征是否概括适当，以及权利要求限定的技术方案整体上是否概括适当，仍然需要根据《专利法》第 26 条第 4 款的规定进行认定。

■7. 使用同源性加上来源和功能限定方式的生物序列权利要求得到说明书支持的判断

在再审申请人国家知识产权局专利复审委员会、诺维信公司与被申请人江苏博立生物制品有限公司发明专利权无效行政纠纷案【（2016）最高法行再 85 号】中，最高人民法院指出，对于保护主题为生物序列的权利要求是否得到说明书的支持，需要考虑其中的同源性、来源、功能等技术特征对该生物序列的限定作用。如果这些特征的限定导致包含于该权利要求中的生物序列极其有限，且根据专利说明书公开的内容能够预见到这些极其有限的序列均能实现发明目的，达到预期的技术效果，则权利要求能够得到说明书的支持。

■8. 专利说明书中没有记载的技术内容对创造性判断的影响

在湘北威尔曼公司"抗 β－内酰胺酶抗菌素复合物"专利无效行政案【（2011）行提字第 8 号】中，最高人民法院指出，专利申请人在申请专利时提交的专利说明书中公开的技术内容，是国务院专利行政部门审查专利的基础；专利申请人未能在专利说明书中公开的技术方案、技术效果等，一般不得作为评价专利权是否符合法定授权确权标准的依据。

■9. 药品研制、生产的相关规定对药品专利授权条件的影响

在湘北威尔曼公司"抗 β－内酰胺酶抗菌素复合物"专利无效行政案【（2011）行提字第 8 号】中，最高人民法院指出，对于涉及药品的发明创造而言，在其符合专利法中规定的授权条件的前提下，即可授予专利权，无须另行考虑该药品是否符合其他法律法规中有关药品研制、生产的相关规定。

■10. 专利申请文件的修改是否超出原说明书和权利要求书记载的范围的判断标准

在精工爱普生株式会社"墨盒"专利无效行政案【（2010）知行字第 53 号】中，最高人民法院认为，原说明书和权利要求书记载的范围应该包括原说明书及其附图和权利要求书以文字或者图形等明确表达的内容以及所属领域普通技术人员通过综合原说明书及其附图和权利要求书可以直接、明确推导出的内容；只要所推导出的内容对于所属领域普通技术人员是显而易见的，就可认定该内容属于原说明书和权利要求书记载的范围；与上述

内容相比，如果修改后的专利申请文件未引入新的技术内容，则可认定对该专利申请文件的修改未超出原说明书和权利要求书记载的范围。

■ **11. 专利申请文件修改超范围的判断**

在再审申请人株式会社岛野与被申请人专利复审委员会等发明专利权无效行政纠纷案【（2013）行提字第 21 号】中，最高人民法院指出，"原说明书和权利要求书记载的范围"应当理解为原说明书和权利要求书所呈现的发明创造的全部信息；审查专利申请文件的修改是否超出原说明书和权利要求书记载的范围，应当考虑所属技术领域的技术特点和惯常表达、所属领域普通技术人员的知识水平和认知能力、技术方案本身在技术上的内在要求等因素。

■ **12. 说明书是否清楚完整的认定**

在再审申请人斯托布利一法韦日公司与被申请人常熟纺织机械厂有限公司，一审被告、二审被上诉人国家知识产权局专利复审委员会发明专利权无效行政纠纷案【（2016）最高法行再 95 号】中，最高人民法院指出，判断专利说明书是否清楚、完整，应当以本领域技术人员是否理解技术方案并能够实现作为判断标准。如果本领域技术人员在阅读说明书公开的内容时，即能理解、发现并更正其错误，且该理解和更正并不会导致权利要求的技术方案发生变化，则应当允许对专利说明书中存在的错误予以更正理解。

■ **13. 专利申请文件的修改限制与专利保护范围的关系**

在精工爱普生株式会社"墨盒"专利无效行政案【（2010）知行字第 53 号】中，最高人民法院明确了专利申请文件的修改限制与专利保护范围的关系。最高人民法院认为，专利申请文件的修改限制与专利保护范围之间既存在一定的联系，又具有明显差异；在无效宣告请求的审查过程中，发明或者实用新型专利的专利权人修改其权利要求书时要受原专利的保护范围的限制，不得扩大原专利的保护范围；发明专利申请人在提出实质审查请求以及在收到国务院专利行政部门发出的发明专利申请进入实质审查阶段通知书之日起 3 个月内进行主动修改时，只要不超出原说明书和权利要求书记载的范围，在修改原权利要求书时既可以扩大也可以缩小其请求保护的范围。

■ **14. 专利申请文件的修改限制与禁止反悔原则的关系**

在精工爱普生株式会社"墨盒"专利无效行政案【（2010）知行字第 53 号】中，最高人民法院明确了专利申请文件的修改限制与禁止反悔原则的关系。最高人民法院认为，禁止反悔原则在专利授权确权程序中应予适用，但是其要受到自身适用条件的限制以及与之相关的其他原则和法律规定的限制；在专利授权程序中，相关法律已经赋予申请人修改专利申请文件的权利，只要这种修改不超出原说明书和权利要求书记载的范围，禁止反悔原则在该修改范围内应无适用余地。

■ **15. 专利无效行政诉讼程序中人民法院可否依职权主动引入公知常识**

在多棱钢业集团"一种钢砂生产方法"发明专利无效行政纠纷案【（2010）知行字第 6 号】中，最高人民法院认为，在专利无效行政诉讼程序中，法院在无效宣告请求人自主决定的对比文件结合方式的基础上，依职权主动引入公知常识以评价专利权的有效性，并未改变无效宣告请求理由，有助于避免专利无效程序的循环往复，并不违反法定程序；法院在依职权主动引入公知常识时，应当在程序上给予当事人就此发表意见的机会。

■ **16. 实用新型专利创造性判断中对现有技术领域的确定与考虑**

在"握力计"实用新型专利权无效行政纠纷案【（2011）知行字第 19 号】中，最高人民法院认为，评价实用新型专利创造性时，一般应当着重比对该实用新型专利所属技术领域的现有技术；但在现有技术已经给出明确技术启示的情况下，也可以考虑相近或者相关技术领域的现有技术；相近技术领域一般指与实用新型专利产品功能以及具体用途相近的领域，相关技术领域一般指实用新型专利与最接近的现有技术的区别技术特征所应用的功能领域。

■ **17. 新晶型化合物的创造性判断**

在"溴化替托品单水合物晶体"发明专利权无效行政纠纷案【（2011）知行字第 86 号】中，最高人民法院认为，《专利审查指南》所称"结构接近的化合物"，仅特指该化合物必须具有相同的核心部分或者基本的环，不涉及化合物微观晶体结构本身的比较；在新晶型化合物创造性判断中，并非所有的微观晶体结构变化均必然具有突出的实质性特点和显著的进步，必须结合其是否带来预料不到的技术效果进行考虑。

■18. 创造性判断中商业成功的考量时机与认定方法

在"女性计划生育手术 B 型超声监测仪"实用新型专利权无效行政纠纷案【（2012）行提字第 8 号】中，最高人民法院认为，一般情况下，只有利用"三步法"难以判断技术方案的创造性或者得出无创造性的评价时，才将商业上的成功作为创造性判断的辅助因素；对于商业上的成功的考量应当持相对严格的标准，只有技术方案相比现有技术作出改进的技术特征是商业上成功的直接原因的，才可认定其具有创造性。

■19. 确定对比文件公开的产品结构图形的内容时可结合其结构特点及公知常识

在"一种带法兰的铸型尼龙管道"实用新型专利权无效行政纠纷案【（2012）行提字第 25 号】中，最高人民法院指出，对比文件中仅公开产品的结构图形但没有文字描述的，可以结合其结构特点和本领域技术人员的公知常识确定其含义。

■20. 权利要求的技术特征被对比文件公开的认定标准

在"快进慢出型弹性阻尼体缓冲器"实用新型专利权无效行政纠纷案【（2012）知行字第 3 号】中，最高人民法院指出，权利要求的技术特征被对比文件公开，不仅要求该对比文件中包含有相应的技术特征，还要求该相应的技术特征在对比文件中所起的作用与权利要求中的技术特征所起的作用实质相同。

■21. 判断权利要求书是否得到说明书支持时对权利要求书撰写错误的处理

在"精密旋转补偿器"实用新型专利权无效行政纠纷案【（2011）行提字第 13 号】中，最高人民法院指出，权利要求中的撰写错误并不必然导致其得不到说明书支持；如果权利要求存在明显错误，本领域普通技术人员根据说明书和附图的相应记载能够确定其唯一的正确理解的，应根据修正后的理解确定权利要求所保护的技术方案，在此基础上再对该权利要求是否得到说明书的支持进行判断。

■22. 创造性判断中采纳申请日后补交的实验数据的条件

在"用于治疗糖尿病的药物组合物"发明专利权行政纠纷案【（2012）知行字第 41

号）】中，最高人民法院指出，创造性判断中，当专利申请人或专利权人在申请日后补充对比试验数据以证明专利技术方案产生意料不到的技术效果时，接受该实验数据的前提是其用以证明的技术效果在原申请文件中有明确记载。

■23. 权利要求的解释方法在专利授权确权程序和民事侵权程序中的异同

在再审申请人精工爱普生与被申请人专利复审委员会等发明专利权无效行政纠纷案【（2010）知行字第 53 - 1 号】中，最高人民法院认为，专利权利要求的解释方法在专利授权确权程序与专利民事侵权程序中既有根本的一致性，又在特殊场合下体现出一定的差异性，其差异突出体现在当事人意见陈述的作用上；在专利授权确权程序中，申请人在审查档案中的意见陈述原则上只能作为理解说明书以及权利要求书含义的参考，而不是决定性依据。

■24. 物质的医药用途发明的撰写要求

在再审申请人卡比斯特公司与被申请人专利复审委员会发明专利权无效行政纠纷案【（2012）知行字第 75 号】中，最高人民法院指出，如果发明的实质及其对现有技术的改进在于物质的医药用途，申请专利权保护时，应当将权利要求撰写为制药方法类型权利要求，并以与制药相关的技术特征对权利要求的保护范围进行限定。

■25. 不产生特定毒副作用的特征对权利要求请求保护的医药用途发明是否具有限定作用

在再审申请人卡比斯特公司与被申请人专利复审委员会发明专利权无效行政纠纷案【（2012）知行字第 75 号】中，最高人民法院认为，如果权利要求中不产生特定毒副作用的特征没有改变药物已知的治疗对象和适应症，也未发现药物的新性能，不足以与已知用途相区别，则其对权利要求请求保护的医药用途发明不具有限定作用。

■26. 给药特征对权利要求请求保护的制药方法发明是否具有限定作用

在再审申请人卡比斯特公司与被申请人专利复审委员会发明专利权无效行政纠纷案【（2012）知行字第 75 号】中，最高人民法院认为，用药过程的特征对药物制备过程的影响需要具体判断和分析；仅体现于用药行为中的特征不是制药用途的技术特征，对权利要求请求保护的制药方法本身不具有限定作用。

■ 27. 开放式与封闭式权利要求的区分适用于机械领域专利

在再审申请人世纪联保公司与被申请人专利复审委员会等发明专利权无效行政纠纷案【(2012) 行提字第 20 号】中，最高人民法院认为，"含有""包括"本身就具有并未排除未指出的内容的含义，因而成为开放式专利权利要求的重要标志；开放式和封闭式权利要求的区分在包括化学、机械领域在内的全部技术领域有普遍适用性。

■ 28. 开放式权利要求的区别技术特征的认定

在再审申请人精工爱普生与被申请人专利复审委员会等发明专利权无效行政纠纷案【(2010) 知行字第 53 - 1 号】中，最高人民法院认为，认定开放式权利要求相对于对比文件的区别技术特征时，如果对比文件的某个技术特征在该开放式权利要求中未明确提及，一般不将缺少该技术特征作为开放式权利要求相对于对比文件的区别技术特征。

■ 29. 技术偏见是否存在应结合现有技术的整体内容进行判断

在申诉人阿瑞斯塔公司与被申诉人专利复审委员会发明专利权行政纠纷案【(2013) 知行字第 31 号】中，最高人民法院认为，现有技术中是否存在技术偏见，应当结合现有技术的整体内容进行判断。

■ 30. 专利申请文件中"非发明点"的修改及其救济

在再审申请人株式会社岛野与被申请人专利复审委员会等发明专利权无效行政纠纷案【(2013) 行提字第 21 号】中，最高人民法院指出，为避免确有创造性的发明创造因为"非发明点"的修改超出原说明书和权利要求书记载的范围而丧失其本应获得的与其对现有技术的贡献相适应的专利权，相关部门应当积极寻求相应的解决和救济渠道，在防止专利申请人获得不正当的先申请利益的同时，积极挽救具有技术创新价值的发明创造。

■ 31. 申请人可否基于审查员对专利申请文件修改的认可获得信赖利益保护

在再审申请人精工爱普生与被申请人专利复审委员会等发明专利双无效行政纠纷案

【（2010）知行字第 53－1 号】中，最高人民法院指出，是否对专利申请文件进行修改原则上是申请人的一项权利；国务院专利行政部门依法行使对专利申请进行审查的职权，但并不负有保证专利授权正确无误的责任，申请人对其修改行为所造成的一切后果应自负其责。

■■32. 判断专利申请文件修改是否合法时当事人意见陈述的作用

在再审申请人精工爱普生与被申请人专利复审委员会等发明专利权无效行政纠纷案【（2010）知行字第 53－1 号】中，最高人民法院认为，判断专利申请文件修改是否合法时，当事人的意见陈述通常只能作为理解说明书以及权利要求书含义的参考，而不是决定性依据；其参考价值的大小取决于该意见陈述的具体内容及其与说明书和权利要求书的关系。

■■33. 专利复审及无效阶段对"明显实质性缺陷"的审查范围

在再审申请人专利复审委员会与被申请人德固赛公司发明专利申请驳回复审行政纠纷案【（2014）知行字第 2 号】中，最高人民法院指出，虽然在初步审查、实质审查及复审无效这三个阶段对"明显实质性缺陷"的审查范围不完全一致，但"明显实质性缺陷"的性质应当相同。因此，初步审查阶段的"明显实质性缺陷"，当然也适用于实质审查和复审无效审查阶段。

■■34. 区别技术特征的认定应当以记载在权利要求中的技术特征为基础

在再审申请人亚东制药公司与被申请人专利复审委员会、一审第三人华洋公司发明专利权无效行政纠纷案【（2013）知行字第 77 号】中，最高人民法院指出，认定权利要求与最接近现有技术之间的区别技术特征，应当以权利要求记载的技术特征为准，并将其与最接近的现有技术公开的技术特征进行逐一对比。未记载在权利要求中的技术特征不能作为对比的基础，当然也不能构成区别技术特征。

■■35. 未记载在说明书中的技术贡献不能作为要求获得专利权保护的基础

在再审申请人亚东制药公司与被申请人专利复审委员会、一审第三人华洋公司发明专利权无效行政纠纷案【（2013）知行字第 77 号】中，最高人民法院认为，未记载在说明书中的技术贡献不能作为要求获得专利权保护的基础。对于专利权人提交的申请日之后的技术文献，用于证明未在专利说明书中记载的技术内容，如该技术内容不属于申请日之前的公知常识，或不是用于证明本领域技术人员的知识水平与认知能力的，一般不应作为判断能否获得专利权的依据。

■36. 确定区别技术特征是否已经被现有技术公开应当考虑它们在各自技术方案中所起的作用

在再审申请人展通公司与被申请人泰科公司及一审被告、二审被上诉人专利复审委员会发明专利权无效行政纠纷案【（2014）知行字第 43 号】中，最高人民法院认为，在确定本案专利的某一区别技术特征与现有技术中的技术特征是否具有对应关系，从而导致该区别技术特征已经被现有技术所公开时，要考虑它们在各自技术方案中所起的作用是否相同。

■37. 在确定独立权利要求是否记载必要技术特征时，如何考虑权利要求中记载的功能性技术特征

在再审申请人埃利康公司与被申请人专利复审委员会、一审第三人刘某某、怡峰公司发明专利权无效行政纠纷案【（2014）行提字第 13－15 号】中，最高人民法院认为，独立权利要求记载了解决技术问题的必要技术特征的，即使其为功能性技术特征，亦应当认定其符合专利法实施细则的规定，不宜再以独立权利要求中没有记载实现功能的具体结构或者方式为由，认定其缺少必要技术特征。

■38. 发明实际所要解决的技术问题的确定

在再审申请人亚东制药公司与被申请人专利复审委员会、一审第三人华洋公司发明专利权无效行政纠纷案【（2013）知行字第 77 号】中，最高人民法院认为，在创造性判断中，确定发明实际解决的技术问题，通常要在发明相对于最接近的现有技术存在的区别技术特征的基础上，由本领域技术人员在阅读本案专利说明书后，根据该区别技术特征在权利要求请求保护的技术方案中所产生的作用、功能或者技术效果等来确定。

■39. 背景技术不能用于确定发明实际所要解决的技术问题

在再审申请人理邦公司与被申请人专利复审委员会、第三人迈瑞公司发明专利权无效

行政纠纷案【（2014）知行字第6号】中，最高人民法院认为，发明实际所要解决的技术问题的确定，是通过与最接近的现有技术比较得出的，而非以其背景技术的记载为依据。

■40. 如何认定专利法实施细则规定的"技术问题"

在再审申请人埃利康公司与被申请人专利复审委员会、一审第三人刘某某、怡峰公司发明专利权无效行政纠纷案【（2014）行提字第13–15号】中，最高人民法院认为，专利法实施细则所称的"技术问题"，是指说明书中记载的专利所要解决的技术问题，是申请人根据其对说明书中记载的背景技术的主观认识，在说明书中声称其要解决的技术问题。当说明书中明确记载本案专利能够解决多个技术问题时，独立权利要求中应当记载能够同时解决上述技术问题的全部必要技术特征。

■41. 对预料不到的技术效果的确定

在再审申请人亚东制药公司与被申请人专利复审委员会、一审第三人华洋公司发明专利权无效行政纠纷案【（2013）知行字第77号】中，最高人民法院认为，发明的技术效果是判断创造性的重要因素。如果发明相对于现有技术所产生的技术效果在质或量上发生明显变化，超出本领域技术人员的合理预期，可以认定发明具有预料不到的技术效果。在认定是否存在预料不到的技术效果时，应当综合考虑发明所属技术领域的特点尤其是技术效果的可预见性、现有技术中存在的技术启示等因素。通常，现有技术中给出的技术启示越明确，技术效果的可预见性就越高。

■42. 未取得预料不到技术效果的数值范围选择不能给本专利带来创造性

在再审申请人斯倍利亚社与被申请人专利复审委员会、一审第三人史某某发明专利权无效行政纠纷案【（2014）知行字第84号】中，最高人民法院认为，在判断权利要求是否具备创造性时，应当考虑其选择的数值范围与现有技术相比是否取得了预料不到的技术效果。

■43. 权利要求的解释所需遵循的一般原则

在再审申请人李某某与被申请人国家知识产权局专利复审委员会、一审第三人、二审上诉人郭某、沈阳天正输变电设备制造有限责任公司发明专利权无效行政纠纷案

【（2014）行提字第 17 号】中，最高人民法院指出，在专利授权确权程序中解释权利要求用语的含义时，必须顾及专利法关于说明书应该充分公开发明的技术方案、权利要求书应当得到说明书支持、专利申请文件的修改不得超出原说明书和权利要求书记载的范围等法定要求，基于权利要求的文字记载，结合对说明书的理解，对权利要求作出最广义的合理解释。

■ **44. 字面含义存在歧义的技术特征的解释规则**

在申诉人辽宁般若网络科技有限公司与被申诉人国家知识产权局专利复审委员会、一审第三人中国惠普有限公司发明专利权无效行政纠纷案【（2013）行提字第 17 号】中，最高人民法院指出，对于权利要求中字面含义存在歧义的技术特征的解释，应当结合说明书及附图中已经公开的内容，并符合本案专利的发明目的，且不得与本领域的公知常识相矛盾。

■ **45. 化学领域产品发明说明书充分公开的判断**

在再审申请人国家知识产权局专利复审委员会、北京嘉林药业股份有限公司与被申请人沃尼尔·朗伯有限责任公司、一审第三人张某发明专利权无效行政纠纷案（简称"阿托伐他汀"发明专利权无效案）【（2014）行提字第 8 号】中，最高人民法院指出，化学领域产品发明的专利说明书中应当记载化学产品的确认、制备和用途。

■ **46. 确定发明所要解决的技术问题与判断说明书是否充分公开之间的关系**

在"阿托伐他汀"发明专利权无效案中，最高人民法院认为，技术方案的再现与是否解决技术问题、产生技术效果的评价之间，存在着先后顺序上的逻辑关系，应首先确认本领域技术人员根据说明书公开的内容是否能够实现该技术方案，然后再确认是否解决技术问题、产生技术效果。

■ **47. 申请日后补交的实验性证据是否可以用于证明说明书充分公开**

在"阿托伐他汀"发明专利权无效案中，最高人民法院认为，在申请日后提交的用于证明说明书充分公开的实验性证据，如果可以证明以本领域技术人员在申请日前的知识水平和认知能力，通过说明书公开的内容可以实现该发明，那么该实验性证据应当予以考虑，不能仅仅因为该证据在申请日后提交而不予接受。

■48. 从属权利要求是否得到说明书支持的判断

在再审申请人朱某某、翟某某、马某某与被申请人国家知识产权局专利复审委员会及一审第三人、二审上诉人河南全新液态起动设备有限公司发明专利权无效行政纠纷案【（2014）行提字第 32 号】中，最高人民法院指出，对于形式上具有从属关系，实质上替换了独立权利要求中特定技术特征的从属权利要求，应当按照其限定的技术方案的实质内容来确定其保护范围，并在此基础上判断是否得到说明书的支持。

■49. 同一技术方案中产品权利要求与方法权利要求创造性评判之间的关系

在再审申请人广东天普生化医药股份有限公司与被申请人国家知识产权局专利复审委员会、第三人张某发明专利权无效行政纠纷案【（2015）知行字第 261 号】中，最高人民法院指出，对于同时包含产品权利要求与方法权利要求的发明专利而言，如果产品权利要求并非由方法权利要求所唯一限定，即存在通过其他方法获得该产品的可能性。在方法权利要求具备创造性的情况下，并不能必然得出产品权利要求也具备创造性的结论。

■50. 发明专利申请是否具备实用性的判断

在再审申请人顾某某、彭某某与被申请人国家知识产权局专利复审委员会发明专利申请驳回复审行政纠纷案（简称"磁悬浮磁能动力机"发明专利权驳回复审案）【（2016）最高法行申 789 号】中，最高人民法院指出，发明专利申请具备实用性，是指该技术方案本身符合自然规律，可实际应用并能够工业化再现。

■51. 专利法关于"能够制造或者使用"与"能够实现"之间的关系

在"磁悬浮磁能动力机"发明专利权驳回复审案中，最高人民法院指出，专利法规定的"能够制造或者使用"是指发明或者实用新型的技术方案具有在产业中被制造或使用的可能性。专利法规定的"能够实现"是指本领域技术人员根据说明书的内容能否实现该发明或实用新型。两者判断标准不同，之间没有必然联系。

■52. 化学产品专利申请充分公开的要求

在再审申请人田边三菱制药株式会社与被申请人国家知识产权局专利复审委员会发明

专利申请驳回复审行政纠纷案【（2015）知行字第 352 号】中，最高人民法院指出，对于化学产品的专利申请，应当完整公开该产品的用途和/或使用效果。如果所属技术领域的技术人员无法根据现有技术预测发明能够实现所述用途和/或使用效果，则说明书中还应当记载对于本领域技术人员来说，足以证明发明的技术方案可以实现所述用途和/或达到预期效果的定性或定量实验数据。

■53. 化合物新颖性判断中现有技术公开内容的认定标准

在基因技术股份有限公司与国家知识产权局专利复审委员会发明专利驳回复审行政纠纷案中【（2015）知行字第 356 号】中，最高人民法院指出，在涉及化合物专利是否具有新颖性的判断过程中，对于现有技术文献是否已公开该化合物，应以所属领域的普通技术人员根据该文献的启示，能否制造或分离出该化合物为标准。

■54. 违反专利复审的听证原则属于行政诉讼法规定的"违反法定程序"的情形

在申请再审人许某某与被申请再审人国家知识产权局专利复审委员会（以下简称专利复审委员会）、原审第三人邢某某宣告发明专利权无效决定纠纷案【（2005）民三提字第 2 号】中，最高人民法院认为，对请求人关于宣告专利权无效的请求，专利复审委员会在审查时，应当给予程序中的当事人就相关的具体事实、理由和证据等进行解释和申述理由的适当机会，尤其是在作出不利于当事人的决定之前。否则，即违反专利复审的听证原则，属于行政诉讼法规定的"违反法定程序"的情形。

■55. 马库什权利要求的性质

在再审申请人国家知识产权局专利复审委员会与被申请人北京万生药业有限责任公司、一审第三人第一三共株式会社发明专利权无效行政纠纷案（简称"马库什权利要求"专利无效行政纠纷案）【（2016）最高法行再 41 号】中，最高人民法院指出，以马库什方式撰写的化合物权利要求应当被理解为一种概括性的技术方案，而不是众多化合物的集合。

■56. 马库什权利要求在无效程序中的修改原则

在前述"马库什权利要求"专利无效行政纠纷案中，最高人民法院指出，允许对马库什权利要求进行修改的原则应当是不能因为修改而产生具有新性能和作用的一类或单个化合物，但是同时也要充分考量个案因素。

■57. 马库什权利要求的创造性判断方法

在前述"马库什权利要求"专利无效行政纠纷案中，最高人民法院指出，以马库什方式撰写的化合物权利要求的创造性判断应当遵循创造性判断的基本方法，即专利审查指南所规定的"三步法"。意料不到的技术效果是创造性判断的辅助因素，通常不宜跨过"三步法"直接适用具有意料不到的技术效果来判断专利申请是否具有创造性。

■58. 专利行政执法中程序违法的认定和处理

在再审申请人西峡龙成特种材料有限公司与被申请人榆林市知识产权局、陕西煤业化工集团神木天元化工有限公司专利侵权纠纷行政处理案【（2017）最高法行再84号】中，最高人民法院指出，已经被明确变更的合议组成员又在被诉行政决定书上署名，实质上等于"审理者未裁决、裁决者未审理"，构成对法定程序的严重违反。原则上，作出被诉行政决定的合议组应由该行政机关具有专利行政执法资格的工作人员组成。即使异地调配执法人员，也应当履行正式、完备的公文手续。

■59. 行政诉讼起诉期限起算点的确定

在再审申请人北京泰隆自动化设备有限公司、王某与被申请人河南省知识产权局其他行政纠纷案【（2017）最高法行申2778号】中，最高人民法院指出，行政诉讼的起诉期限从知道或者应当知道具体行政行为内容之日、或者具体行政行为作出之日起计算，而非从知道或者应当知道具体行政行为违法之日起计算。

（三）外观设计专利案件

■1. 判断外观设计相同或者相近似的基本方法及应关注的设计特征

在本田株式会社"汽车"外观设计专利权无效行政案【（2010）行提字第3号】中，最高人民法院分析了判断外观设计相同或者相近似的基本方法，并认为，在判断外观设计是否相同或者相近似时，因产品的共性设计特征对于一般消费者的视觉效果的影响比较有限，应关注更多地引起一般消费者注意的其他设计特征的变化。

■2. 外观设计相同或者相近似判断中对设计空间的考虑

在万丰公司"摩轮车车轮"外观设计专利权无效行政案【（2010）行提字第5号】中，最高人民法院认为，设计空间对于确定相关设计产品的一般消费者的知识水平和认知能力具有重要意义；在外观设计相同或者相近似的判断中，应该考虑设计空间或者说设计者的创作自由度，以便准确确定该一般消费者的知识水平和认知能力；设计空间的大小是一个相对的概念，是可以变化的，在专利无效宣告程序中考量外观设计产品的设计空间，需要以专利申请日时的状态为准。

■3. 外观设计近似性判断的判断主体、比对方法和比对对象

在上诉人本田技研工业株式会社与被上诉人石家庄双环汽车股份有限公司、石家庄双环汽车有限公司、石家庄双环新能源汽车有限公司侵害外观设计专利权纠纷案【（2014）民三终字第8号】中，最高人民法院指出，外观设计近似性的判断，应当基于一般消费者的知识水平和认知能力，根据外观设计的全部设计特征，以整体视觉效果进行综合判断。当专利保护的是产品整体外观设计时，不应当将产品整体予以拆分、改变原使用状态后进行比对。如果实物照片真实反映了被诉侵权产品的客观情况，可以使用照片中的被诉侵权产品与本案专利进行比对。

■4. 外观设计专利保护中产品类别的确定

在弓箭国际与兰之韵厂侵犯外观设计专利权纠纷案【（2012）民申字第41号、第54号】中，最高人民法院指出，确定外观设计专利产品类别，应以具有独立存在形态、可以单独销售的产品的用途为依据；外观设计专利的保护范围限于相同或者相近种类产品的外观设计。

■5. 外观设计专利侵权判定中相同或相近种类产品的认定

在再审申请人维多利公司与被申请人越远公司等侵害外观设计专利权纠纷案【（2013）民申字第1658号】中，最高人民法院指出，在外观设计专利侵权判定中，确定

产品种类是否相同或相近的依据是产品是否具有相同或相近似的用途，产品销售、实际使用的情况可以作为认定用途的参考因素。

■ **6. 区别于现有设计的设计特征对外观设计整体视觉效果的影响**

在君豪公司与佳艺家具厂侵犯外观设计专利权纠纷案【（2011）民申字第 1406 号】中，最高人民法院认为，外观设计专利区别于现有设计的设计特征对于外观设计的整体视觉效果更具有显著影响；在被诉侵权设计采用了涉案外观设计专利的设计特征的前提下，装饰图案的简单替换不会影响两者整体视觉效果的近似。

■ **7. 保护范围对外观设计专利侵权判断的影响**

在再审申请人长城公司与被申请人陈某某、原审被告民生公司侵害外观设计专利权纠纷案【（2014）民申字第 438 号】中，最高人民法院指出，本案专利虽然仅仅保护形状设计而不包括图案，但形状和图案在外观设计上属于相互独立的设计要素，在形状之上增加图案并不必然对形状设计本身产生视觉影响。在二者的形状设计构成近似的情况下，包含图案的被诉侵权产品仍然落入本案专利的保护范围。

■ **8. 并非由产品功能唯一决定的设计特征应当在外观设计相同或者相近似判断中予以考虑**

在再审申请人晨诺公司与被申请人威科公司、张某某、一审被告、二审被上诉人智合公司侵害外观设计专利权纠纷案【（2014）民提字第 193 号】中，最高人民法院指出，不是由产品功能唯一决定的设计特征，应当在判断外观设计是否相同或相近似时予以考虑。

■ **9. 设计特征的认定及对外观设计近似性判断的影响**

在再审申请人浙江健龙卫浴有限公司与被申请人高仪股份公司侵害外观设计专利权纠纷案【（2015）民提字第 23 号】中，最高人民法院指出，设计特征体现了授权外观设计不同于现有设计的创新内容，也体现了设计人对现有设计的创造性贡献。如果被诉侵权产品未包含授权外观设计区别于现有设计的全部设计特征，一般可以推定二者不构成近似外观设计。设计特征的存在应由专利权人进行举证，允许第三人提供反证予以推翻，并由人民法院依法予以确定。

■10. 现有设计抗辩的审查与判断

在再审申请人丹阳市盛美照明器材有限公司与被申请人童某某侵害外观设计专利权纠纷案【（2015）民申字第 633 号】中，最高人民法院指出，在被诉侵权产品与本案专利相近似的情况下，如果被诉侵权产品采用了本案专利与现有设计相区别的设计特征，现有设计抗辩不能成立。

■11. 外观设计相近似判断中"整体观察、综合判断"的把握

在美的公司"风轮"外观设计专利权无效行政纠纷案【（2011）行提字第 1 号】中，最高人民法院认为，所谓整体观察、综合判断，是指一般消费者从整体上而不是仅依据局部的设计变化，来判断外观设计专利与对比设计的视觉效果是否具有明显区别；在判断时，一般消费者对于外观设计专利与对比设计可视部分的相同点和区别点均会予以关注，并综合考虑各相同点、区别点对整体视觉效果的影响大小和程度。

■12. 设计要素变化所伴随的技术效果的改变对外观设计整体视觉效果的影响

在美的公司"风轮"外观设计专利权无效行政纠纷案【（2011）行提字第 1 号】中，最高人民法院指出，仅仅具有功能性而不具有美感的产品设计，不应当通过外观设计专利权予以保护；一般消费者进行外观设计相近似判断时，主要关注外观设计的整体视觉效果的变化，不会基于设计要素变化所伴随的技术效果的改变而对该设计要素变化施以额外的视觉关注。

■13. 功能性设计特征的认定及其意义

在"逻辑编程开关（SR14）"外观设计专利权无效行政纠纷案【（2012）行提字第 14 号】中，最高人民法院指出，功能性设计特征是指那些在该外观设计产品的一般消费者看来，由所要实现的特定功能唯一决定而并不考虑美学因素的设计特征；功能性设计特征的判断标准并不在于该设计特征是否因功能或技术条件的限制而不具有可选择性，而在于一般消费者看来该设计特征是否仅仅由特定功能所决定，从而不需要考虑该设计特征是否具有美感；功能性设计特征对于外观设计的整体视觉效果通常不具有显著影响。

■14. 申请日在先的注册商标专用权可以用于判断是否与外观设计专利权相冲突

在再审申请人专利复审委员会与被申请人白象公司、一审第三人陈某某外观设计专利权无效行政纠纷案【（2014）知行字第 4 号】中，最高人民法院认为，只要商标申请日在外观设计专利申请日之前，且提起无效宣告请求时商标已被核准注册并仍然有效，该注册商标专用权就能够用于评述在后外观设计专利权是否与之构成权利冲突。

■15. 仅具有技术功能的零部件不构成外观设计侵权

在再审申请人欧介仁与被申请人泰州市金申家居用品有限公司侵害外观设计专利权纠纷案【（2017）最高法民申 2649 号】中，最高人民法院指出，将侵犯外观设计专利权的产品作为零部件，制造另一产品并销售的，如零部件在另一产品中仅具有技术功能，该行为不构成侵权。

■16. 外观设计专利权无效案件中区别技术特征的认定

在再审申请人 YKK 株式会社与被申请人国家知识产权局专利复审委员会、一审第三人理想（广东）拉链实业有限公司、开易（广东）服装配件有限公司外观设计专利权无效行政纠纷案【（2016）最高法行申 3687 号】中，最高人民法院指出，对于在外观设计专利主视图中没有任何体现，且立体图无清晰显示的特征，不构成外观设计专利与对比设计的区别技术特征。

二、著作权案件

■1. 对作品的独创性与有形形式的认定

在再审申请人孙某某与被申请人马某某侵害著作权纠纷案【（2016）最高法民申 2136 号】中，最高人民法院指出，如果智力成果在表现形式上是唯一的，无法体现与已有作品存在的差异，即不符合著作权法关于独创性的要求。智力劳动成果必须借助特定形式为他人知晓和确定，是作品须具备有形形式要求的应有之义。

■2. 行政区划地图的可版权性及其保护程度

在刘某与达茂旗政府等著作权侵权及不正当竞争案【（2008）民申字第47-1号】中，最高人民法院认为，独立创作完成的地图，如果在整体构图、客观地理要素的选择及表现形式上具有独创性，可构成著作权法意义上的作品；行政区划图中关于行政区的整体形状、位置以及各内设辖区的形状和位置等，由于系客观存在，表达方式非常有限，在认定侵权时应不予考虑。

■3. 答题卡不构成著作权法意义上的作品

在陈某与万普公司侵犯著作权纠纷案【（2011）民申字第1129号】中，最高人民法院认为，本身并不表达某种思想的答题卡不构成著作权法意义上的作品。

■4. 表格类表达方式不具备独创性

在再审申请人马某与被申请人乐山市文化广播影视新闻出版局、唐某某著作权权属、侵害著作权纠纷案【（2015）民申字第1665号】中，最高人民法院指出，作品的独创性应体现在作品的表达方式而非思想或观点之中，具有独创性的表达方式应由作者独立完成且不同以往。表格形式仍属于一般性的表格分类方式，表格内容的表达方式相对固定，不具备作品所应具有的独创性，不能受到著作权法的保护。

■5. "工程原理图"不属著作权法保护的对象

在上诉人上海申德系统技术公司、上海申德木业机械有限公司与被上诉人意大利傲时公司不正当竞争纠纷案【（1999）知终字第6号】中，最高人民法院认为，该"工程原理图"属于对干燥设备及工艺流程作概略图形示意和名称标注，其表达形式为已经通用的表达形式，缺乏独创性，不属著作权法保护的对象。

■6. 计算机中文字库属于计算机程序作品

在"北大方正兰亭字库"著作权侵权案【（2010）民三终字第6号】中，最高人民法院指出，作为字型轮廓构建指令及相关数据与字型轮廓动态调整数据指令代码的结合的计算机中文字库，应作为计算机程序而不是美术作品受到著作权法的保护。

■ 7. 计算机中文字库运行后产生的单个汉字的著作权保护

在"北大方正兰亭字库"著作权侵权案【（2010）民三终字第 6 号】中，最高人民法院认为，计算机中文字库运行后产生的单个汉字具有著作权法意义上的独创性时，可作为美术作品进行保护，但不能禁止他人正当使用该汉字来表达思想和传递信息。

■ 8. 实用性与艺术性兼备的客体作为美术作品获得保护的条件

在再审申请人乐高公司与被申请人小白龙动漫公司等侵害著作权纠纷案【（2013）民申字第 1262 号至 1271 号、第 1275 号至 1282 号、第 1327 号至 1346 号、第 1348 号至 1365 号】中，最高人民法院指出，不同种类作品对独创性的要求不尽相同，美术作品的独创性要求体现作者在美学领域的独特创造力和观念；对于既有欣赏价值又有实用价值的客体而言，其是否可以作为美术作品保护取决于作者在美学方面付出的智力劳动所体现的独特个性和创造力，那些不属于美学领域的智力劳动则与独创性无关。

■ 9. 立体造型美术作品的保护范围与侵权判断

在再审申请人法蓝瓷公司与被申请人加兰德公司侵害著作权纠纷案【（2012）民申字第 1392 号】中，最高人民法院认为，设计思路以及相应的工艺方法并非著作权法的保护对象，权利人不能通过著作权垄断相应的设计思路和工艺方法；他人可以采用同样的设计思路和工艺方法，设计并生产类似主题的产品，但不能抄袭他人具有独创性的表达。

■ 10. 演出单位是著作权法意义上的表演者

在中国文联音像出版社、天津天宝文化发展有限公司、天津天宝光碟有限公司与广东唱金影音有限公司及河北省河北梆子剧院等侵犯著作权纠纷上诉案【（2008）民三终字第 5 号】中，最高人民法院认为，其一，对于整台戏剧的演出，由于其筹备、组织、排练等均由剧院或剧团等演出单位主持，演出所需投入亦由演出单位承担，演出体现的是演出单位的意志，故演出单位是著作权法意义上的表演者；其二，录像制作者享有的"录像制作者权"与其从表演者及相关著作权人处获得授权的"独家出版发行相关剧目录像制品的权利"不同，前者是对其自行录制的录像制品享有的复制、发行、出租、信息网络传播等权利，后者则类似于专有出版权，可以禁止他人未经许可出版、发行同一表演者表演的该剧目的录像制品，不限于某一演出场次、某一录制版本。

■11. 模型作品的认定标准

在再审申请人深圳市飞鹏达精品制造有限公司与被申请人北京中航智成科技有限公司侵害著作权纠纷案【（2017）最高法民再 353 号】中，最高人民法院指出，在判断是否构成受著作权法保护的模型作品时，不能将《著作权法实施条例》第 4 条第（13）项模型作品的规定与第 2 条作品的规定割裂开来适用。在仅仅满足《著作权法实施条例》第 4 条第（13）项规定的情况下，尚不能认定构成受著作权法保护的模型作品。

■12. 职务作品著作权可以推定归属

在陈某某与金盾出版社著作权侵权案【（2009）民监字第 361 号】中，最高人民法院根据双方当事人的行为，推定当事人之间存在涉案作品著作权由金盾出版社享有的意愿，从而肯定了职务作品的著作权归属可以通过推定的方式予以确定。

■13. 戏曲音乐作品著作权权属的审查及认定

在黄某某、许某某等与扬子江公司等著作权侵权案【（2010）民申字第 556 号】中，最高人民法院认为，在侵权之诉中，人民法院对相关权属状况进行审查是查清案件事实的必要环节；涉案沪剧音乐中的唱腔音乐与开幕曲、幕间曲及大合唱等场景音乐应作为一个整体作品看待，在历史上对涉案戏曲音乐曲作者署名不尽一致，且署名的案外人未参与侵权诉讼，无法查清相关事实的情况下，其中一位署名作者主张著作权归己所有不应予以支持。

■14. 无著作权认证资格的机构出具的著作权归属证明的证据资格及审查判断

在《宫 S》著作权侵权案【（2009）民申字第 127 号】中，最高人民法院认为，韩国著作权审议调停委员会北京代表处仅可从事著作权认证的联络活动，但其并不具有证明著作权归属的资格；确认境外作品著作权的归属，应结合合法出版物等其他证据综合判断。

■ 15. 侵犯录音制品制作者权案件中对权利主体及行为事实的审查判断

在佳和公司与天中文化公司等邻接权侵权案【（2008）民申字第 453 号】中，最高人民法院认为，被申请人提交了其与他人签订的两份《合作协议》、表演者的担保证明以及合法出版物，据此可以认定其享有录音制作者权。被申请人是否具有《音像制品制作许可证》，不影响其行使诉权。

■ 16. 境外影视作品著作权人维护自己的合法权益不以获得行政审批为条件

在中凯公司与水木年华网吧等著作权侵权案【（2010）民提字第 39 号】中，最高人民法院认为，境外影视作品著作权人维护自己的合法权益不以获得行政审批为条件。

■ 17. 买卖书号出版的图书的复制发行主体及侵权行为的认定

在李某某与中国文史出版社著作权侵权案【（2010）民提字第 117 号】中，最高人民法院认为，出版社卖书号给书商，由书商负责编辑、印刷或发行图书，应当认定书商是复制发行图书的实质主体。

■ 18. 涉及提供链接服务的网络服务提供者的直接侵权责任

在慈文公司与海南网通公司著作权侵权案【（2009）民提字第 17 号】中，最高人民法院明确了涉及提供网络链接服务的网络服务提供者承担直接侵权责任的条件。从该案的再审判决中可以看出，如果网页或网站上没有显示任何对应的域名或者网站名称等信息可以表明该网页属于第三方所有，就不能认定该网络服务提供者系提供链接服务，其应对该网页或网站上的被控侵权行为承担直接侵权责任。

■ 19. "通知—删除"程序中网络服务提供者的义务与责任承担

在百度公司 MP3 搜索引擎侵害著作权纠纷上诉案【（2009）民三终字第 2 号】中，最高人民法院认为，在著作权人已多次发送符合条件的通知，网络服务提供者对著作权人权利被侵害的事实已有一定了解的情况下，网络服务提供者不应仅因为著作权人之后发送的通知不符合相应条件就对其视而不见，而应积极与著作权人联系协商以确定如何采取合理措施；怠于采取合理措施的，应对直接侵权行为继续所导致的损失的扩大承担相应责任。

■20. 使用他人根据民歌改编的音乐作品的付酬问题

在大圣公司与王某某等著作权侵权案【（2008）民提字第 57 号】中，最高人民法院认为，使用他人根据民歌改编的音乐作品制作录音制品并复制、发行的，可以向改编者支付全额报酬。

■21. 对雕塑作品进行合理使用过程中署名义务的确定

在申诉人绍兴市水利局与被申诉人王某某，一审被告、二审被上诉人神采公司侵害著作权纠纷案【（2013）民提字第 15 号】中，最高人民法院指出，对设置在室外公共场所的雕塑作品进行临摹、摄影等，无须征得许可和支付报酬，但应指明作者姓名和作品名称。社会公众应指明的作者姓名取决于雕塑本身的署名情况。如果该雕塑作品并未注明系依据他人绘画作品而创作，进行合理使用的社会公众没有义务去追溯原始绘画作品的作者并为其署名。但本案中的管理者并非一般的社会公众，在负有更高注意义务的情况下，应为原作者署名。

■22. 根据同一历史题材创作作品中的必要场景和有限表达方式不受著作权法保护

在再审申请人张某某与被申请人雷某某、赵某、一审被告山东爱书人音像图书有限公司侵害著作权纠纷案【（2013）民申字第 1049 号】中，最高人民法院认为，著作权法所保护的是作品中具有独创性的表达，即思想或情感的表现形式，不包括思想或情感本身。创意、素材、公有领域的信息、创作形式、必要场景、有限或唯一的表达方式，均不受著作权法的保护。

■23. 共有权利人之间相互侵害著作权行为的认定

在再审申请人北京金色里程文化艺术有限公司与被申请人上海晋鑫影视发展有限公司、原审被告李某甲、李某乙侵害著作权纠纷案【（2015）民申字第 131 号】中，最高人民法院认为，著作权的共有权利人可以在与对方协商不成、对方无正当理由、行使的权利不含转让、与对方分享收益等情况下，有条件地单独行使权利。但著作权的质押和转让，是对权利的重大处分。未与共有权人协商而对著作权进行转让，构成未经许可侵害共有权人著作权的行为。

■ 24. 对包含他人合法在先权利作品的著作权行使规则

在再审申请人诸暨市开心猫食品有限公司与被申请人诸暨市优莱客食品商行、王某、何某某、傅某某、广东飞鹅包装彩印有限公司、长沙市裕得康食品贸易有限公司侵害商标权纠纷案【（2016）最高法民申 1975 号】中，最高人民法院指出，著作权人在行使自身权利之时，应遵循合法、善意及审慎的原则，对于因历史原因而包含于作品当中的他人合法的在先权利，应当合理避让。

■ 25. 生效判决已涉及的图书的继续发行不构成新的侵权行为

在张某某与四川科学技术出版社侵犯著作权纠纷申请再审案【（2008）民监字第 126 号】中，最高人民法院认为，对于已为生效裁判确定为侵权并已给予权利人充分赔偿的图书，如在该判决生效后继续发行，属于对原判决执行的问题，不构成新的侵权行为。

■ 26. 音乐作品著作权人权利的法定许可制度

在广东大圣文化传播有限公司与洪某某、韩某、广州音像出版社、重庆三峡光盘发展有限责任公司、联盛商业连锁股份有限公司侵犯著作权纠纷申请再审案【（2008）民提字第 51 号】中，最高人民法院认为，著作权法设定了限制音乐作品著作权人权利的法定许可制度，即"录音制作者使用他人已经合法录制为录音制品的音乐作品制作录音制品，可以不经著作权人许可，但应当按照规定支付报酬"。该规定虽然只是规定使用他人已合法录制为录音制品的音乐作品制作录音制品可以不经著作权人许可，但该规定的立法本意是为了便于和促进音乐作品的传播，对使用此类音乐作品制作的录音制品进行复制、发行，同样应适用法定许可的规定。即经著作权人许可制作的音乐作品的录音制品一经公开，其他人再使用该音乐作品另行制作录音制品并复制、发行，不适用"经著作权人许可"的规定。

■ 27. 将他人作品作为商标使用时侵权损害赔偿的计算

在再审申请人李某某与被申请人吉林市永鹏农副产品开发有限公司及一审第三人南关区本源设计工作室侵害著作权纠纷案【（2017）最高法民申 2348 号】中，最高人民法院指出，未经许可将他人作品作为商标使用，构成侵害他人著作权的，不应依据权利人损失或侵权人获益计算损害赔偿，而应主要考虑著作权许可使用费。被诉侵权人商标设计费用可以作为确定著作权许可使用费的参考。

三、商标案件

（一）商标民事案件

■1. 商标侵权意义上的商标使用的含义

在辉瑞产品公司立体商标侵权案【（2009）民申字第 268 号】中，最高人民法院认为，对于不能起到标识来源和生产者作用的使用，不能认定为商标意义上的使用，他人此种方式的使用不构成使用相同或者近似商标，不属于侵犯注册商标专用权的行为。该裁决表明，商标侵权意义上的商标使用应以起到标识来源和生产者的作用为必要条件。

■2. 判断商标近似时对注册商标未实际使用因素的考虑

在"红河"商标侵权案【（2008）民提字第 52 号】中，最高人民法院进一步细化了判断商标近似时需要考虑的因素。主要体现在，判断侵权意义上的商标近似，除要比较相关商标在字形、读音、含义等构成要素上的近似性外，还应关注是否足以造成市场混淆，因此应考虑相关商标的实际使用情况、显著性、是否有不正当意图等因素进行综合判断。

■3. 判断商标近似时对被诉侵权人的主观意图、相关标识使用的历史和现状等因素的考虑

在（法国）拉科斯特公司与（新加坡）鳄鱼国际公司等"鳄鱼图形"商标侵权案【（2009）民三终字第 3 号】中，最高人民法院认为，侵犯注册商标专用权意义上的商标近似应当是指混淆性近似，即足以造成市场混淆的近似；由于不同案件诉争标识涉及情况的复杂性，认定商标近似除通常要考虑其构成要素的近似程度外，还可以根据案件的具体情况，综合考虑被诉侵权人的主观意图、注册商标与诉争标识使用的历史和现状等其他相关因素，在此基础上认定诉争商标是否构成混淆性近似。

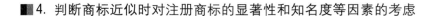

■4. 判断商标近似时对注册商标的显著性和知名度等因素的考虑

在嘉禾县锻造厂与华光机械公司等商标侵权案【（2010）民提字第27号】中，最高人民法院认为，认定被诉侵权标识与主张权利的注册商标是否近似，应当视所涉商标或其构成要素的显著程度、市场知名度等具体情况，在考虑和对比文字的字形、读音和含义，图形的构图和颜色，或者各构成要素的组合结构等基础上，对其整体或者主要部分是否具有市场混淆的可能性进行综合分析判断。

■5. 判断商标正当使用时对历史因素的考虑

在"狗不理"商标侵权案【（2008）民三监字第10-1号】中，最高人民法院认为，判断使用他人注册商标的行为是否构成正当使用时，应当充分考虑和尊重相关历史因素；同时应根据公平原则，对使用行为作出必要和适当的限制。

■6. 对描述性商标的正当使用的判断

在"片仔癀"商标侵权案【（2009）民申字第1310号】中，最高人民法院认为，当注册商标具有描述性时，其他生产者出于说明或客观描述商品特点的目的，以善意方式在必要的范围内予以标注，不会导致相关公众将其视为商标而发生来源混淆的，构成正当使用；判断是否属于善意和必要，可以参考商业惯例等因素。

■7. 标识使用者的使用意图和使用行为对其获得未注册商标保护的影响

在辉瑞公司与东方公司不正当竞争及"伟哥"未注册驰名商标侵权案【（2009）民申字第313号】中，最高人民法院认为，在原告明确认可其从未在中国境内使用某一标识的情况下，他人对该标识所做的相关宣传等行为，由于未反映原告将该标识作为商标的真实意思，不能认定该标识构成其未注册商标，更不能认定构成其未注册驰名商标。

■8. 正当使用游戏名称未侵犯商标权

在深圳市远航科技有限公司与深圳市腾讯计算机系统有限公司、腾讯科技（深圳）有限公司、深圳市腾讯计算机系统有限公司西安分公司侵犯商标权及不正当竞争纠纷请示案

【（2008）民三他字第 12 号】中，最高人民法院答复函认为，对于在一定地域内的相关公众中约定俗成的扑克游戏名称，如果当事人不是将其作为区分商品或者服务来源的商标使用，只是将其用作反映该类游戏内容、特点等的游戏名称，可以认定为正当使用。是否属于上述情形，应结合案件的具体情况，依据《商标法实施条例》第 49 条的规定作出认定。

■9. 注册商标的保护与被诉侵权商品商标知名度的关系

在再审申请人曹某某与被申请人云南下关沱茶（集团）股份有限公司侵害商标权纠纷案【（2017）最高法民再 273 号】中，最高人民法院指出，注册商标作为一项标识性民事权利，商标权人不仅有权禁止他人在相同类似商品上使用该注册商标标识，更有权使用其注册商标标识，在相关公众中建立该商标标识与其商品来源的联系。相关公众是否会混淆误认，既包括将使用被诉侵权标识的商品误认为商标权人的商品或者与商标权人有某种联系，也包括将商标权人的商品误认为被诉侵权人的商品或者误认商标权人与被诉侵权人有某种联系。

■10. 企业字号与他人在先注册商标冲突的处理规则

在李某某与大连王将公司商标侵权案【（2010）民提字第 15 号】中，最高人民法院明确了企业字号与他人在先注册商标冲突案件的处理规则，指出停止使用企业名称与规范使用企业名称是两种不同的责任方式，并明确了适用这两种责任方式的具体情形。

■11. 成员企业在经营活动中合理规范使用集团标识不构成商标侵权

在迈安德公司与牧羊集团公司侵害注册商标专用权案【（2012）民提字第 61 号】中，最高人民法院认为，集团公司的成员企业为彰显其集团公司成员企业身份而在经营活动中合理规范使用集团标识，不构成侵犯商标权。

■12. 特殊历史背景下商标与字号共存的考量因素

在申诉人太原大宁堂药业有限公司与被申诉人山西省药材公司商标侵权、不正当竞争纠纷案【（2015）民提字第 46 号】中，最高人民法院指出，在特殊历史背景下，对于使用与他人商标相同的字号是否构成商标侵权和不正当竞争，应当从历史传承、现实情况、法律适用和社会效果等方面综合考量。

■13. **姓名的商业使用不能与他人合法的在先权利相冲突**

在再审申请人北京庆丰包子铺与被申请人山东庆丰餐饮管理有限公司侵害商标权与不正当竞争纠纷案【（2016）最高法民再238号】中，最高人民法院指出，公民享有合法的姓名权，并有权合理使用自己的姓名，但不得违反诚实信用原则，侵害他人的在先权利。明知他人注册商标或字号具有较高的知名度，仍以攀附他人知名度为目的，将相同文字注册为字号并突出使用，即使该字号中含有与姓名相同的文字，亦不属于对姓名的合理使用，而构成侵害他人注册商标专用权及不正当竞争。

■14. **商品通用名称的认定与正当使用**

在再审申请人沁州黄公司与被申请人檀山皇发展公司等侵害商标权纠纷案【（2013）民申字第1642号】中，最高人民法院认为，因历史传统、风土人情、地理环境等原因形成的相关市场较为固定的商品，其在该相关市场内的通用称谓可以认定为通用名称；注册商标权人不能因其在该商品市场推广中的贡献主张对该商品的通用名称享有商标权，无权禁止他人使用该通用名称来表明商品品种来源。

■15. **独家经营和使用的具有产品和品牌混合属性的商品名称不应认定为通用名称**

在佛山合记公司与珠海香记公司侵犯注册商标专用权纠纷案【（2011）民提字第55号】中，最高人民法院认为，由于特定的历史起源、发展过程和长期唯一的提供主体以及客观的市场格局，保持着产品和品牌混合属性的商品名称，仍具有指示商品来源的意义，不能认定为通用名称。

■16. **判断商标侵权行为应考虑相关公众混淆、误认的可能性**

在齐鲁众合公司与南京太平南路营业部侵犯注册商标专用权纠纷案【（2011）民申字第222号】中，最高人民法院认为，商标侵权原则上要以存在造成相关公众混淆、误认的可能性为基础；判断是否存在造成相关公众混淆、误认的可能性时，应该考虑商标的显著性和知名度。

■17. 法定通用名称的认定

在再审申请人福州米厂与被申请人五常市金福泰农业股份有限公司、福建新华都综合百货有限公司福州金山大景城分店等侵害商标权纠纷案（简称"稻花香"侵害商标权纠纷案）【（2016）最高法民再374号】中，最高人民法院指出，农作物品种审定办法规定的通用名称与商标法意义上的通用名称含义并不完全相同，不能仅以审定公告的品种名称为依据，认定该名称属于商标法意义上的法定通用名称。

■18. 约定俗成通用名称的认定

在前述"稻花香"侵害商标权纠纷案中，最高人民法院指出，产品的相关市场并不限于特定区域而是涉及全国范围的，应以全国范围内相关公众的通常认识为标准判断是否属于约定俗成的通用名称。

■19. 农作物品种名称的正当使用

在前述"稻花香"侵害商标权纠纷案中，最高人民法院指出，在存在他人在先注册商标权的情况下，经审定公告的农作物品种名称可以规范使用于该品种的种植收获物加工出来的商品上，但该种使用方式仅限于表明农作物品种来源且不得突出使用。

■20. 被错误注销后重新恢复的注册商标应视为一直存续

在海洋公司与青岛鑫源公司等侵犯商标权纠纷案【（2012）民提字第9号】中，最高人民法院指出，被错误注销后重新恢复的注册商标应视为一直存续，他人未经许可使用该商标构成侵权，但因相信该商标被注销而进行使用的善意第三人除外。

■21. 商标侵权判定中对授权经销商合理使用商标的认定

在五粮液公司与天源通海公司侵犯商标专用权及不正当竞争纠纷案【（2012）民申字第887号】中，最高人民法院指出，授权经销商为指明其授权身份、宣传推广商标权人的商品而善意使用商标，未破坏商标的识别功能的，不构成侵犯商标权。

■**22. 恶意取得并行使商标权的行为不受法律保护**

在再审申请人歌力思公司、王某某及一审被告杭州银泰公司侵害商标权纠纷案【（2014）民提字第 24 号】中，最高人民法院指出，诚实信用原则是一切市场活动参与者所应遵循的基本准则，民事诉讼活动同样应当遵循诚实信用原则。任何违背法律目的和精神，以损害他人正当权益为目的，恶意取得并行使商标权的行为属于权利滥用，相关主张不能得到法律的保护和支持。

■**23. 缺乏合法性基础的注册商标专用权不能对抗他人的正当使用行为**

在再审申请人宁波广天赛克思液压有限公司与被申请人邵某某侵害商标权纠纷案【（2014）民提字第 168 号】中，最高人民法院指出，以违反诚实信用原则恶意取得的注册商标专用权，对他人的正当使用行为提起的侵害商标权之诉，不应得到法律的支持和保护。

■**24. 不具有区分商品来源作用的描述性使用不构成商标侵权**

在再审申请人茂志公司与被申请人梦工场公司、派拉蒙公司、中影公司、华影天映公司侵害商标权纠纷案【（2014）民申字第 1033 号】中，最高人民法院指出，不具有区分商品或服务来源作用的描述性使用，不构成对商标权的侵害。

■**25. 足以导致混淆、误认的回收利用行为构成商标侵权**

在再审申请人喜盈门公司与被申请人百威英博公司、一审被告蓝堡公司、抚州喜盈门公司、北国公司侵害商标权及不正当竞争纠纷案【（2014）民申字第 1182 号】中，最高人民法院指出，符合国家政策导向的回收利用行为亦不能损害他人的合法利益。使用回收容器的行为未合理避让他人的商标权或其他合法权利，并足以导致消费者对商品或服务的来源产生混淆、误认的，构成商标侵权行为。

■**26. 涉外委托加工中商标使用行为的判断**

在再审申请人浦江亚环锁业有限公司与被申请人莱斯防盗产品国际有限公司侵害商标

权纠纷案【（2014）民提字第 38 号】中，最高人民法院指出，商标法保护商标的基本功能，是保护其识别性。判断在相同或类似商品上使用相同或近似商标的行为是否容易导致混淆，要以商标发挥或者可能发挥识别功能为前提。在全部用于出口的委托加工产品上贴附的标志，既不具有区分所加工商品来源的意义，也不能实现识别该商品来源的功能，该标志不具有商标的属性，该贴附行为不构成商标意义上的使用行为。

■27. 商标权共有人行使权利的一般规则

在再审申请人张某某与被申请人沧州田霸农机有限公司、朱某某侵害商标权纠纷案【（2015）民申字第 3640 号】中，最高人民法院指出，在商标权共有的情况下，商标权的行使应遵循当事人意思自治原则，由共有人协商一致行使；不能协商一致，又无正当理由的，任何一方共有人不得阻止其他共有人以普通许可的方式许可他人使用该商标。

■28. 销售发票指向非侵权商品的商标使用行为不构成侵权

在再审申请人无锡小天鹅股份有限公司与被申请人内蒙古包头百货大楼集团股份有限公司及内蒙古包头百货大楼集团股份有限公司昆区海威超市侵害商标权及不正当竞争纠纷案【（2016）最高法民申 2216 号】中，最高人民法院指出，销售发票上的商标使用行为是否合法，需要根据其指向的商品或服务本身是否构成侵权作出判断。

■29. 商标侵权案件中对是否构成在先使用的审查判断

在再审申请人梁某、卢某某与被申请人安徽采蝶轩蛋糕集团有限公司、合肥采蝶轩企业管理服务有限公司、一审被告、二审被上诉人安徽巴莉甜甜食品有限公司侵害商标权及不正当竞争纠纷案【（2015）民提字第 38 号】中，最高人民法院指出，主张在先使用权益的一方当事人，应当举证证明其使用时间早于注册商标的申请日，且通过使用行为使未注册商标产生了一定影响。

■30. 商标侵权案件中正当使用的认定

在再审申请人冯某与被申请人西安曲江阅江楼餐饮娱乐文化有限公司侵害商标权纠纷案【（2017）最高法民申 4920 号】中，最高人民法院指出，被诉侵权人在其企业名称中及其他商业活动中使用相关符号的主要目的在于客观描述并指示其服务的特点，并且在其实际使用过程中，从未完整使用与涉案商标相同的图文组合形式，亦无证据显示被诉侵权人对相关符号文字的使用旨在攀附涉案商标的商业信誉，可以认定被诉侵权行为并不具有使相关公众混淆误认的可能性，进而不构成侵害涉案商标权。

■31. 商标权的保护强度应当与其显著性和知名度相适应

在再审申请人杭州奥普卫厨科技有限公司与被申请人浙江现代新能源有限公司、浙江凌普电器有限公司、杨某侵害商标权纠纷案【（2016）最高法民再216号】中，最高人民法院指出，商标权的保护强度，应当与其显著性和知名度相适应。如果使用行为并未损害涉案商标的识别和区分功能，亦未因此而导致市场混淆的后果，即不为法律所禁止。

■32. 损害赔偿数额的计算应当遵循比例原则

在再审申请人梁某、卢某某与被申请人安徽采蝶轩蛋糕集团有限公司、合肥采蝶轩企业管理服务有限公司、一审被告、二审被上诉人安徽巴莉甜甜食品有限公司侵害商标权及不正当竞争纠纷案【（2015）民提字第38号】中，最高人民法院指出，销售收入与生产经营规模、广告宣传、商品质量等密切相关，而不仅仅来源于对商标的使用及其知名度。当事人主张以全部销售收入与销售利润率为基础计算侵权获利的，不应予以支持。

（二）商标行政案件

■1. 商标使用行为的确认

在云南滇虹药业集团股份有限公司与汕头市康王精细化工实业有限公司、国家工商行政管理总局商标评审委员会商标行政纠纷申请再审案【（2007）行监字第184-1号】中，最高人民法院明确了商标法规定的"使用"应该是在商业活动中对商标进行公开、真实、合法的使用，并指出判断商标使用行为合法与否的法律依据，不限于商标法及其配套法规。经营者在违反法律法规强制性、禁止性规定的经营活动中使用商标的行为，不能认定为商标法规定的使用行为；商标法规定的责令限期改正的处理办法，不适用于连续3年停止使用行为，他人向商标局申请撤销该注册商标后，如果注册人没有使用的证据材料或者证据材料无效，并且没有不使用的正当理由的，应该撤销其注册商标。

■ **2. 注册商标连续 3 年停止使用撤销制度中商业使用和合法使用的判断标准**

在李某某"卡斯特"商标撤销复审行政纠纷案【（2010）知行字第 55 号】中，最高人民法院认为，只要在商业活动中公开、真实地使用了注册商标，且注册商标的使用行为本身没有违反商标法律规定，则注册商标权利人已经尽到法律规定的使用义务；有关注册商标使用的其他经营活动中是否违反进口、销售等方面的法律规定，并非商标法"连续 3 年停止使用撤销制度"所要规范和调整的问题。

■ **3. 特殊历史背景下在先使用并有一定影响商标的认定**

在再审申请人贵州赖世家酒业有限责任公司与被申请人国家工商行政管理总局商标评审委员会、一审第三人中国贵州茅台酒厂（集团）有限责任公司商标异议复审行政纠纷案【（2015）知行字第 115 号】中，最高人民法院指出，判断被异议商标是否属于以不正当手段抢先注册他人在先使用并有一定影响的商标时，需考察在先商标的历史、申请注册情况，并结合在先商标在被异议商标申请日前是否为合法使用等因素综合判断。

■ **4. 注册商标连续 3 年停止使用制度中的"使用"行为，应以核定使用的商品为限**

在再审申请人宁波市青华漆业有限公司与被申请人国家工商行政管理总局商标评审委员会、一审第三人上海市方达（北京）律师事务所商标撤销复审行政纠纷案【（2015）知行字第 255 号】中，最高人民法院认为，在注册商标连续 3 年停止使用予以撤销制度中，复审商标的使用行为应以核定使用的商品为限。

■ **5. 象征性使用不构成商标的实际使用行为**

在再审申请人成某与被申请人通用磨坊食品亚洲有限公司、一审被告国家工商行政管理总局商标评审委员会商标撤销复审行政纠纷案【（2015）知行字第 181 号】中，最高人民法院指出，在注册商标连续 3 年停止使用的复审案件中，判断复审商标是否进行实际使用，需要考察商标注册人是否具有真实的使用意图和使用行为。仅为维持复审商标存在而进行的象征性使用，不构成商标的实际使用行为。

■■ 6. 判断商标近似时对特定历史因素的考虑

在"秋林"商标行政案【(2009)知行字第 15 号】中,最高人民法院指出,判断商标近似时,还可以结合特定历史关系及处在同一地域等因素,考虑两商标共存是否易使相关公众对商品的来源产生误认或者认为两者之间存在特定的联系。

■■ 7. 商标授权确权案件中在先商标权人同时拥有非类似商品上注册的驰名商标和类似商品上的在先注册商标时商标近似的判断

在"苹果"商标行政案【(2009)行提字第 3 号】中,最高人民法院指出,当在先商标权人同时拥有非类似商品上注册的驰名商标和类似商品上的在先注册商标的情况下,不仅应该将争议商标与类似商品上的在先注册商标进行比对,还应该考虑驰名商标保护这一因素。

■■ 8. 判断中外文商标是否构成近似应当考虑二者是否已经形成了稳定的对应关系

在再审申请人拉菲罗斯柴尔德酒庄与被申请人国家工商行政管理总局商标评审委员会、南京金色希望酒业有限公司商标争议行政纠纷案【(2016)最高法行再 34 号】(简称拉菲庄园商标争议案)中,最高人民法院指出,判断中文商标与外文商标是否构成近似,不仅要考虑商标构成要素及其整体的近似程度、相关商标的显著性和知名度、所使用商品的关联程度等因素,还应考虑二者是否已经在相关公众之间形成了稳定的对应关系。

■■ 9. 中文商标与英文商标之间的近似性判断需要考虑的因素

在再审申请人高某某与被申请人戴比尔斯公司、商标评审委员会商标争议行政纠纷案【(2014)知行字第 49 号】中,最高人民法院指出,确定中文商标与英文商标之间的近似性,需要考虑相关公众对英文商标的认知水平和能力、中文商标与英文商标含义上的关联性或者对应性、引证商标自身的知名度和显著性、争议商标实际使用情况等因素。

■■ 10. 商标近似性判断的考量因素

在再审申请人四川省宜宾五粮液集团有限公司与被申请人国家工商行政管理总局商标

评审委员会、甘肃滨河食品工业（集团）有限责任公司商标异议复审行政纠纷案【（2014）知行字第37号】中，最高人民法院指出，判断被异议商标与引证商标是否构成使用在相同或类似商品上的近似商标，应当综合考虑被异议商标和引证商标的构成要素、被异议商标的在先使用状况及知名度等因素，若不会导致相关公众的混淆误认，则应认定被异议商标与引证商标不构成近似。

■11. 类似商品认定中对产品用途的考虑

在长康公司"加加 JIAJIA"商标异议复审行政纠纷案【（2011）知行字第7号】中，最高人民法院认为，类似商品判断中考虑商品的用途时，应以其主要用途为主，如果产品的不同用途面对的是不同的消费对象，一般情况下应该以注意程度较低的消费者为准。

■12. 关联商品可视情形纳入类似商品范围

在啄木鸟公司啄木鸟图形商标争议行政案【（2011）知行字第37号】中，最高人民法院认为，避免来源混淆是商品类似关系判断时需坚持的基本原则，如具近似商标在具有一定关联性的商品上共存，容易使相关公众认为两商品是由同一主体提供或者其提供者之间存在特定联系，应认定两商品构成类似商品。

■13.《类似商品和服务区分表》对类似商品认定的作用

在啄木鸟公司啄木鸟图形商标争议行政案【（2011）知行字第37号】中，最高人民法院还阐述了《类似商品和服务区分表》对认定类似商品或者服务的作用。最高人民法院认为，《类似商品和服务区分表》可以作为判断类似商品或者服务的参考，但不能机械、简单地以《类似商品和服务区分表》为依据或标准，而应当更多地考虑实际因素，结合个案的情况进行认定。

■14. 含有描述性外国文字的商标的显著性的审查判断

在佳选公司"BEST BUY 及图"商标驳回复审行政纠纷案【（2011）行提字第9号】中，最高人民法院认为，在审理商标授权确权行政案件时，应当根据诉争商标指定使用商品的相关公众的通常认识，从整体上对商标是否具有显著特征进行审查判断；如果商标标识中含有的描述性要素不影响商标整体上具有显著特征，相关公众能够以其识别商品来源的，应当认定其具有显著特征。

■15. 含有描述性要素的商标的显著性的审查判断

在沩山茶叶公司"沩山牌及图"商标行政纠纷案【（2011）行提字第 7 号)】中，最高人民法院认为，含有描述性要素的商标的显著性的判定，应当根据争议商标指定使用商品的相关公众的通常认识，从整体上对商标是否具有显著特征进行判断，不能因为商标含有描述性文字就认为其整体缺乏显著性；对于使用时间较长，已经建立一定的市场声誉，相关公众能够以其识别商品来源，并不仅仅直接表示商品特点的商标，应认为其具有显著特征。

■16. 以商品部分外观申请立体商标的显著性的审查判断

在爱马仕公司与商标评审委员会商标驳回复审行政纠纷案【（2012）民申字第 68 号】中，最高人民法院认为，以商品部分外观的三维形状申请商标注册时，由于这种三维形状通常不能够脱离商品本身而单独使用，相关公众更容易将其视为商品的组成部分而非商标，除非该商品外观本身具有区别于同类商品外观的显著特征，或者申请人能够证明已经通过使用行为而使相关公众足以将该商品外观与特定的商品提供者联系起来，否则其注册申请应予驳回。

■17. 作为商品包装的立体商标的显著性判断

在再审申请人雀巢公司与被申请人味事达公司、商标评审委员会商标争议行政纠纷案【（2014）知行字第 21 号】中，最高人民法院指出，对于以商品包装形式体现的三维标志，设计上的独特性不当然地等同于商标的显著性，而仍应当以其能否区分商品来源作为固有显著性的判断标准。同业经营者的使用情况对通过使用获得显著性的认定具有影响，当现有证据不足以克服相关公众对三维标志仅为商品包装这一认知的情况下，不能认定该三维标志通过使用获得了显著性。

■18. 包含通用名称的商标显著性的认定

在再审申请人上海避风塘公司与被申请人商标评审委员会及一审第三人、二审被上诉人磐石意舟公司商标争议行政纠纷案【（2013）行提字第 8 号】中，最高人民法院指出，商标中虽然包含通用名称等不具有显著性的部分，但其他具有显著性的图案或者文字具有突出的识别效果，仍可认定商标整体具备显著性。

■ 19. 证明商标显著性的认定

在再审申请人布鲁特斯 SIG 有限公司与被申请人国家工商行政管理总局商标评审委员会商标驳回复审行政纠纷案【（2016）最高法行申 2159 号】中，最高人民法院指出，商标法虽然对证明商标的申请主体、使用主体及基本功能作出了专门规定，但商标法关于注册商标应当具备显著特征的要求，同样适用于证明商标。

■ 20. 主张权利者使用争议标志的意图、行为和效果对其受法律保护的影响

在"索爱"商标争议行政案【（2010）知行字第 48 号】中，最高人民法院认为，本案中的争议商标"索爱"，无论是作为未注册商标的简称，还是作为企业名称或知名商品特有名称的简称，其受法律保护的前提是，对该标识主张权利的人必须有实际使用该标识的行为，且该标识已能够识别其商品来源；在争议商标申请日前，索尼爱立信公司并无将争议商标作为其商业标识的意图和行为，相关媒体对其手机产品的相关报道不能为该公司创设受法律保护的民事权益。

■ 21. 对含有国名的标志申请注册为商标的审查判断

在"中国劲酒"商标驳回复审行政案【（2010）行提字第 4 号】中，最高人民法院认为，商标法所称同中华人民共和国的国家名称相同或者近似，是指该标志作为整体同我国国家名称相同或者近似；如果该标志含有与我国国家名称相同或者近似的文字，但其与其他要素相结合，作为一个整体已不再与我国国家名称构成相同或者近似的，则不宜认定为同中华人民共和国国家名称相同或者近似的标志。

■ 22. 对包含外文文字的申请商标是否构成禁止注册的外国国家名称，应基于相关公众的知识水平和认知能力作出判断

在再审申请人耐克国际有限公司与被申请人国家工商行政管理总局商标评审委员会商标驳回复审行政纠纷案【（2015）知行字第 80 号】中，最高人民法院指出，相关公众基于知识水平和认知能力，不会认为申请商标整体上与外国国家名称相同或近似的，应认定

申请商标未违反《商标法》第 10 条第 1 款第（二）项的规定。

■**23. 驰名商标认定的证据审查标准**

在再审申请人苹果公司与被申请人国家工商行政管理总局商标评审委员会、一审第三人新通天地科技（北京）有限公司商标异议复审行政纠纷案【（2016）最高法行申 3386号】中，最高人民法院认为，在判断相关证据能否证明引证商标驰名与否时，应当注意，公司的经营历史及知名度与引证商标的宣传、使用历史及知名度并不必然等同；相关公众能否通过正规、有效的渠道，认知和了解引证商标；一般性的消息报道，而非针对引证商标的广告宣传，不足以作为认定特定商标已在中国经广泛商业宣传达到驰名程度的事实依据。

■**24. 驰名商标按需认定原则在商标授权确权行政案件中的适用**

在再审申请人巨化集团公司与被申请人国家工商行政管理总局商标评审委员会、第三人胡某某商标异议复审行政纠纷案【（2014）知行字第 112 号】中，最高人民法院指出，人民法院审理涉及驰名商标保护的商标授权确权行政案件，亦应遵循驰名商标的按需认定原则。如果被异议商标并未构成对引证商标的复制、模仿或者翻译，或者被异议商标获准注册并不会导致误导公众并可能损害引证商标权利人利益的结果，即无须对引证商标是否构成驰名的问题作出审查和认定。

■**25. 商标是否驰名应根据案件具体情况及所涉商品特点等进行综合判断**

在华夏长城公司"日产及图"商标争议行政纠纷案【（2011）知行字第 45 号】中，最高人民法院认为，商标是否驰名是对当事人提交的全部证据进行综合判断后得出的结论，不能孤立地看相关的证据，也不能机械地要求必须提供哪一类的证据，需根据案件具体情况、所涉及的商品特点等进行具体分析判断。

■**26. 曾被列入国家药品标准期间的商标使用情形能否纳入认定商标是否驰名的考量范围**

在"21 金维他"商标行政案【（2009）知行字第 12 号】中，最高人民法院认为，在特定历史条件下，有些药品名称曾被列入国家药品标准，在药品标准被修订而不再作为药品法定通用名称后，如果该名称事实上尚未构成通用名称，仍应当认定该名称具有识别商品来源的作用。据此，考虑该注册商标的知名度时，可以参考其被列入国家药品标准期间注册商标权利人对该商标的使用、宣传等因素。

■27. 认定商标驰名时对商标注册前的使用情况的考虑

在"中铁"商标行政案【（2009）知行字第 1 号】中，最高人民法院认为，认定商标是否驰名，不仅应考虑商标注册后的使用情况，还应考虑该商标注册前持续使用的情况。

■28. 判断复制、摹仿驰名商标时对被异议人已有近似注册商标的考虑

在"苹果男人"商标异议复审行政案【（2009）行提字第 2 号】中，最高人民法院认为，在对被异议商标是否复制、摹仿驰名商标进行判断时，如果在申请注册被异议商标之前，被异议人在同类别商品上已经拥有近似的注册商标，法院应该比较被异议商标与被异议人自己的注册商标、他人的驰名商标之间的近似程度。被异议商标与被异议人已经在同类别商品上注册的商标近似程度较高，不宜认定被异议商标构成对他人驰名商标的复制、模仿。

■29. 商标法规定的"在先权利"的界定

在再审申请人帕克无形资产有限责任公司（以下简称帕克公司）与被申请人商标评审委员会、一审第三人戴某某商标异议复审行政纠纷案【（2014）行提字第 9 号】中，最高人民法院指出，申请商标不得损害他人现有的在先权利。在中国境内具有一定市场知名度、为相关公众所知悉的企业名称中的字号，亦可以作为企业名称权的一种特殊情况对待，作为商标法所规定的在先权利受到保护。

■30. 商标法规定的在先权利"利害关系人"的界定

在再审申请人采埃孚公司与被申请人商标评审委员会、一审第三人汇昌机电公司商标争议行政纠纷案【（2014）行提字第 2 号】中，最高人民法院认为，现行法律法规并未对"利害关系人"的范围作出明确界定，虽然利害关系人多以被许可使用人、合法继承人的形式体现，但其他有证据证明与案件具有利害关系的主体，亦可以利害关系人的身分对争议商标提出撤销申请。

■31. 在先商标具有较高显著性和知名度的情况下，在后申请人应负有更高的注意和避让义务

在再审申请人北京福联升鞋业有限公司与被申请人国家工商行政管理总局商标评审委员会、北京内联升鞋业有限公司商标异议复审行政纠纷案【（2015）知行字第 116 号】中，最高人民法院认为，在引证商标具有较高的显著性和知名度的情况下，与其构成近似商标的范围较普通商标也应更宽，同业竞争者亦应具有更高的注意和避让义务。

■32. 判断诉争商标是否损害他人在先权利的时间界限

在"散列通"商标行政案【（2009）行提字第 1 号】中，最高人民法院认为，人民法院依据商标法审查判断诉争商标是否侵害他人在先权利，一般应当以诉争商标申请日前是否存在在先权利为时间界限。

■33. 药品商品名称能否作为在先权利受到商标法的保护

在"可立停"商标争议行政案【（2010）知行字第 52 号】中，最高人民法院认为，经实际使用并具有一定影响的药品商品名称，可以作为商标法规定的在先权利受到法律保护。

■34. 姓名权构成商标法保护的"在先权利"

在再审申请人迈克尔·杰弗里·乔丹与被申请人国家工商行政管理总局商标评审委员会、一审第三人乔丹体育股份有限公司商标争议行政纠纷案【（2016）最高法行再 27 号】中，最高人民法院指出，姓名权是自然人对其姓名享有的重要人身权，姓名权可以构成商标法规定的"在先权利"。

■35. 商标驳回复审行政诉讼程序中应否考虑阻碍申请商标注册的事实发生的新变化

在艾德文特公司"ADVENT"商标驳回复审行政纠纷案【（2011）行提字第 14 号】中，最高人民法院认为，在商标驳回复审行政纠纷案件中，如果引证商标在诉讼程序中因连续 3 年停止使用而被撤销，鉴于申请商标尚未完成注册，人民法院应根据情势变更原则，依据变化了的事实依法作出裁决。

■**36. 商标法"以不正当手段抢先注册他人已经使用并有一定影响的商标"的适用及其例外**

在再审申请人抚顺博格公司与商标评审委员会、营口玻纤公司商标争议行政纠纷案【（2013）行提字第 11 号】中，最高人民法院认为，一般情况下，商标申请人明知或者应知他人在先使用并有一定影响的商标而申请注册即可推定其具有利用他人商标商誉获利的意图，但不排除特殊情况下，在先商标虽然已经具有一定影响，但商标申请人并不具有抢占在先商标商誉的恶意。

■**37. 商标法规定的"其他不正当手段取得注册"的认定**

在再审申请人李某某与被申请人商标评审委员会、一审第三人海棠湾管委会商标争议行政纠纷案【（2013）知行字第 41 号、第 42 号】中，最高人民法院指出，商标法规定的"以其他不正当手段取得注册"，是指以欺骗手段以外的扰乱商标注册秩序、损害公共利益、不正当占用公共资源或者以其他方式谋取不正当利益的手段取得注册；民事主体申请注册商标，应该有使用的真实意图，其申请注册商标行为应具有合理性或正当性。

■**38. 复杂历史因素可导致商标共存**

在再审申请人苏州稻香村公司与被申请人商标评审委员会、一审第三人北京稻香村公司商标异议复审行政纠纷案【（2014）知行字第 85 号】中，最高人民法院指出，通常情况下，被异议商标与引证商标构成使用在相同或者类似商品上的近似商标的，不应予以核准注册。但本案具有复杂的历史因素，当一方当事人主张被异议商标系对其在先字号及在先注册商标的延续时，判断其应否被核准注册，除依据商标法的规定外，亦应对历史、现实以及业已形成的市场秩序给予充分的尊重，在尽可能地划清有关商业标识之间界限的基础上，公平合理地作出裁判。

■**39. 非以诚信经营为前提的商业成功与市场秩序不是维持商标注册的正当理由**

在再审申请人迈克尔·杰弗里·乔丹与被申请人国家工商行政管理总局商标评审委员会、一审第三人乔丹体育股份有限公司商标争议行政纠纷案【（2016）最高法行再 27 号】中，最高人民法院指出，商标权人主张的市场秩序或者商业成功并不完全是诚信经营的合法成果，而是一定程度上建立于相关公众误认的基础之上。维护此种市场秩序或者商业成功，不仅不利于保护姓名权人的合法权益，而且不利于保障消费者的利益，更不利于净化商标注册和使用环境。

■▓ 40. 长期停止使用的商业标识不能作为有一定影响的未注册商标或在先权利予以保护

在再审申请人余某某与商标评审委员会、第三人成都同德福公司商标争议行政纠纷案【（2013）知行字第 80 号】中，最高人民法院指出，《商标法》第 31 条所称的"有一定影响"，应当是一种基于持续使用行为而产生的法律效果，"在先权利"应当是指至争议商标的申请日时仍然存在的现有权利；在长期停止使用的情况下，商业标识已经不具备《商标法》第 31 条所规定的未注册商标的知名度和影响力，不构成在先使用并有一定影响的商标或者在先权利。

■▓ 41. 商标代理人、代表人的范围

在再审申请人重庆正通药业有限公司、国家工商行政管理总局商标评审委员会与四川华蜀动物药业有限公司商标行政纠纷案【（2007）行提字第 2 号】中，最高人民法院认为，商标法规定的"代理人"，不仅包括接受商标注册申请人或者商标注册人的委托，在委托权限范围内代理商标注册等事宜的商标代理人、代表人，还包括总经销（独家经销）、总代理（独家代理）等特殊销售代理关系意义上的代理人、代表人。

■▓ 42. 商标法规定的代理人或者代表人身份的推定

在再审申请人新东阳企业公司与被申请人新东阳股份公司、原审被告商标评审委员会商标异议复审行政纠纷案【（2013）知行字第 97 号】中，最高人民法院指出，与代理人或者代表人有串通合谋抢注商标行为的人，可以视为代理人或者代表人；判断是否构成串通合谋抢注行为，可以视情况根据该人与代理人或者代表人的特定身份关系进行推定。

■▓ 43. 代表人或者代理人抢注被代表人或者被代理人商标的适用条件

在再审申请人雷博公司与被申请人商标评审委员会、家园公司商标争议行政纠纷案【（2014）行提字第 3 号】中，最高人民法院认为，基于诚实信用原则而设立的对被代理人或者被代表人的商标予以特殊保护的制度，并不一概要求该商标已经在先使用；只要特定商标应归于被代理人或者被代表人，代理人或者代表人即应善尽忠诚和勤勉义务，不得擅自以自己名义进行注册。

■44. 将去世的知名人物姓名注册为商标可认定具有其他不良影响

在贵州美酒河公司与商标评审委员会、李某某商标争议行政纠纷案【（2012）知行字第 11 号】中，最高人民法院指出，将在相关行业具有一定知名度和影响力的知名人物姓名作为商标注册在该行业相关商品上，易使相关消费者将该商品的品质特点与该行业相关知名商品生产工艺相联系，从而误导消费者的，可以认定为具有其他不良影响。

■45. 伤害宗教感情的标志可以认定为具有其他不良影响

在再审申请人泰山石膏股份有限公司与被申请人山东万佳建材有限公司、一审被告、二审被上诉人国家工商行政管理总局商标评审委员会商标争议行政纠纷案【（2016）最高法行再 21 号】中，最高人民法院指出，对具有宗教含义的商标，一般可以该商标的注册有害于宗教感情、宗教信仰或者民间信仰为由，认定其具有"其他不良影响"。判断商标是否具有宗教含义，应当结合当事人提交的证据、宗教人士的认知以及该宗教的历史渊源和社会现实综合予以认定。

■46. 近似商标共存协议影响商标可注册性的审查判断

在山东良子公司"良子"商标争议行政纠纷案【（2011）知行字第 50 号】中，最高人民法院认为，当事人之间关于近似商标的共存协议影响商标可注册性的审查判断。

■47. 商标之间适当共存的考量因素

在再审申请人特多瓦公司与被申请人北京龟博士汽车清洗连锁有限公司及一审被告、二审被上诉人国家工商行政管理总局商标评审委员会，一审第三人、二审被上诉人北京半隆贸易中心商标异议复审行政纠纷案【（2015）行提字第 3 号】中，最高人民法院指出，商标之间的适当共存，一般具有特殊的历史背景，且需考虑在先权利人的意愿和客观上是否已经形成了市场区分的事实。

■48. 共存协议在《商标法》（2001 年修正）第 28 条适用过程中的作用

在再审申请人谷歌公司与被申请人国家工商行政管理总局商标评审委员会商标驳回复审行政纠纷案【（2016）最高法行再 103 号】中，最高人民法院指出，共存协议是认定申请商标是否违反 2001 年修正的《商标法》第 28 条规定的重要考量因素。在共存协议没有损害国家利益、社会公共利益或者第三人合法权益的情况下，不应简单以损害消费者利益为由，对共存协议不予采信。

■49. 自然人可就其未主动使用的特定名称获得姓名权的保护

在再审申请人迈克尔·杰弗里·乔丹与被申请人国家工商行政管理总局商标评审委员会、一审第三人乔丹体育股份有限公司商标争议行政纠纷案【（2016）最高法行再 27 号】中，最高人民法院指出，"使用"是姓名权人享有的权利内容之一，并非其承担的义务，更不是姓名权人主张保护其姓名权的法定前提条件。在符合有关姓名权保护条件的情况下，自然人有权就其并未主动使用的特定名称获得姓名权的保护。

■50. 自然人就特定名称主张姓名权保护时应当满足的条件

在再审申请人迈克尔·杰弗里·乔丹与被申请人国家工商行政管理总局商标评审委员会、一审第三人乔丹体育股份有限公司商标争议行政纠纷案【（2016）最高法行再 27 号】中，最高人民法院指出，自然人就特定名称主张姓名权保护的，该特定名称应当符合三项条件：其一，该特定名称在我国具有一定的知名度、为相关公众所知悉；其二，相关公众使用该特定名称指代该自然人；其三，该特定名称已经与该自然人之间建立了稳定的对应关系。外国人外文姓名的中文译名如符合前述三项条件，可以依法主张姓名权的保护。

■51. 作为在先权利保护的"肖像"应当具有可识别性

在再审申请人迈克尔·杰弗里·乔丹与被申请人国家工商行政管理总局商标评审委员会、一审第三人乔丹体育股份有限公司商标争议行政纠纷案【（2015）知行字第 332 号】中，最高人民法院指出，肖像权所保护的"肖像"应当具有可识别性，其中应当包含足以使社会公众识别其所对应的权利主体即特定自然人的个人特征，从而能够明确指代该特定的权利主体。

■52. 商标申请或注册人信息不属于著作权法规定的表明作者身份的署名行为

在再审申请人格里高利登山用品有限公司与被申请人鹤山三丽雅工艺制品有限公司、一审被告、二审被上诉人国家工商行政管理总局商标评审委员会商标异议复审行政纠纷案【（2016）最高法行申 2154 号】中，最高人民法院指出，商标申请人及商标注册人信息仅能证明注册商标权的归属，不属于著作权法规定的表明作品创作者身份的署名行为。

■53. 已注册商标是否已经形成稳定的市场秩序的判断

在再审申请人拉菲罗斯柴尔德酒庄与被申请人国家工商行政管理总局商标评审委员会、南京金色希望酒业有限公司商标争议行政纠纷案【（2016）最高法行再 34 号】中，最高人民法院指出，对于已经注册使用的商标，是否已经通过使用建立较高市场声誉，并形成了相关公众群体，应当以相关公众能否在客观上实现市场区分并避免混淆误认的结果为判断标准。

■54. 通用名称的确定

在西南药业股份有限公司与国家工商行政管理总局商标评审委员会、拜耳消费者护理股份有限公司商标行政纠纷申请再审案【（2007）行监字第 111－1 号】中，最高人民法院认为，通用名称包括法定的通用名称和约定俗成的通用名称，被列入地方药品标准的名称原则上应认定为通用名称，但如该国家药品标准修改后则不宜仍将其认定为法定的通用名称；判定其是否是通用名称的标准应当是其是否是已为同行业经营者约定俗成、普遍使用的表示某类商品的名词；关于通用名称的判断时间点，应当以评审时的事实状态予以判断。

■55. 主张在先著作权适格主体的证明

在再审申请人温州市伊久亮光学有限公司与被申请人达马股份有限公司及二审被上诉人国家工商行政管理总局商标评审委员会商标权无效宣告请求行政纠纷案【（2017）最高法行申 7174 号】中，最高人民法院指出，著作权人、著作权的利害关系人均可依据《商标法》第 31 条的规定主张在先著作权。诉争商标申请日之后的著作权登记证书不能单独作为在先著作权的权属证据。诉争商标申请日之前的商标注册证虽不能作为著作权权属证据，但可以作为确定商标权人为有权主张商标标志著作权的利害关系人的初步证据。

■56. 对他人是否享有在先著作权的审查认定

在再审申请人杰杰有限公司与被申请人国家工商行政管理总局商标评审委员会、一审第三人金华市百姿化妆品有限公司商标异议复审行政纠纷案【（2017）最高法行再35号】中，最高人民法院指出，对于当事人是否享有在先著作权，需要综合考量相关证据予以认定。在著作权登记证明晚于诉争商标申请日时，可以结合商标注册证、包含商标标志的网站页面、记载作品创作过程的报刊内容、产品实物、著作权转让证明等证据，在确认相关证据相互印证、已形成完整的证据链时，可以认定当事人对该商标标志享有在先著作权。

■57. 同一主体的不同注册商标的知名度在特定条件下可以辐射

在再审申请人博内特里公司与被申请人商标评审委员会、名仕公司商标争议行政纠纷案【（2012）行提字第28号】中，最高人民法院认为，同一主体的不同注册商标的知名度在特定条件下可以辐射；在争议商标申请日前，争议商标的标识因同一主体对相近似商标的长期广泛使用已经具有较高知名度，而引证商标不具有知名度的，引证商标的排斥权范围应受到限制。

■58. 销售侵犯注册商标专用权商品销售商的赔偿责任的确定

在波马公司与广客宇公司商标侵权案【（2009）民申字第1882号】中，最高人民法院认为，销售商在未与制造者构成共同侵权、需要承担连带责任时，仅就其销售行为承担相应的责任，不应一并承担制造者应当承担的责任，更不能由其赔偿权利人因侵权而受到的所有损失。

■59. 《商标法》（2001年修正）对该法施行前已有行政终局裁定的商标争议的溯及力

在"采乐"商标行政案【（2008）行提字第2号】中，最高人民法院阐明了《商标法》（2001年修正）对该法施行前已有行政终局裁定的商标争议的溯及力问题。最高人民法院基于信赖保护原则认为，2001年修改后的《商标法》对于该法修改前已受终局裁定拘束的商标争议不具有追溯力。

四、竞争和垄断案件

■1. 作为商业秘密的整体信息是否为公众所知悉的认定

在高某某与一得阁公司、传人公司侵犯商业秘密纠纷案【（2011）民监字第414号】中，最高人民法院认为，在能够带来竞争优势的技术信息或经营信息是一种整体信息的情况下，不能将其各个部分与整体割裂开来，简单地以部分信息被公开就认为该整体信息已为公众所知悉。

■2. 构成国家秘密的商业秘密的秘密性认定

在高某某与一得阁公司、传人公司侵犯商业秘密纠纷案【（2011）民监字第414号】中，最高人民法院认为，国家秘密中的信息由于关系国家安全和利益，是处于尚未公开或者依照有关规定不应当公开的内容；属于国家秘密的信息在解密前，应当认定为该信息不为公众所知悉。

■3. 合同附随义务不能构成商业秘密的保密措施

在恒利公司清算组与国贸公司、宇阳公司侵害商业经营秘密纠纷案【（2012）民监字第253号】中，最高人民法院指出，派生于诚实信用原则的保守秘密的合同附随义务，无法体现商业秘密权利人对信息采取保密措施的主观愿望，不能构成作为积极行为的保密措施。

■4. 单纯的竞业限制约定不构成作为商业秘密保护条件的保密措施

在富日公司与黄某某、萨菲亚公司侵犯商业秘密纠纷案【（2011）民申字第122号】中，最高人民法院认为，符合反不正当竞争法规定的保密措施应当表明权利人保密的主观愿望，明确作为商业秘密保护的信息的范围，使义务人能够知悉权利人的保密愿望及保密客体，并在正常情况下足以防止涉密信息泄露；单纯的竞业限制约定，如果没有明确用人单位保密的主观愿望和作为商业秘密保护的信息的范围，不能构成《反不正当竞争法》第

10 条规定的保密措施。

■ **5. 商业秘密共有案件中合理保密措施的认定**

在上诉人化学工业部南通合成材料厂、南通星辰合成材料有限公司、南通中蓝工程塑胶有限公司与被上诉人南通市旺茂实业有限公司、周某某、陈某某、陈某、李某某、戴某某侵害商业技术秘密和商业经营秘密纠纷案【(2014)民三终字第 3 号】中,最高人民法院指出,当事人虽对相关商业秘密主张共有,但涉案信息实际上是在各当事人处分别形成。故某一当事人采取的保密措施,不能取代其他当事人应分别对涉案商业秘密采取的合理保密措施。

■ **6. 商业秘密侵权认定中对不正当手段的事实推定**

在高某某与一得阁公司、传人公司侵犯商业秘密纠纷案【(2011)民监字第 414 号】中,最高人民法院认为,当事人基于其工作职责完全具备掌握商业秘密信息的可能和条件,为他人生产与该商业秘密信息有关的产品,且不能举证证明该产品系独立研发,根据案件具体情况及日常生活经验,可以推定该当事人非法披露了其掌握的商业秘密。

■ **7. 不具有市场属性的信息不属于商业秘密**

在再审申请人王某某与被申请人卫生部国际中心等侵害商业秘密纠纷案【(2013)民申字第 1238 号】中,最高人民法院指出,反不正当竞争法所规范的"竞争"并非任何形式、任何范围的竞争,而是特指市场经营主体之间的"市场竞争";商业秘密应以市场为依托,仅在单位内部为当事人带来工作岗位竞争优势的信息不属于商业秘密。

■ **8. 权利人对商业秘密内容和范围的明确与固定**

在再审申请人新发药业有限公司与被申请人亿帆鑫富药业股份有限公司、一审被告姜某某、马某某侵害商业秘密纠纷案【(2015)民申字第 2035 号】中,最高人民法院指出,在商业秘密案件审理过程中,应当允许权利人对其商业秘密的内容和范围进行明确和固定,人民法院在此基础上进行的审理和裁判,只要不影响当事人的程序性权利,即不构成超出诉讼请求的裁判。

■9. 知名商品的名称、包装和装潢的特有性与新颖性的关系

在再审申请人华文出版社与被申请人吉林文史出版社等侵害著作权及不正当竞争纠纷案【（2013）民申字第 371 号】中，最高人民法院指出，知名商品的名称、包装和装潢的特有性是指该商品名称、包装和装潢能够起到区别商品来源的作用，而不是指该商品名称、包装和装潢具有新颖性或者独创性；即使商品名称、包装和装潢不具有新颖性或者独创性，也不意味着其必然不具有特有性。

■10. 商品外观形状构造获得知名商品特有装潢保护的条件

在"晨光笔特有装潢"不正当竞争案【（2010）民提字第 16 号】中，最高人民法院认为，凡是具有美化商品作用、外部可视的装饰，都属于装潢，通常包括文字图案类和形状构造类两种类型；与外在于商品之上的文字图案类装潢相比，内在于商品之中的形状构造类装潢构成知名商品的特有装潢需要满足更严格的条件；这些条件一般至少包括：（1）该形状构造应该具有区别于一般常见设计的显著特征。（2）通过在市场上的使用，相关公众已经将该形状构造与特定生产者、提供者联系起来，即该形状构造通过使用获得第二含义。

■11. 获得外观设计专利的商品外观在专利权终止后能否依据反不正当竞争法获得保护

在"晨光笔特有装潢"不正当竞争案【（2010）民提字第 16 号】中，最高人民法院认为，外观设计专利权终止后，该设计并不当然进入公有领域，在符合条件时还可以依据反不正当竞争法关于知名商品特有包装、装潢的规定而得到制止混淆的保护。

■12. 知名商品特有的包装、装潢权益能否承继

在再审申请人桂林南药公司与被申请人赛诺维公司侵害外观设计专利权和擅自使用知名商品特有包装、装潢纠纷案【（2013）民提字第 163 号】中，最高人民法院指出，知名商品特有的包装、装潢属于反不正当竞争法保护的财产权益，依法可以转让和承继。

■13. 知名商品特有包装装潢中的"商品"与"包装装潢"应当具有特定指向关系

在上诉人广东加多宝饮料食品有限公司与被上诉人广州医药集团有限公司、广州王老

吉大健康产业有限公司擅自使用知名商品特有包装装潢纠纷两案（简称"红罐"特有包装装潢纠纷案）【（2015）民三终字第2号、第3号】中，最高人民法院指出，《反不正当竞争法》第5条第（2）项规定的"知名商品"和"特有包装装潢"之间具有互为表里、不可割裂的关系，只有使用了特有包装装潢的商品，才能够成为反不正当竞争法调整的对象。抽象的商品名称或无确定内涵的商品概念，脱离于包装装潢所依附的具体商品，缺乏可供评价的实际使用行为，不具有依据《反不正当竞争法》第5条第（2）项规定进行评价的意义。

■14. 确定知名商品特有包装装潢权益归属的考量因素

在前述"红罐"特有包装装潢纠纷案中，最高人民法院指出，在确定特有包装装潢的权益归属时，既要在遵循诚实信用原则的前提下鼓励诚实劳动，也应当尊重消费者基于包装装潢本身具有的显著特征而客观形成的对商品来源指向关系的认知。

■15. 具有描述性的商品名称构成知名商品特有名称的条件

在御生堂公司与康士源公司等擅自使用知名商品特有名称、包装、装潢纠纷案【（2011）民提字第60号】中，最高人民法院认为，对于本身具有描述商品功能和用途的商品名称，需要有证据证明其通过使用获得了区别商品来源的第二含义，才能构成知名商品的特有名称。

■16. 具有很高知名度的指代特定人群及其技艺或作品的特定称谓可以获得反不正当竞争法保护

在"泥人张"不正当竞争纠纷案【（2010）民提字第113号】中，最高人民法院指出，具有很高知名度、承载着极大商业价值的特定人群的称谓，应当受到法律保护；该特定人群所传承的特定技艺或者作品的特定称谓用作商品名称时，可作为反不正当竞争法上知名商品（包括服务）的特有名称受到法律保护。

■17. 对通用称谓进行审查判断时的考虑因素

在"泥人张"不正当竞争纠纷案【（2010）民提字第113号】中，最高人民法院指出，通用称谓不具有识别特定商品来源即商品提供者的功能，在判断"行业（或商品）＋姓氏"的称谓是否属于通用称谓时，应当考虑该称谓是否属于仅有的称谓方法、该称谓所指的人物或者商品的来源是否特定、该称谓是否使用了文学上的比较手法等因素。

■18. 已经实际具有区别产品来源功能的特定产品型号应受保护

在万顺公司、深圳宝凯公司与河北宝凯公司不正当竞争纠纷案【（2012）民申字第398号】中，最高人民法院指出，已经实际上具有区别产品来源功能的特定产品型号可以获得反不正当竞争法的保护。

■19. 字号可以继承

在广东伟雄集团有限公司、佛山市高明区正野电器实业有限公司、广东正野电器有限公司与佛山市顺德区正野电器有限公司、佛山市顺德区光大企业集团有限公司侵犯商标权和不正当竞争纠纷申请再审案【（2005）民三监字第15－1号】中，最高人民法院认为，登记使用与他人注册商标相同的文字作为企业名称中的字号，生产经营相类似的产品，倘若足以使相关公众对商品的来源产生混淆，即使他人的商标未被认定为驰名商标或者著名商标，仍可构成不正当竞争行为。

■20. 企业简称可以获得反不正当竞争法的保护

在"山起"企业名称案【（2008）民申字第758号】中，最高人民法院认为，对于具有一定市场知名度、为相关公众所熟知并已实际具有商号作用的企业或者企业名称的简称，可以视为企业名称，并可根据反不正当竞争法的规定获得保护。

■21. 注册商标侵犯他人在先企业名称中的字号权益构成不正当竞争行为

在伟雄集团公司与顺德正野公司等不正当竞争案【（2008）民提字第36号】中，最高人民法院认为，受反不正当竞争法保护的企业名称，特别是字号，本质上属于一种财产权益，字号所产生的相关权益可以承继；将在先使用而有一定市场知名度的企业字号申请注册为商标并予以使用，足以使相关公众对商品的来源产生误认的，侵犯在先的企业字号权益，构成不正当竞争，应承担停止使用该注册商标的民事责任。

■22. 善意的在先使用行为不构成擅自使用他人企业名称

在再审申请人广州星河湾实业发展有限公司、广州宏富房地产有限公司与被申请人江苏炜赋集团建设开发有限公司侵害商标权及不正当竞争纠纷案【（2013）民提字第102号】中，最高人民法院指出，他人善意使用诉争名称的时间早于权利人对其企业名称的使用，该使用行为不构成擅自使用他人企业名称的行为。

■23. 被诉企业名称构成不正当竞争时的停止使用责任

在广东星群公司与广州星群公司不正当竞争案【（2008）民申字第982号】中，最高人民法院认为，恶意使用他人具有一定市场知名度、为相关公众所知悉的企业名称中的字号，因处于同一地域而极易导致相关公众误认，不停止使用则不足以防止市场混淆后果的，人民法院可以直接判决该经营者承担停止使用其企业名称的民事责任。

■24. 企业字号与注册商标冲突时的民事责任

在再审申请人大宝化妆品公司与被申请人大宝日化厂等侵害注册商标专用权和不正当竞争纠纷案【（2012）民提字第166号】中，最高人民法院认为，企业字号与注册商标冲突时应根据案件的具体情况予以处理：因突出使用企业名称侵犯注册商标专用权的，可以判令规范使用企业名称；该企业名称因特殊的历史关系已经长期善意使用的，可以不判令变更企业名称。

■25. 具有特殊地理因素的商号之间的共存

在福建白沙公司与南安白沙公司侵犯企业名称（商号）权及不正当竞争纠纷案【（2012）民申字第14号】中，最高人民法院指出，村名属于公共资源，同处该村区域的经营者均将村名作为企业名称中的字号登记注册，企业名称具有一定区别，在后注册的经营者不具有主观恶意，且未导致相关公众混淆误认的，不宜认定在后注册的经营者构成不正当竞争。

■26. 商业机会获得反不正当竞争法保护的条件

在"海带配额"不正当竞争案【（2009）民申字第1065号】中，最高人民法院认为，在正常情况下能够合理预期获得的商业机会，可以成为法律特别是反不正当竞争法所保护的法益；但基于商业机会的开放性和不确定性，只有当竞争对手不遵循诚实信用原则和违反公认的商业道德，通过不正当手段攫取他人可以合理预期获得的商业机会时，才为反不正当竞争法所禁止。

■27. 商业诋毁行为的构成条件

在"兰王"鸡蛋商业诋毁案【（2009）民申字第 508 号】中，最高人民法院认为，反不正当竞争法调整的商业诋毁行为并不要求行为人必须直接指明诋毁的具体对象的名称，但商业诋毁指向的对象应当是可辨别的；反不正当竞争法没有对商业诋毁的语言作出限制，诋毁语言并不一定要求有感情色彩。

■28. 互联网市场领域中商业诋毁行为的认定

在上诉人奇虎公司、奇智公司与被上诉人腾讯公司、腾讯计算机公司不正当竞争纠纷案【（2013）民三终字第 5 号】中，最高人民法院认为，判定某一行为是否构成商业诋毁，其判定标准是该行为是否属于捏造、散布虚伪事实，对竞争对手的商业信誉或者商品声誉造成损害。正当的市场竞争是竞争者通过必要的付出而进行的诚实竞争。竞争自由和创新自由必须以不侵犯他人合法权益为边界，互联网的健康发展需要有序的市场环境和明确的市场竞争规则作为保障。

■29. 应承担民事责任的虚假宣传行为的基本条件

在黄金假日公司与携程公司不正当竞争判决上诉案【（2007）民三终字第 2 号】中，最高人民法院还认为，应承担民事责任的虚假宣传行为需具备经营者之间具有竞争关系、有关宣传内容足以造成相关公众误解、对经营者造成了直接损害这三个基本条件；其中对于引人误解和直接损害的后果问题，不能简单地以相关公众可能产生的与原告无关的误导性后果来代替原告对自身受到损害的证明责任。

■30. 职工在职期间筹划设立与所在单位具有竞争关系的新公司的行为正当性判断

在"海带配额"不正当竞争案【（2009）民申字第 1065 号】中，最高人民法院认为，职工在职期间筹划设立与所在单位具有竞争关系的新公司，为自己离职后的生涯做适当准备，并不当然具有不正当性；只有当职工的有关行为违反了法定或者约定的竞业限制义务的情况下，才能够认定该行为本身具有不正当性。

■31. 离职员工运用个人技能为与原单位有竞争关系的公司工作的行为正当性判断

在"海带配额"不正当竞争案【（2009）民申字第 1065 号】中，最高人民法院认为，职工在工作中掌握和积累的知识、经验和技能，除属于单位的商业秘密的情形外，构成其人格的组成部分，职工离职后有自主利用的自由；在既没有违反竞业限制义务，又没有侵犯商业秘密的情况下，劳动者运用自己在原用人单位学习的知识、经验与技能为其他与原单位存在竞争关系的单位服务的，不宜简单地以反不正当竞争法的原则规定认定构成不正当竞争。

■32. 经营者的非法经营行为与应承担民事责任的不正当竞争行为的关系

在黄金假日公司与携程公司不正当竞争判决上诉案【（2007）民三终字第 2 号】中，最高人民法院认为，不论经营者是否属于违反有关行政许可法律、法规而从事非法经营行为，只有因该经营者的行为同时违反反不正当竞争法的规定，并给其他经营者的合法权益造成损害时，才涉及该经营者应否承担不正当竞争的民事责任问题。

■33. 应遵循比例原则确定停止侵害民事责任具体承担方式的

在再审申请人华文出版社与被申请人吉林文史出版社等侵害著作权及不正当竞争纠纷案【（2013）民申字第 371 号】中，最高人民法院认为，停止侵害民事责任的具体方式的确定，应该遵循比例原则，结合被诉行为的特点，考虑具体责任方式的合目的性、必要性和均衡性。

■34. 停止侵权责任的承担应当遵循善意保护原则并兼顾公共利益

在再审申请人广州星河湾实业发展有限公司、广州宏富房地产有限公司与被申请人江苏炜赋集团建设开发有限公司侵害商标权及不正当竞争纠纷案【（2013）民提字第 102 号】中，最高人民法院认为，在商标权等知识产权与物权等财产权发生冲突时，是否判令当事人承担停止使用的法律责任，应当遵循善意保护原则并兼顾公共利益。

■35. 适用反不正当竞争法一般条款认定不正当竞争行为的条件与标准

在"海带配额"不正当竞争案【(2009)民申字第1065号】中，最高人民法院认为，适用反不正当竞争法的原则规定认定构成不正当竞争应当同时具备以下条件：一是法律对该种竞争行为未作出特别规定，二是其他经营者的合法权益确因该竞争行为而受到实际损害，三是该种竞争行为因确属违反诚实信用原则和公认的商业道德而具有不正当性或者说可责性；对于竞争行为尤其是不属于反不正当竞争法列举规定的行为的正当性，应当以该行为是否违反诚实信用原则和公认的商业道德作为基本判断标准；在反不正当竞争法中，诚实信用原则主要体现为公认的商业道德；商业道德所体现的是一种商业伦理，是交易参与者共同和普遍认可的行为标准，应按照特定商业领域中市场交易参与者即经济人的伦理标准来加以评判。

■36. 互联网市场背景下对《反不正当竞争法》第2条规定的适用

在上诉人奇虎公司、奇智公司与被上诉人腾讯公司、腾讯计算机公司不正当竞争纠纷案【(2013)民三终字第5号】中，最高人民法院指出，经营者在市场交易中，应当遵循自愿、平等、公平、诚实信用的原则，遵守公认的商业道德。上述规定同样适用于互联网市场领域。认定行为是否构成不正当竞争，关键在于该行为是否违反了诚实信用原则和互联网行业公认的商业道德，并损害他人的合法权益。

■37. 互联网市场领域技术创新、自由竞争和不正当竞争的界限

在上诉人奇虎公司、奇智公司与被上诉人腾讯公司、腾讯计算机公司不正当竞争纠纷案【(2013)民三终字第5号】中，最高人民法院指出，竞争自由和创新自由必须以不侵犯他人合法权益为边界，互联网的健康发展需要有序的市场环境和明确的市场竞争规则作为保障。

■38. 缺乏正当性与合理性而对他人搜索结果实施干扰的行为构成不正当竞争

在再审申请人奇虎公司与被申请人百度网讯公司、百度在线公司及一审被告奇智公司不正当竞争纠纷案【(2014)民申字第873号】中，最高人民法院指出，安全软件在计算机系统中拥有优先权限，其应当审慎运用这种"特权"，对用户及其他服务提供者的干预

行为应以"实现其功能所必需"为前提。在缺乏合理性与必要性的情况下，未经许可对他人搜索结果实施的干扰行为，构成不正当竞争。

■39. 专利权人于侵权认定作出前发送侵权警告维护自身权益的行为，不构成不正当竞争

在石家庄双环汽车股份有限公司与本田技研工业株式会社确认不侵害专利权、损害赔偿纠纷案【（2014）民三终字第7号】中，最高人民法院指出，专利权人可以在提起侵权诉讼之前或者起诉期间发送侵权警告，发送侵权警告是其自行维护权益的途径和协商解决纠纷的环节，法律对此并无禁止性规定，且允许以此种方式解决争议有利于降低维权成本、提高纠纷解决效率、节约司法资源，符合经济效益。

■40. 侵权警告的发送应限于合理范围，并善尽注意义务

在石家庄双环汽车股份有限公司与本田技研工业株式会社确认不侵害专利权、损害赔偿纠纷案【（2014）民三终字第7号】中，最高人民法院还指出，权利人发送侵权警告维护自身合法权益是其行使民事权利的应有之义，但行使权利应当在合理的范围内，并善尽注意义务。

■41. 在滥用市场支配地位案件中是否均须明确界定相关市场

在上诉人奇虎公司与被上诉人腾讯公司、腾讯计算机公司滥用市场支配地位纠纷案【（2013）民三终字第4号】中，最高人民法院指出，并非在任何滥用市场支配地位的案件中均必须明确而清楚地界定相关市场；即使不明确界定相关市场，也可以通过排除或者妨碍竞争的直接证据对被诉经营者的市场地位及被诉垄断行为可能的市场影响进行评估。

■42. 相关市场界定中"假定垄断者测试"的可适用性及其适用方法

在上诉人奇虎公司与被上诉人腾讯公司、腾讯计算机公司滥用市场支配地位纠纷案【（2013）民三终字第4号】中，最高人民法院指出，作为界定相关市场的一种分析思路，假定垄断者测试（HMT）具有普遍的适用性，但是选择何种方式进行假定垄断者测试，需要根据案件具体情况；在产品差异化非常明显且质量、服务、创新、消费者体验等非价格竞争成为重要竞争形式的领域，采用数量不大但有意义且并非短暂的价格上涨（SSNIP）

的方法则存在较大困难；此时可以采取该方法的变通形式，例如基于质量下降的假定垄断者测试。

■43. 互联网领域平台竞争的特点对相关市场界定的影响

在上诉人奇虎公司与被上诉人腾讯公司、腾讯计算机公司滥用市场支配地位纠纷案【（2013）民三终字第 4 号】中，最高人民法院指出，判断本案相关商品市场是否应确定为互联网应用平台，其关键问题在于，网络平台之间为争夺用户注意力和广告主的相互竞争是否完全跨越了由产品或者服务特点所决定的界限，并给经营者施加了足够强大的竞争约束；这一问题的答案最终取决于实证检验，在缺乏确切证据支持的情况下，在相关市场界定阶段可以不主要考虑互联网平台竞争的特性。

■44. 界定网络即时通信服务相关地域市场需考虑的因素

在上诉人奇虎公司与被上诉人腾讯公司、腾讯计算机公司滥用市场支配地位纠纷案【（2013）民三终字第 4 号】中，最高人民法院指出，基于互联网的即时通信服务并无额外的、值得关注的运输成本、价格成本或者技术障碍，在界定相关地域市场时，可以主要考虑多数需求者选择商品的实际区域、法律法规的规定、境外竞争者的现状及其进入的及时性等因素。

■45. 市场份额在认定市场支配力方面的地位和作用

在上诉人奇虎公司与被上诉人腾讯公司、腾讯计算机公司滥用市场支配地位纠纷案【（2013）民三终字第 4 号】中，最高人民法院指出，市场份额只是判断市场支配地位的一项比较粗糙且可能具有误导性的指标，其在认定市场支配力方面的地位和作用必须根据案件具体情况确定。

■46. 滥用市场支配地位行为的分析步骤与方法

在上诉人奇虎公司与被上诉人腾讯公司、腾讯计算机公司滥用市场支配地位纠纷案【（2013）民三终字第 4 号】中，最高人民法院指出，即使初步认定被诉经营者不具有市场支配地位，仍可以进一步分析被诉垄断行为对竞争的影响效果，以检验关于其是否具有市场支配地位的结论正确与否。

■47. 经营者占有市场支配地位的认定

在再审申请人吴某某与被申请人陕西广电网络传媒（集团）股份有限公司捆绑交易纠纷案【（2016）最高法民再98号】中，最高人民法院指出，作为特定区域内唯一合法经营有线电视传输业务的经营者及电视节目集中播控者，在市场准入、市场份额、经营地位、经营规模等各要素上均具有优势，可以认定该经营者占有市场支配地位。

■48. 滥用市场支配地位案件中"搭售"行为的认定

在再审申请人吴某某与被申请人陕西广电网络传媒（集团）股份有限公司捆绑交易纠纷案【（2016）最高法民再98号】中，最高人民法院指出，经营者利用市场支配地位，将数字电视基本收视维护费和数字电视付费节目费捆绑在一起向消费者收取，侵害了消费者的消费选择权，不利于其他服务提供者进入数字电视服务市场。经营者即使存在两项服务分别收费的例外情形，也不足以否认其实施了反垄断法所禁止的搭售行为。

五、植物新品种权案件

■1. 未经登记公告的品种权转让行为无效

在再审申请人敦煌公司与被申请人武科公司、赤天公司、大京九公司、弘展公司侵害植物新品种权纠纷案【（2014）民申字第52－54号】中，最高人民法院指出，著录事项变更虽然是一种行政管理措施，但因其同时涉及权利人与社会公众的利益，变更应当采取公示的方式。在未经登记公示之前，品种权转让行为并未生效。

■2. 田间种植的DUS测试优于DNA指纹检测

在再审申请人山东登海先锋种业有限公司与被申请人陕西农丰种业有限责任公司、山西大丰种业有限公司侵害植物新品种权纠纷案【（2015）民申字第2633号】中，最高人民法院指出，特征特性相同为认定侵害植物新品种权行为的前提条件。植物新品种的授权依据为田间种植的DUS测试，当田间种植的DUS测试确定的特异性结论与DNA指纹检测结论不同时，应以田间种植的 DUS 测试结论为准。

■3. 植物新品种侵权损害赔偿数额的计算

在再审申请人敦煌先锋公司、新特丽公司与被申请人新疆生产建设兵团农一师四团侵害植物新品种权纠纷案【（2014）民提字第 26 号】中，最高人民法院指出，侵权人未能提供相反证据推翻权利人有关授权品种利润的证据，人民法院可以参考权利人的证据酌情确定赔偿数额。

■4.《植物新品种保护条例》第 6 条规定中"销售"的含义

在再审申请人莱州市永恒国槐研究所与被申请人葛某某侵害植物新品种权纠纷案【（2017）最高法民申 4999 号】中，最高人民法院指出，对于《植物新品种保护条例》第 6 条规定中"销售"一词的含义，应该结合我国已经加入的《国际植物新品种保护公约》（1978 年文本）第 5 条第 1 款的规定予以理解。根据国际法与国内法解释一致性原则，《植物新品种保护条例》第 6 条所称的"销售"应该包括许诺销售行为。

■5. 植物新品种侵权案件的损害赔偿数额包括为制止侵权行为支付的合理开支

在再审申请人敦煌先锋公司、新特丽公司与被申请人新疆生产建设兵团农一师四团侵害植物新品种权纠纷案【（2014）民提字第 26 号】中，最高人民法院指出，在计算植物新品种侵权案件的损害赔偿数额时，未适用法定赔偿不意味着不能另行计算维权费用。侵犯植物新品种权案件的赔偿数额还可以包括权利人为制止侵权行为所支付的合理开支。

六、集成电路布图设计专有权案件

■1. 登记图样和样品对集成电路布图设计保护范围确定的作用

在再审申请人昂宝电子（上海）有限公司与被申请人南京智浦芯联电子科技有限公司、深圳赛灵贸易有限公司、深圳市梓坤嘉科技有限公司侵害集成电路布图设计专有权纠纷案【（2015）民申字第 785 号】中，最高人民法院指出，登记时已投入商业利用的集成电路布图设计，其专有权的保护内容应当以申请登记时提交的复制件或图样为准，必要时样品可以作为辅助参考。

■ 2. 集成电路布图设计侵权案件中合法来源抗辩是否成立的判断

在再审申请人南京微盟电子有限公司与被申请人泉芯电子技术（深圳）有限公司侵害集成电路布图设计专有权纠纷案【（2016）最高法民申 1491 号】中，最高人民法院指出，集成电路布图设计公告内容通常仅包括著录项目信息，不包括布图设计的具体内容。有证据证明通过合法途径获得被诉侵权产品，不知道也没有合理理由知道其中含有非法复制的布图设计的，合法来源抗辩成立。

七、知识产权合同案件

■ 1. 演艺经纪公司与演员签订的演艺合同及其中演出安排条款的性质及效力

在熊某、杨某与正合世纪公司知识产权合同案【（2009）民申字第 1203 号】中，最高人民法院认为，涉案演艺合同是一种综合性合同，关于演出安排的条款既非代理性质也非行纪性质，而是综合性合同中的一部分，不能依据合同法关于代理合同或行纪合同的规定孤立地对演出安排条款适用"单方解除"规则。

■ 2. 特许经营合同的定性与判断

在付某某、李某某与谢某某、曹某某、名嘴公司特许经营合同纠纷案【（2011）民申字第 1262 号】中，最高人民法院认为，判断当事人之间的合同是否属于特许经营合同，不应单纯以合同的名称是否包含"特许经营"等关键词加以判断，而应根据合同内容是否符合特许经营的内涵与法律特征来进行综合判断。

■ 3. 不具备"两店一年"条件的特许人所签特许经营合同的效力

在广西壮族自治区高级人民法院请示案【（2010）民三他字第 18 号】中，最高人民法院批复认为，"特许人从事特许经营活动应当拥有至少 2 个直营店，并且经营时间超过 1 年"的规定，属于行政法规的管理性强制性规定；特许人不具备上述条件，并不当然导致其与他人签订的特许经营合同无效。

■ 4. 企业以外的其他单位和个人作为特许人所签特许经营合同的效力及特许人的认定

在广西壮族自治区高级人民法院请示案【（2010）民三他字第 19 号】中，最高人民法院批复认为，"企业以外的其他单位和个人不得作为特许人从事特许经营活动"的规定，可以认定为行政法规的效力性强制性规定；企业以外的其他单位和个人作为特许人与他人签订的特许经营合同，可以认定为无效；此外，在具体案件审判中，法院要注意结合特许经营资源的拥有人或者实际控制人、在商务主管部门的备案信息、经营指导、技术支持以及业务培训等服务的实际提供者、涉案合同的签字人和签约名义及签字人与特许经营资源拥有人或者实际控制人之间的法律关系等因素，准确认定涉案合同的特许人，依法妥善审理好相关案件。

■ 5. 尚未获得注册的商标的许可使用合同是否有效

在再审申请人泰盛公司与被申请人业宏达公司等商标许可使用合同纠纷案【（2012）民申字第 1501 号】中，最高人民法院认为，法律法规对许可他人使用尚未获得注册的商标未作禁止性规定，商标许可合同当事人对商标应该获得注册亦未有特别约定，一方以许可使用的商标未获得注册构成欺诈为由主张许可合同无效的，不予支持。

■ 6. 商标转让合同不能以事后的价格认定其显失公平

在再审申请人秦皇岛市山海关起重机械厂破产清算组与再审被申请人山东起重机厂有限公司、原审第三人山东山起重工有限公司商标转让合同纠纷案【（2007）民三监字第 18－1 号】中，最高人民法院认为，山海关起重机厂作为"山起"商标的原注册人，其对该商标的价值应有自主进行判断的能力。山东起重机厂与其协商购买该商标，双方处于平等的地位，不存在一方利用己方优势或对方劣势的情形；协商过程持续近两个月，亦不存在欺诈、胁迫或仓促决定的情形。双方作为平等主体的合同当事人，签订的商标转让合同反映了双方的真实意思表示，是合法有效的合同。山海关起重机厂破产清算组仅以事后有其他主体以更高价格购买该商标为由，即主张该合同显失公平、应予撤销不符合法律规定。

■7. 技术转让合同与以技术入股的合作经营合同的区分

在闫某某与朱某某技术转让合同案【（2009）民申字第 159 号】中，最高人民法院适用合同法的规定，按照合同所使用的词句、合同的有关条款、合同的目的、交易习惯以及诚实信用原则，确定了当事人所争议的合同条款的真实意思，从而认定涉案合同的性质为预付前期技术转让费加利润提成方式的技术转让合同。最高人民法院认为，合同中所约定的财务监督、技术指导等内容，表面上是合作经营内容，实际上是技术转让合同中技术转让方的附随义务。

■8. 技术合同所涉的产品或者服务需要行政审批和许可对技术合同效力的影响

在康力元公司等与奇力制药公司技术转让合同纠纷案【（2011）民提字第 307 号】中，最高人民法院认为，在技术合同纠纷案件中，当技术合同涉及的产品或服务依法须经行政部门审批或者行政许可，未经审批或者许可的，不影响当事人订立的相关技术合同的效力。

■9. 技术转让合同中出让方技术资料真实保证义务的延续性

在再审申请人福瑞研究所与被申请人济川公司技术转让合同纠纷案【（2013）民申字第 718 号】中，最高人民法院认为，药品临床批件申请项下的技术发生转让的，技术出让方在后续的药品申报生产阶段仍负有保证申报资料数据真实可靠的约定义务和法定义务。

■10. 技术委托开发合同中欺诈行为认定的基本原则

在上诉人钦州锐丰钒钛铁科技有限公司与被上诉人北京航空航天大学技术合同纠纷案【（2015）民三终字第 8 号】中，最高人民法院指出，对于技术委托开发合同中受托方欺诈行为的认定，应当尊重技术开发活动本身的特点和规律，区分技术开发的不同阶段，以合同签订之时的已知事实和受托方当时可以合理预知的情况，作为判断其是否告知了虚假情况或隐瞒了真实情况的标准。

■11. 对技术委托开发合同中"产品"的理解与受托方欺诈行为的认定

在上诉人钦州锐丰钒钛铁科技有限公司与被上诉人北京航空航天大学技术合同纠纷案

【（2015）民三终字第 8 号】中，最高人民法院指出，对于技术合同中"产品"的理解，应当考虑技术研发活动具有的阶段性及阶段产品存在差异的特点。对受托方使用不尽相同的概念对技术合同中的产品进行指代的行为，应当在考虑其所处研发阶段及对应具体工序的基础上，认定其是否实施了虚报项目产品的欺诈行为。

■12. 对技术委托开发合同中"技术开发成本"的理解与受托方欺诈行为的认定

在上诉人钦州锐丰钒钛铁科技有限公司与被上诉人北京航空航天大学技术合同纠纷案【（2015）民三终字第 8 号】中，最高人民法院指出，技术开发成本包括但不限于试验设备的相关费用，也仅仅是决定技术开发合同价款的因素之一。对技术开发成本的认定，应当符合技术开发成本的客观构成，以及技术开发合同定价的基本规律，并在此基础上认定受托方是否以虚报技术开发成本的方式实施了欺诈行为。

■13. 技术委托开发合同中委托方应当自行完成的商业判断与受托方欺诈行为的认定

在上诉人钦州锐丰钒钛铁科技有限公司与被上诉人北京航空航天大学技术合同纠纷案【（2015）民三终字第 8 号】中，最高人民法院指出，判断技术合同中的委托方是否因受欺诈而陷于错误判断，应当充分尊重技术开发活动的特性，并综合考虑委托方的认知能力、信息来源及所能合理预知的情况等因素。在受托方已经尽到合理告知义务的情况下，委托方未完成应由其自行完成的商业判断，不能据此认定受托方构成欺诈。

■14. 专利实施许可合同的解除

在再审申请人王某甲、王某乙、吕某某、梅某某与再审被申请人黑龙江无线电一厂专利实施许可合同纠纷案【（2006）民三提字第 2 号】中，最高人民法院认为，专利权人与其他非专利权人共同作为专利实施许可合同的一方，特别是合同对其他非专利权人也约定了权利义务的情况下，专利权人行使专利权应当受到合同的约束。不经过其他非专利权人的同意，专利权人无权独自解除所签订的专利实施许可合同，否则，就会损害合同其他当事人的合法权益。

■15. 技术工业化合同中合同目的的认定

在再审申请人陕西天宝大豆食品技术研究所与被申请人汾州裕源土特产品有限公司技

术合同纠纷案【（2016）最高法民再251号】中，最高人民法院指出，能否产出符合合同约定的产品与该产品能否上市销售、是否适销对路、有否利润空间等并非同一层面的问题。在涉及技术工业化的合同中，如无明确约定，不应将产品商业化认定为合同目的。

八、知识产权诉讼程序和证据

■1. 非法经营行为不属于人民法院民事诉讼审查范畴

在黄金假日公司与携程公司不正当竞争裁定上诉案【（2007）民三终字第4号】中，最高人民法院认为，携程计算机公司是否构成非法经营增值电信业务，属于是否违反相关行政管理法律、法规并应当承担相关行政责任的问题，应当依法由行政主管部门查处认定，不属于人民法院民事诉讼审查范畴。

■2. 管理专利工作的部门受理专利侵权纠纷处理请求的条件

在微生物公司与福药公司、辽宁省知识产权局等专利侵权纠纷处理决定案【（2011）知行字第99号】中，最高人民法院指出，相关请求人已经就针对同一专利的相同或者相关联的侵权纠纷向人民法院提起诉讼，无论当事人是否完全相同，只要可能存在处理结果冲突，管理专利工作的部门即不能受理相关专利侵权纠纷处理请求。

■3. 人民法院应受理因商标注册申请权权属产生的争议

在酒业公司与湘西公司等确认商标申请权权属案【（2010）民监字第407号】中，最高人民法院认为，当事人在商标注册申请过程中因申请权权属发生的争议，属于民事纠纷，只要符合民事诉讼法规定的条件，人民法院即应予以受理。

■4. 重复诉讼的判断标准

在黄金假日公司与携程公司不正当竞争裁定上诉案【（2007）民三终字第4号】中，最高人民法院认为，判断是否属于重复诉讼，关键要看是否是同一当事人基于同一法律关系、同一法律事实提出的同一诉讼请求；对于已为在先生效裁判确认其合法性的行为，在生效裁判之后的继续实施，仍属于生效裁判的既判力范围，应当受到法律的保护而不能够再次被诉。

■5. 数字图书馆侵犯著作权案件中重复诉讼的认定与赔偿责任的确定

在李某某与超星数图公司、贵州大学等著作权侵权案【（2010）民提字第 159 号】中，最高人民法院认为，权利人针对数字图书馆运营商及不同用户提起的侵权诉讼，因被诉侵权主体不完全相同，诉讼请求不能互相涵盖，故不构成重复诉讼，但对权利人赔偿损失的请求能否予以支持，应当进行综合考量；若权利人在以前诉讼中获得的赔偿足以补偿其因本案侵权行为所遭受的实际损失，本案被告不应再向权利人承担赔偿责任。

■6. 商标评审案件"一事不再理"原则的判断和适用标准

在"采乐"商标行政案【（2008）行提字第 2 号】中，最高人民法院认为，强生公司在前两次提出评审申请时，已经穷尽了当时可以主张的相关法律事由和法律依据；商标评审委员会已经就相关事实和理由进行实质审理，并两次裁定维持争议商标注册；强生公司援引修改后的《商标法》，仍以商标驰名为主要理由，申请撤销争议商标，商标评审委员会再行受理并作出撤销争议商标的裁定，违反"一事不再理"原则；对已决的商标争议案件，商标评审委员会如果要受理新的评审申请，必须以新的事实或理由为前提。

■7. 商标驳回复审程序和商标异议复审程序之间"一事不再理"原则的适用

在养生殿公司"六味地"商标异议复审行政纠纷案【（2011）知行字第 53 号】中，最高人民法院认为，商标驳回复审程序和商标异议复审程序在启动主体和救济目的方面均不相同，不能在两个程序之间机械适用"一事不再理"原则，剥夺引证商标权利人在异议阶段提出异议的权利。

■8. 与本诉具有牵连关系的对抗性诉讼可以作为反诉受理

在再审申请人江西格力公司与被申请人江西美的公司等不正当竞争纠纷案【（2013）民申字第 2270 号】中，最高人民法院认为，与本诉在具体事实和法律关系方面具有同一性并非反诉的必要条件；基于产生原因上的联系而提起的具有明显针对性、对抗性和关联性的诉讼，因其与本诉具有牵连关系，可以作为反诉处理。

■ 9. 确认不侵犯知识产权之诉的受理条件

在北京天堂公司与南京烽火公司确认不侵犯著作权纠纷管辖权异议案【（2011）民提字第48号】中，最高人民法院认为，确认不侵犯专利权之外的其他确认不侵犯知识产权之诉是否具备法定条件，应参照《最高人民法院关于审理侵犯专利权纠纷案件应用法律若干问题的解释》第18条的规定进行审查；人民法院受理当事人提起的确认不侵权之诉，应以利害关系人受到警告，而权利人未在合理期限内依法启动纠纷解决程序为前提。

■ 10. 对原审诉讼期间仍在持续的侵权行为的处理

在徐某某与华拓公司侵犯发明专利权纠纷案【（2011）民提字第64号】中，最高人民法院明确了对原审诉讼期间仍在持续的侵权行为的处理。最高人民法院认为，当事人以侵权行为在原审诉讼期间仍在持续为由提出增加损害赔偿数额，属于对一审诉讼请求的增加，原告可就该行为另行起诉；原告为调查此期间的侵权行为而支出的费用，不在本案处理之列。

■ 11. 对侵权行为人变更其原侵权技术方案后的新实施行为的处理

在四川省高级人民法院关于隆盛公司与杰明研究所确认不侵犯专利权纠纷请示案【（2009）民三他字第6号】中，最高人民法院批复认为，人民法院生效裁判确认特定产品或者方法构成侵犯他人专利权后，行为人实质性变更了该产品或者方法中涉及侵权的相应技术或者设计内容的，有关实施变更后的技术或者设计的行为，不属于原生效裁判的执行标的；行为人实施变更后的技术或者设计的行为是否仍构成对该专利权的侵犯，应当通过另行提起诉讼的方式予以认定；行为人拒不履行人民法院生效裁判确定的停止侵害的义务，继续其原侵权行为的，权利人除可以依法请求有关机关追究其拒不执行判决、裁定的法律责任外，也可以另行起诉追究其继续侵权行为的民事责任。

■ 12. 对原判确有错误但当事人已经达成和解协议的申请再审案件的处理

在避风塘公司与东涌码头公司不正当竞争案【（2007）民三监字第21-1号】中，最高人民法院尝试创新对申请再审案件的审查处理方式，对于原判确有错误，但当事人达成和解协议的，在准予撤回再审申请裁定中一并对原判错误之处作出明确的审查认定，既避免了为改正原判错误认定而提起再审产生的程序不经济，也体现了鼓励和便于当事人和解解决民事争议的司法政策取向。

■ **13. 对法律适用存在瑕疵但裁判结果正确的二审判决的处理方式**

在再审申请人黄某某与被申请人国家工商行政管理总局商标评审委员会、原审第三人沙特阿若必恩石油公司商标异议复审行政纠纷案【（2016）最高法行申 356 号】中，最高人民法院指出，二审判决在适用法律方面存在瑕疵，但裁判结果正确，可参照适用民事诉讼法及相关司法解释的规定，对二审判决适用法律存在的瑕疵予以纠正的基础上，裁定驳回再审申请。

■ **14. 宣告专利权无效行政诉讼对侵犯专利权民事诉讼的影响**

在张某某与黔江电器厂等专利侵权案【（2010）民申字第 1038 号】中，在二审判决被告承担侵犯专利权责任，但专利权已经于二审判决之前被宣告无效且无效宣告请求审查决定被提起行政诉讼的情况下，最高人民法院认为，国家知识产权局专利复审委员会作出的宣告专利权无效决定还处于行政诉讼程序，而本申请再审案的审查以该行政诉讼的审理结果为依据，因此，在上述行政诉讼审结之前，应中止本案诉讼，并中止原审判决的执行。

■ **15. 确定管辖优先于确定诉讼主体**

在蓝星化工新材料股份有限公司江西星火有机硅厂与山东东岳有机硅材料有限公司、山东东岳氟硅材料有限公司、北京石油化工设计院有限公司侵犯实用新型专利权纠纷上诉案【（2008）民三终字第 7 号】中，最高人民法院认为，受理法院对案件有管辖权是审理案件的前提，当确定诉讼主体与确定管辖权发生冲突时，受理法院应当首先就管辖权问题作出裁定。

■ **16. 涉外知识产权案件不适用《最高人民法院关于涉外民商事案件诉讼管辖若干问题的规定》**

在阿迪达斯公司与阿迪王公司等商标侵权及不正当竞争案【（2010）民申字第 1114 号】中，最高人民法院认为，《最高人民法院关于涉外民商事案件诉讼管辖若干问题的规定》不适用于涉外知识产权案件。

■17. 以外观设计专利权与他人在先取得的合法权利相冲突为由提起无效宣告请求的请求人资格

在再审申请人斯特普尔斯公司与被申请人罗某某、一审被告国家知识产权局专利复审委员会外观设计专利权无效行政纠纷案（简称"碎纸机"外观设计专利权无效行政纠纷案）【（2017）最高法行申8622号】中，最高人民法院指出，专利无效理由可以区分为绝对无效理由和相对无效理由两种类型，两者在被规范的客体本质、立法目的等方面存在重大区别。有关外观设计专利权与他人在先合法权利冲突的无效理由属于相对无效理由。当《专利法》第45条关于请求人主体范围的规定适用于权利冲突的无效理由时，基于相对无效理由的本质属性、立法目的以及法律秩序效果等因素，无效宣告请求人的主体资格应受到限制，原则上只有在先合法权利的权利人及其利害关系人才能主张。

■18. 当事人恒定原则可以适用于专利无效宣告行政程序

在前述"碎纸机"外观设计专利权无效行政纠纷案中，最高人民法院指出，在行政诉讼程序中，人民法院受理相关诉讼后，为保证诉讼程序的稳定和避免诉讼不确定状态的发生，当事人的主体资格不因有关诉讼标的的法律关系随后发生变化而丧失。专利无效宣告行政程序属于准司法程序，当事人恒定原则对于该程序亦有参照借鉴意义。对于无效宣告行政程序启动时符合资格条件的请求人，即便随后有关诉讼标的的法律关系发生变化，其亦不因此当然丧失主体资格。

■19. 涉外合同协议管辖条款的效力认定

在韩国MGAME公司与聚丰网络公司等网络游戏代理及许可合同纠纷管辖权异议案【（2009）民三终字第4号】中，最高人民法院认为，对协议选择管辖法院条款的效力，应当依据法院地法进行判断；民事诉讼法关于"可以用书面协议选择与争议有实际联系的地点的法院管辖"规定，根据当时的立法背景和有关立法精神，应当理解为属于授权性规范，而非指示性规范；涉外合同或者涉外财产权益纠纷案件当事人协议选择管辖法院时，应当选择与争议有实际联系的地点的法院，否则该法院选择协议即属无效。

■**20. 消费者使用的被诉侵权商品的扣押地不属于据以确定管辖的"查封扣押地"**

在金通公司与金杯股份公司、金杯集团公司侵犯商标专用权纠纷管辖权异议案【（2012）民提字第 109 号】中，最高人民法院认为，《最高人民法院关于审理商标民事纠纷案件适用法律若干问题的解释》第 6 条所指的"侵权商品的查封扣押地"，不包括消费者使用被诉侵权商品的扣押地。

■**21. 涉及同一事实的确认不侵犯专利权诉讼和专利侵权诉讼的管辖**

在本田株式会社与双环公司侵犯外观设计专利权纠纷管辖权异议案【（2012）民三终字第 1 号】中，最高人民法院认为，不同法院受理的涉及同一事实的确认不侵犯专利权诉讼和专利侵权诉讼应当移送管辖合并审理；移送过程中，如涉及地域管辖，应按照立案时间的先后顺序，由后立案受理的法院将案件移送到先立案受理的法院审理；如涉及级别管辖，一般按"就高不就低"的原则由级别低的法院将其立案受理的案件移送到级别高的法院审理。

■**22. 依据劳动合同中的保密或竞业限制条款提起的商业秘密侵权案件的管辖**

在陈某某与化工部南通合成材料厂等商业秘密纠纷管辖权异议案【（2008）民三终字第 9 号】中，最高人民法院认为，在涉及违约责任与侵权责任的竞合时，原告有权选择提起合同诉讼还是侵权诉讼，人民法院也应当根据原告起诉的案由依法确定能否受理案件以及确定案件的管辖；对于因劳动者与用人单位之间的竞业限制约定引发的纠纷，如果当事人以违约为由主张权利，则属于劳动争议，依法应当通过劳动争议处理程序解决；如果当事人以侵犯商业秘密为由主张权利，则属于不正当竞争纠纷，人民法院可以依法直接予以受理。

■**23. 发明专利临时保护期使用费纠纷的管辖**

在浙江杭州鑫富药业股份有限公司诉山东新发药业有限公司、上海爱兮缇国际贸易有限公司发明专利临时保护期使用费纠纷及侵犯发明专利权纠纷管辖权异议申请再审案【（2008）民申字第 81 号】中，最高人民法院明确了发明专利临时保护期使用费纠纷的管辖确定原则。最高人民法院认为，发明专利临时保护期使用费纠纷虽然不属于一般意义上的侵犯专利权纠纷，但在本质上也是一类与专利有关的侵权纠纷，应当依据民事诉讼法有关侵权诉讼的管辖确定原则来确定发明专利临时保护期使用费纠纷的管辖。发明专利临时保护期使用费纠纷在案件性质上与侵犯专利权纠纷最为类似，因此，在法律或者司法解释对这类案件的管辖作出特别规定之前，可以参照侵犯专利权纠纷的管辖规定确定管辖。对于被控侵权的实施行为跨越发明专利授权公告日前后的，其行为具有前后的连续性、一致性，从方便当事人诉讼出发，应当允许权利人一并就临时保护期使用费和侵犯专利权行为同时提出权利主张。

■24. 网络购物收货地不宜作为知识产权和不正当竞争案件的侵权行为地

在上诉人广东马内尔服饰有限公司、周某某与被上诉人新百伦贸易（中国）有限公司、一审被告南京东方商城有限责任公司不正当竞争纠纷管辖异议案【（2016）最高法民辖终107号】中，最高人民法院指出，侵犯知识产权和不正当竞争案件中，原告通过网络购物方式购买被诉侵权产品，不宜适用《民事诉讼法司法解释》第20条的规定，以网络购物收货地作为侵权行为地确定案件的地域管辖。

■25. 不宜将侵权产品的销售地视为使用商业秘密的侵权结果发生地

在艾利丹尼森公司、艾利（广州）有限公司、艾利（昆山）有限公司、艾利（中国）有限公司与四维企业股份有限公司、四维实业（深圳）有限公司、南海市里水意利印刷厂、佛山市环市镇东升汾江印刷厂经营部侵犯商业秘密纠纷管辖权异议上诉案【（2007）民三终字第10号】中，最高人民法院认为，销售侵犯商业秘密所制造的侵权产品不属于《反不正当竞争法》第10条规定的侵犯商业秘密的行为；使用商业秘密的行为实施地和结果发生地通常是重合的，亦即使用商业秘密的过程，一般是制造侵权产品的过程，当侵权产品制造完成时，使用商业秘密的侵权结果即同时发生，不宜将该侵权产品的销售地视为使用商业秘密的侵权结果发生地。

■26. 被诉侵权产品的出口装船交货地可否认定为侵权行为地

在凯赛材料公司与瀚霖技术公司等侵犯发明专利权纠纷管辖权异议案【（2011）民申字第1049号】中，最高人民法院认为，通过FOB和CIF价格条件出口销售被诉依照本案专利方法直接获得的产品，该产品的装船交货地属于销售行为实施地。

■27. 侵权结果地应当理解为侵权行为直接产生的结果的发生地

在再审申请人郑州润达公司、陈某某与被申请人湖北洁达公司等侵害商业秘密纠纷管辖权异议案【（2013）民提字第 16 号】中，最高人民法院指出，侵权结果地应当理解为侵权行为直接产生的结果的发生地，不能简单地以原告受到损害就认定原告住所地是侵权结果发生地。

■28. 不正当竞争案件中当事人诉讼主体资格的确定

在再审申请人梁某、卢某某与被申请人安徽采蝶轩蛋糕集团有限公司、合肥采蝶轩企业管理服务有限公司、一审被告、二审被上诉人安徽巴莉甜甜食品有限公司侵害商标权及不正当竞争纠纷案【（2015）民提字第 38 号】中，最高人民法院指出，不正当竞争案件中原告主体资格的确定，不能仅依据其与被告是否为具有直接竞争关系的产品经营者判断。

■29. 表演者身份和侵权人身份的确定

在孙某与北京金视光盘有限公司、淄博银座商城有限责任公司、江西音像出版社侵犯表演者权纠纷提审案【（2008）民提字第 55 号】中，最高人民法院以（2008）民申字第 804 号民事裁定提审本案后，虽因当事人申请撤诉而裁定准予撤诉结案，但通过本案的审理，统一了对于本案涉及的当事人举证责任以及相关证据认定标准的认识。关于表演者身份的确定，本案涉案光盘彩封及盘芯均标有"孙某 对视""sun mou：最新专辑"字样，印有孙某的多幅照片，且孙某对其中相关曲目为其表演的事实予以认可，在没有相反证据推翻该事实的情况下，可以据此认定孙某为相关曲目的表演者。关于侵权人身份的确定，首先，金视公司否认涉案光盘由其复制、发行，但该光盘蚀刻有其生产源识别码（SID）；其次，其承认由其向法院提交的相关复制委托书是伪造的，但未说明由谁伪造，且未就为何涉案光盘显示的出版号码、出版发行日期及相关文字与另一份合法签订的复制委托书一致等作出合理解释；再次，江西音像出版社也辩称金视公司曾擅自盗用该社版号。综合上述相关证据，可以认定涉案光盘由金视公司复制、发行。

■30. 专利权人主张本国优先权时的举证责任和说明义务

在再审申请人慈溪市博生塑料制品有限公司与被申请人陈某侵害实用新型专利权纠纷

案【（2015）民申字第 188 号】中，最高人民法院指出，专利权人主张本国优先权时，应当承担相应的举证责任和说明义务。未能提交与本国优先权主题相关的在先申请文件，亦未能证明本案专利与在先申请属于相同主题的发明创造，不能依据在先申请日享有本国优先权。

■■31. 人民法院依职权调查收集必要证据的正当性

在再审申请人安斯泰来制药株式会社与被申请人力思特公司等侵害发明专利权纠纷案【（2013）民申字第 261 号】中，最高人民法院认为，人民法院为了审查核实当事人提供证据的真实性而收集必要的证据，属于行使民事诉讼法赋予的职权，不违反法定程序。

■■32. 植物新品种侵权案件中证据保全效力的认定

在再审申请人敦煌先锋公司、新特丽公司与被申请人新疆生产建设兵团农一师四团侵害植物新品种权纠纷案【（2014）民提字第 26 号】中，最高人民法院指出，邀请相关专业技术人员参与田间取样并非人民法院进行证据保全的必经程序，不能以未邀请有关专业技术人员协助取样为由，当然地否定植物新品种侵权案件中证据保全的效力。

■■33. 新产品制造方法专利侵权纠纷中举证责任的分配及"新产品"的认定

在张某某与欧意公司等专利侵权案【（2009）民提字第 84 号】中，最高人民法院认为，根据专利法规定，在新产品制造方法专利侵权纠纷中，由被诉侵权人承担证明其产品制造方法不同于专利方法的举证责任，需满足一定的前提条件，即权利人能够证明依照专利方法制造的产品属于新产品，并且被诉侵权人制造的产品与依照专利方法制造的产品属于同样的产品；在认定一项方法专利是否属于新产品制造方法专利时，应当以依照该专利方法直接获得的产品为依据；所谓"依照专利方法直接获得的产品"，是指使用专利方法获得的原始产品，而不包括对该原始产品作进一步处理后获得的后续产品。

■■34. 药品制备方法发明专利侵权纠纷中举证责任的分配和被诉侵权技术方案的查明

在（美国）伊莱利利公司与豪森公司专利侵权案【（2009）民三终字第 6 号】中，最高人民法院强调了被诉侵权人对于新产品的制造方法承担倒置举证责任的条件，并在查明相关技术事实的情况下，认定被诉侵权药品制备方法的相关技术内容应由专利权人承担举证责任。此外，最高人民法院根据化学理论基本知识、专利说明书和杂志发表论文披露的技术内容、被诉侵权人补充的确证实验的结论等证据，认定鉴定结论关于被诉侵权技术方案中相关技术内容的推定具有事实基础，原审法院采信鉴定结论并无不当。

■ 35. 新产品制造方法专利侵权纠纷中被诉侵权人实施自有方法抗辩的审查

在张某某与欧意公司等专利侵权案【（2009）民提字第 84 号】中，在鉴定机构依照被诉侵权人主张的自有方法无法制得被诉侵权产品，被诉侵权人主张其实施自有方法存在一定的技巧和诀窍的情况下，最高人民法院根据各方当事人的请求，对被诉侵权人制造相关产品的方法进行现场试验，由被诉侵权人进行试验验证，试验结果与其他证据相互印证，证明被诉侵权人依照自有方法能够制得被诉侵权产品，故最高人民法院支持被诉侵权人实施自有方法的抗辩主张。

■ 36. 非新产品制造方法专利侵权纠纷中的事实推定

在再审申请人潍坊恒联公司与被申请人宜宾长毅公司等侵害发明专利权纠纷案【（2013）民申字第 309 号】中，最高人民法院认为，在专利权人能够证明被诉侵权人制造了同样产品，经合理努力仍无法证明被诉侵权人确实使用了该专利方法的情况下，根据案件具体情况，结合已知事实及日常生活经验，能够认定该同样产品经由专利方法制造的可能性很大，被诉侵权人拒不配合法院调查收集证据或者保全证据的，可以推定被诉侵权人使用了该专利方法。

■ 37. 当事人未在行政程序中提交的证据应否采纳

在"国医"商标撤销复审行政案【（2010）知行字第 28 号】中，最高人民法院认为，在行政诉讼程序中，人民法院对于原告提交的新证据一般不予采纳，并非一概不予采纳，且不予采纳的前提条件是原告依法应当提供而拒不提供。

■ 38. 商标驳回复审行政诉讼程序中应否考虑证明申请商标使用情况的新证据

在佳选公司"BEST BUY 及图"商标驳回复审行政纠纷案【（2011）行提字第 9 号】中，最高人民法院认为，在商标驳回复审行政诉讼中，对于当事人提交的关于申请商标使用情况的新证据应当予以考虑。

■39. 商标行政诉讼程序中对当事人提交的新证据的处理及类似商品的认定

在吴某某"富士宝 FUSHIBAO 及图"商标行政纠纷案【（2011）知行字第 9 号】中，最高人民法院认为，人民法院对于当事人在行政诉讼程序中提交的新证据并非一概不予采纳；人民法院可以根据案件具体情形，考虑新证据对当事人合法权益的影响及行政诉讼的救济价值，判令商标评审委员会在综合原有证据及新证据的基础上重新作出裁定。

■40. 因诉争焦点变化而未能及时提交的证据属于"新的证据"

在再审申请人安斯泰来制药株式会社与被申请人力思特公司等侵害发明专利权纠纷案【（2013）民申字第 261 号】（以下简称"四氢苯并咪唑衍生物的制备方法"发明专利侵权案）中，最高人民法院认为，举证期限届满后，因诉争焦点发生变化，当事人为支持其主张而补充提交关键性证据，不审理该证据可能导致裁判明显不公的，应认定该证据属于"新的证据"。

■41. 网络证据的审查

在新传在线（北京）信息技术有限公司与中国网络通信集团公司自贡分公司侵犯信息网络传播权纠纷申请再审案【（2008）民申字第 926 号】中，最高人民法院认为，对于当事人提供的相关公证证据，人民法院在必要时可以根据网络环境和网络证据的具体情况，审查公证证明的网络信息是否来自于互联网而不是本地电脑，并在此基础上决定能否作为定案依据。因在技术上确实存在可以预先在本地电脑中设置目标网页，通过该电脑访问互联网时，该虚拟的目标网页与其他真实的互联网页同时并存的可能性，当公证行为是在公证处以外的场所进行，公证所用的电脑及移动硬盘在公证之前不为公证员控制，且公证书没有记载是否对该电脑及移动硬盘的清洁性进行检查的情况下，最高人民法院认为此类公证书虽能证明在公证员面前发生了公证书记载的行为，但还不足以证明该行为发生于互联网环境之中。

■42. 互联网下载图片证据的认定和举证责任的分配

在华盖公司与重庆外运公司著作权侵权案【（2010）民提字第 199 号】中，最高人民法院再审采信了华盖公司提供的旨在证明涉案作品权属的互联网下载图片等证据，根据该下载图片上的署名，结合重庆外运公司未提交相反证据的事实等具体情况认定下载图片的署名人为作者；并以重庆外运公司未提交证据证明其对涉案作品的使用有合法依据为由，推定涉案作品在重庆外运公司使用之前已经公开发表，即认定了重庆外运公司已实际接触涉案作品的事实。

■43. 电子证据真实性和证明力的审查判断

在再审申请人董某某与被申请人吴某某、一审被告、二审上诉人国家知识产权局专利复审委员会外观设计专利权无效行政纠纷案【（2015）知行字第 61 号】中，最高人民法院指出，在审查判断以公证书形式固定的互联网站网页发布时间的真实性与证明力时，应考虑公证书的制作过程、网页及其发布时间的形成过程、管理该网页的网站资质和信用状况、经营管理状况、所采用的技术手段等相关因素，结合案件其他证据进行综合判断。

■44. 图片作品著作权权属的证明

在再审申请人华盖公司与被申请人正林公司侵害著作权纠纷案【（2014）民提字第 57 号】中，最高人民法院指出，专业图片公司在官方网站上登载图片并销售的行为，虽然不同于传统意义上的"发表"，但同样是"公之于众"的一种方式。网站中对作品的"署名"，包括权利声明和水印，在没有相反证据的情况下，构成著作权权利归属的初步证明。

■45. 当事人放弃证据鉴定申请后对该证据真实性的审查判断

在硕星公司与隆中公司专利实施许可及技术服务合同案【（2009）民申字第 1325 号】中，最高人民法院认为，在证据未经司法鉴定的情况下，仍然应该根据该证据的来源、形成情况、客观状态等，结合案件的其他证据，综合判断其真实性，不能直接以当事人放弃鉴定申请而否定该证据的真实性。

■46. 无独立请求权的第三人在诉讼程序中是否有权申请鉴定

在瓦房店市玉米原种场与赵某某、奥瑞金公司等植物新品种权权属纠纷案【（2011）民申字第 10 号】中，最高人民法院认为，根据案件需要，无独立请求权的第三人可以申请委托对植物新品种的同一性进行司法鉴定。

■47. 鉴定材料取样时未通知当事人到场是否构成鉴定程序违法

在瓦房店市玉米原种场与赵某某、奥瑞金公司等植物新品种权权属纠纷案【（2011）民申字第 10 号】中，最高人民法院认为，不能基于鉴定检材取样时没有通知当事人到场而当然认定鉴定程序违法。

■48. 对涉及市场统计调查的公证书证据的审查认定

在再审申请人河北六仁烤饮品有限公司与被申请人河北养元智汇饮品股份有限公司及一审被告金华市金东区叶保森副食店擅自使用知名商品特有包装、装潢纠纷案【（2017）最高法民申 3918 号】中，最高人民法院指出，对涉及市场统计调查的公证书证据的审查认定，应当具体审查该市场统计调查的客观性、科学性、适法性等有关情况，不能仅因该调查经过公证就当然采信。

■49. 外国鉴定机构出具的鉴定结论能否采信

在再审申请人圆谷制作株式会社、上海圆谷公司与被申请人辛波特·桑登猜等侵害著作权纠纷案【（2011）民申字第 259 号】中，最高人民法院认为，鉴定结论只有经过审查判断才能作为认定事实的依据；对于鉴定程序合法，当事人没有异议的鉴定结论，一般可以作为法院认定相关案件事实的依据；对于外国鉴定机构出具的鉴定结论，在当事人提出质疑时能否采信，应当按照中国的相关法律进行审查。

■50. 药品制备方法专利侵权纠纷中被诉侵权药品制备工艺的查明

在上诉人礼来公司与上诉人常州华生制药有限公司（简称华生公司）侵害发明专利权纠纷案【（2015）民三终字第 1 号】中，最高人民法院指出，药品制备方法专利侵权纠纷中，在无其他相反证据的情形下，应当推定被诉侵权药品在药监部门的备案工艺为其实际的制备工艺；有证据证明被诉侵权药品备案工艺不真实的，应当充分审查被诉侵权药品的技术来源、生产规程、审批生产记录、备案文件等证据，依法确定被诉侵权药品的实际制备工艺。对于被诉侵权药品制备工艺等复杂的技术事实，可以综合运用技术调查官、专家辅助人、司法鉴定以及科技专家咨询等多种途径进行查明。

■51. 专利侵权纠纷中被诉侵权技术方案的查明

在优他公司与万高公司等专利侵权案【（2010）民提字第 158 号】中，最高人民法院认为，根据现有证据，能够查明被诉侵权产品的完整生产工艺，无须以生产工艺不完整为由推定被诉侵权产品的生产工艺与专利等同；即使认为被诉侵权人没有按照现有证据载明的生产工艺生产被诉侵权产品，也应当依法进行证据保全，譬如现场勘验、查封扣押生产记录等，而不是简单地进行推定。

■52. 合法来源抗辩的举证责任和证明尺度

在再审申请人雅洁公司与被申请人杨某某、卢某某侵害外观设计专利权纠纷案【（2013）民提字第 187 号】中，最高人民法院指出，侵权产品的使用者、销售者与制造者就各自的行为分别承担法律责任，不能因查明或认定了侵权产品的制造者就当然推定使用者、销售者的合法来源抗辩成立，免除其举证责任。也不能因为制造者已经承担了侵权责任，就免除合法来源抗辩不成立的使用者、销售者的赔偿责任。对于合法来源证据的审查应当从严把握，尤其要注重对证据的真实性、证明力、关联性、同一性的审查。

■53. 侵权产品上所示商标的权利人可以被合理地推定为侵权产品的制造者

在再审申请人雅洁公司与被申请人杨某某、卢某某侵害外观设计专利权纠纷案【（2013）民提字第 187 号】中，最高人民法院认为，侵权产品外包装上使用的注册商标的权利人有制造能力，且无相反证据证明侵权产品的实际制造者并非商标权人本人的情况下，可以合理地推定商标权人是侵权产品的制造者。

■54. 警告函对销售商主观过错的证明作用

在再审申请人孙某某与被申请人郑某侵害实用新型专利权纠纷案【（2014）民申字第 1036 号】中，最高人民法院指出，当事人援引专利法的规定主张"合法来源"抗辩时，如果专利权人能够证明，已经向销售商发出明确记载有专利权和被诉侵权产品的基本情况、侵权比对结果及联系人等信息的警告函，且销售商已经收到该警告函的情况下，原则上可以推定销售商知道其销售的是专利侵权产品。

■ 55. 具有举证能力的一方当事人拒绝明确商业秘密的具体内容，不影响人民法院对确认不侵害商业秘密案件的受理

在再审申请人丹东克隆集团有限责任公司与被申请人江西华电电力有限责任公司确认不侵害商业秘密纠纷案【（2015）民申字第 628 号】中，最高人民法院指出，在确认不侵害商业秘密纠纷案中，应当根据当事人的举证能力和取证难度，确定商业秘密的具体内容和诉讼权利义务的指向对象。具有举证能力的一方当事人拒绝明确商业秘密的具体内容，应就此承担不利的法律后果，但不影响人民法院对确认不侵害商业秘密案件的受理。

■ 56. 商标驳回复审程序中通常不应当考虑与知名度有关的证据

在再审申请人深圳市柏森家居用品有限公司与被申请人国家工商行政管理总局商标评审委员会商标驳回复审行政纠纷案【（2016）最高法行申 362 号】中，最高人民法院指出，由于商标驳回复审程序为单方程序，引证商标权利人并无机会提交有关引证商标知名度的证据。为维护程序的正当性，在商标驳回复审程序中通常不应当考虑与知名度有关的证据。

■ 57. 对证据证明效力的审核认定及对提供伪证行为的处罚

在再审申请人广东华润涂料有限公司与被申请人江苏大象东亚制漆有限公司、一审被告吴某某不正当竞争纠纷案【（2014）民提字第 196 号】中，最高人民法院指出，人民法院应当按照法定程序，全面、客观地审核证据，依照法律规定，运用逻辑推理和日常生活经验法则，对证据有无证明力和证明力大小进行判断，并公开判断的理由和结果。对于严重违反诚信原则，提交伪证、进行虚假陈述、扰乱司法秩序的行为，应当按照法定程序予以处罚。

■ 58. 合法来源抗辩应当提供符合交易习惯的相关证据

在再审申请人宁波欧琳实业有限公司与被申请人宁波搏盛阀门管件有限公司，二审上诉人宁波欧琳厨具有限公司等侵害外观设计专利权纠纷案【（2017）最高法民申 1671 号】中，最高人民法院指出，一方当事人出具的有关其生产并提供被诉侵权产品给其他当事人的"声明"属于当事人陈述，在专利权人对该声明不予认可，且缺乏其他客观证据证明的

情况下，应认定合法来源抗辩不能成立。

■59. 尚在执行程序中的判决是否可以因专利权被宣告无效而裁定终结执行

在天津高院请示案【（2009）民三他字第 13 号】中，最高人民法院批复认为，在认定专利侵权成立的裁判文书虽未被撤销，但该文书所认定的受侵害的专利权已被依法宣告无效的情况下，可以对民事诉讼法规定的终结执行作出适当解释，以便执行法院在当事人以专利权已经全部无效为由申请终结执行时，直接裁定终结执行，不需等待原执行依据的撤销；同时，终结执行不影响原侵权判决的被告另行通过审判监督程序申请撤销原侵权判决。

■60. 案件受理费的合理分担

在华某某与斯博汀公司等"手提箱"专利侵权案【（2007）民三终字第 3 号】中，最高人民法院认为，在侵权案件中，案件受理费的分担不仅要考虑原告的诉讼请求额得到支持的比例，更要考虑原告主张的侵权行为本身是否成立，同时还可以考虑原告的其他诉讼请求得到支持的程度以及当事人各自行使诉权的具体情况如有无明显过错等因素，不能仅按照原告请求额与判决支持额之间的比例确定。

■61. 鉴定只能对技术事实提供意见

在上诉人四川省广汉市三丰科技实业有限公司与被上诉人四川省环保建设开发总公司、高某某、四川省绿色环保产业发展有限公司、四川省内江机械厂侵害商业秘密纠纷案【（2000）知终字第 2 号】中，最高人民法院认为，对于一项技术是否构成技术秘密的认定，属于人民法院行使司法审判权进行法律适用的范围。专业技术人员在受委托的技术鉴定中，主要是利用其专业知识就该项技术是否为公知公用技术等技术事实问题做出判断。原审法院在鉴定委托中将当事人所争议的技术是否为受法律保护的技术秘密也委托给专业技术人员鉴定，不尽妥当。

■62. 对"陷阱取证"的法律评价

在申请再审人北大方正集团有限公司、北京红楼计算机科学技术研究所与被申请人北京高术天力科技有限公司、北京高术科技公司计算机软件著作权侵权纠纷案【（2006）民三提字第 1 号】中，最高人民法院认为，北大方正公司通过公证取证方式，不仅取得了高术天力公司现场安装盗版方正软件的证据，而且获取了其向其他客户销售盗版软件、实施同类侵权行为的证据和证据线索，其目的并无不正当性，其行为并未损害社会公共利益和他人合法权益。加之计算机软件著作权侵权行为具有隐蔽性较强、取证难度大等特点，采取该取证方式，有利于解决此类案件取证难问题，起到威慑和遏制侵权行为的作用，也符合依法加强知识产权保护的法律精神。

■63. 在申请再审程序中以新的证据主张现有技术抗辩不应予以支持

在再审申请人唐山先锋印刷机械有限公司与被申请人天津长荣印刷设备股份有限公司、一审被告常州市恒鑫包装彩印有限公司侵害发明专利权纠纷案【（2017）最高法民申 768 号】中，最高人民法院指出，专利侵权案件中，被诉侵权人在申请再审程序中以新的证据主张现有技术抗辩，表面上系以新证据为由申请再审，但实质上相当于另行提出新的现有技术抗辩。如允许被诉侵权人在申请再审程序中无限制地提出新的现有技术抗辩，与专利权人应当在一审法庭庭审辩论终结前固定其主张的权利要求相比，对专利权人显失公平，且构成对专利权人的诉讼突袭，亦将架空一审、二审诉讼程序。

■64. 对于已为在先生效判决所羁束的行政裁决提起行政诉讼所引致的新判决申请再审的受理条件

在再审申请人三得利控股株式会社与被申请人国家工商行政管理总局商标评审委员会、原审第三人杭州保罗酒店管理集团股份有限公司之商标权承继人浙江向网科技有限公司商标撤销复审行政纠纷案【（2017）最高法行申 5093 号】中，最高人民法院指出，当事人对于商标评审委员会依据法院生效判决作出的行政裁决再次提起行政诉讼，人民法院依据原生效判决的认定作出维持该行政裁决的判决，当事人可否针对该新判决申请再审，应结合被诉行政裁决的法律性质、新判决的内容及尽可能防止循环诉讼等因素予以考虑。如果被诉行政裁决完全被在先生效判决所羁束，新判决系根据在先生效判决确定的事实和理由作出，未对被诉行政裁决进行实体审理，为避免循环诉讼，对于该新判决不应允许申请再审。

■65. 人民法院可以对行政部门漏审的重要事实依职权作出认定

在再审申请人普兰娜生活艺术有限公司与被申请人国家工商行政管理总局商标评审委

员会商标申请驳回复审行政纠纷案【（2017）最高法行再 10 号】中，最高人民法院指出，申请人在申请商标注册时主张有优先权，行政部门对申请商标是否享有优先权存在漏审，导致被诉决定错误的，人民法院应当在查清相关事实的基础上依法作出裁判。

■66. 人民法院可部分撤销专利无效决定

在再审申请人传感电子有限责任公司与被申请人国家知识产权局专利复审委员会、一审第三人宁波讯强电子科技有限公司发明专利权无效行政纠纷案【（2016）最高法行再 19 号】中，最高人民法院指出，被诉专利无效决定的相关认定可以区分处理的，人民法院可部分撤销无效决定中认定错误的部分。

■67. 无效宣告程序中外文证据并非一律需要单独提供中文译文

在再审申请人中兴通讯股份有限公司因与被申请人国家知识产权局专利复审委员会、美商内数位科技公司发明专利权无效行政纠纷案【（2017）最高法行申 4798 号】中，最高人民法院指出，在专利无效宣告程序中，对于外文证明文件并非一律需要单独提供中文译文，国务院专利行政部门可以根据具体情况决定是否有必要要求当事人提交中文译文。提交中文译文的必要性通常需要考量方便专利复审委员会和对方当事人理解证据内容、保证行政效率、保障和便利当事人行使发表意见的权利等因素，在特殊情况下无须单独提供中文译文。

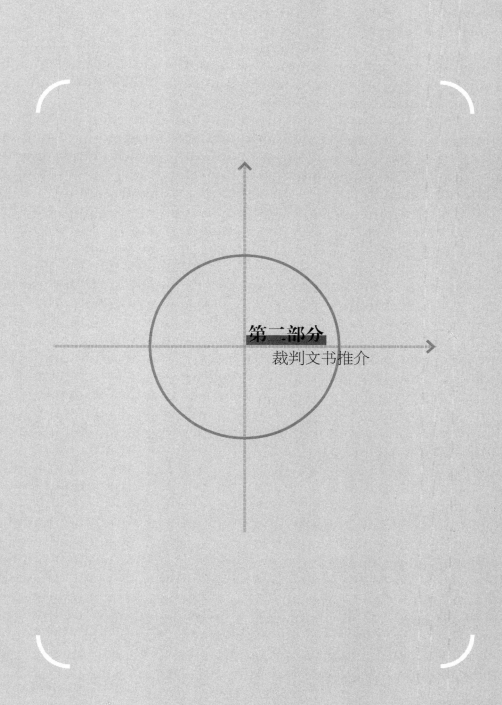

第二部分
裁判文书推介

■ **推介文书**：（1994）济南中法经初字第 71 号原告孙某甲与被告山东省济宁市任城区柳行食品机械厂侵害实用新型专利权纠纷民事调解书。

■ **推介理由**：这是作者以书记员身份办理的第 1 件知识产权案件，乜是作者参加工作后承办的第 3 件案件，其体例和用语没有知识产权的印记。当时专利权和商标权作为工业产权，其案件由经济审判庭办理，著作权案件由民事审判庭办理。

山东省济南市中级人民法院
民 事 调 解 书

（1994）济南中法经初字第 71 号

原告：孙某甲，男，52 岁，汉族，河南省通许县丽星粉皮、淀粉设备厂技术顾问，住所地：河南省通许县××××。

委托代理人：王某某，男，河南省通许县人民政府能源办公室工程师，住所地：河南省通许县城关镇北街×××××××××。

委托代理人：彭某，河南省通许县律师事务所律师。

被告：山东省济宁市任城区柳行食品机械厂，住所地：山东省济宁市任城区柳行乡小屯村。

法定代表人：冯某某，山东省济宁市任城区柳行食品机械厂厂长。

委托代理人：张某某，山东省济宁市任城区柳行食品机械厂副厂长。

委托代理人：孙某乙，济宁市第三律师事务所律师。

案由：专利侵权纠纷。

原告诉称：被告仿造其专利产品并通过报纸广告进行推销，构成对原告的专利侵权，要求被告停止侵权并赔偿损失 1 万元。被告未提供书面答辩。

经审理查明：原告与其他合作人于 1993 年 2 月 18 日向国家专利局申请"一种粉皮加工机"实用新型专利，并于 1994 年 2 月 20 日得到授权，专利号 ZL93203797。1993 年 3 月，被告从原告处购得一台粉皮加工机，并被告知该产品已申请专利。被告对该机进行改进后作为样品，又在《中国乡镇企业报》上广告推销。经实地勘查，被告的样品全部覆盖原告该产品专利权利要求书之内容，构成对原告的专利侵权。但被告未生产、销售该产品。

本案在审理过程中，经本院主持调解，双方当事人自愿达成如下协议：

一、被告山东省济宁市任城区柳行食品机械厂立即停止对原告孙某甲的专利侵权。非经专利权人同意，不得仿造、销售原告的专利产品，并于两个月内在《中国乡镇企业报》上广告声明，不生产 P400－1 型粉皮机。

二、被告山东省济宁市任城区柳行食品机械厂赔偿因侵权行为给原告孙某甲造成的经济损失 1 800 元（已过付）。

三、案件受理费 500 元，由被告山东省济宁市任城区柳行食品机械厂承担。

上述协议，符合有关法律规定，本院予以确认。

本调解书经双方当事人签收后，即具有法律效力。

审　判　长　程国英

审　判　员　薛福京

代理审判员　孙绪增

一九九四年五月二十七日

书　记　员　王俊河

■ **推介文书**：（1998）济知初字第 54 号原告广西黑五类食品集团公司与被告山东省枣庄市劳技经济发展公司食品厂侵犯外观设计专利权纠纷民事判决书。

■ **推介理由**：20 世纪 90 年代，计算机还未普及，济南中级法院的法官手写裁判文书，文印室刻蜡版印刷。本来外观设计就具有难以用文字描述的特点，限于不能将外观设计及包装翻拍印刷，只好费力描述。该案还较早尝试适用法定赔偿并全额支持原告请求。

致敬济南知识产权审判的初创年代！

山东省济南市中级人民法院
民 事 判 决 书

（1998）济知初字第 54 号

原告：广西黑五类食品集团公司，住所地：广西壮族自治区容县城西路 299 号。

法定代表人：韦某某，该公司董事长。

委托代理人：王某，该公司干部。

被告：山东省枣庄市劳技经济发展公司食品厂（又名山东省枣庄市劳动局技校食品厂），住所地：山东省枣庄市光明中路 86 号。

法定代表人：王次甲，该厂厂长。

委托代理人：王次乙，该厂法律顾问。

原告广西黑五类食品集团公司诉被告山东省枣庄市劳技经济发展公司食品厂侵犯外观设计专利权纠纷一案，本院受理后，依法组成合议庭，公开开庭进行审理。原告委托代理人王某、被告法定代表人王次甲及委托代理人王次乙均到庭参加诉讼。本案现已审理终结。

原告广西黑五类食品集团公司诉称，原告分别于 1994 年 12 月 31 日和 1996 年 11 月 14 日就其 280 克和 480 克南方牌黑芝麻糊包装袋外观设计申请专利，并获得授权。原告于 1998 年发现制售放鹤亭牌高级黑芝麻糊，其包装（分 280 克和 700 克两种）仿冒了原告的专利，构成侵权。诉请判令被告：（1）停止制售放鹤亭牌高级黑芝麻糊（含 280 克和 700 克装）侵犯原告外观设计专利权的行为，并销毁其全部侵权包装袋及其印刷版。（2）赔偿因其侵权给原告造成的经济损失 8 万元。（3）在《大众日报》和山东电视台上向原告赔礼道歉，以消除其造成的不良影响。

被告山东省枣庄市劳技经济发展公司食品厂辩称，被告所使用的放鹤亭牌高级黑芝麻糊包装虽与原告的外观设计专利有部分近似，但并未构成侵权，请求判决驳回原告的诉讼请求。

经审理查明，1989 年，广西南方儿童食品厂将其开发的南方牌黑芝麻糊大批量投入市场，该产品很快占领全国市场，成为全国广大消费者喜爱的知名商品。1994 年 1 月，原告广西黑五类食品集团公司以广西南方儿童食品厂为核心企业组建成立为企业法人，并继承原广西南方儿童食品厂所有的债权债务。1994 年 12 月 31 日，原告将其南方牌黑芝麻糊280 克装新包装向中国专利局申请外观设计专利，于 1995 年 10 月 15 日获得授权。该外观设计名称为南方黑芝麻糊包装袋，专利号 ZL94313601.6，分类号 09－05，其简要说明载有：（1）请求保护色彩。（2）省略除主视图、左视图、右视图外其他视图。该外观设计专利的主要特征为：其形状为矩形，其主视图背景底色为雨淋状混合色，图案设计可分为上中下三部分，上部中间为一浅灰色母子图，意为母亲正给婴儿喂食黑芝麻糊，左右两侧各有一个西红柿状的浅灰色的勾描图，主视图中部为一黄色长方圆角边框，边框上边沿为一绿边白底椭圆，椭圆内书拼音体"HAVLE"，边框内书装饰字体"南方黑芝麻糊"，底色为由上到下从黑色到暗红色过渡。主视图下部设计有一杯、一碟、一勺，白色杯内盛满黑芝麻糊，杯的上方飘出一黄色条幅，上书绿色楷体"新包装"，白色碟盘的左侧为一黄色字幅，上书黑色楷体"好味道如一"，右侧放有一金黄色勺子。该外观设计专利的右视图图案设计分为上下两部分，上部底色为黄色，文字内容为产品介绍，下部底色为雨淋状混合色，图案为一西红柿的浅灰色勾描图。该外观设计专利的左视图图案设计分为上下两部分，上部底色为黄色，文字内容为英文产品介绍，下部底色为雨淋状混合色，图案为一西红柿的浅灰色勾描图。

1996 年 11 月 14 日，原告将其南方牌黑芝麻糊480 克装包装向中国专利局申请外观设计专利，于 1997 年 9 月 6 日获得授权。该外观设计名称为食品包装袋（南方黑芝麻糊），专利号 ZL96319462.3，分类号 09－05－B0021，其简要说明载有：要求保护色彩。该外观设计只有主视图和后视图，其形状为长宽比例不同于前述 ZL94313601.6 专利的矩形，其主视图色彩和图案除大小比例外均同于前述 ZL94313601.6 专利。该外观设计的后视图底色为黄色，其图案分为左右两部分，左侧为中英文产品介绍、食用方法及条形码，右侧上部为一彩色母子图，意为母亲正给婴儿喂食黑芝麻糊，下部为黑五类系列食品包装彩图。

被告枣庄市劳技经济发展公司食品厂系生产黑芝麻糊、豆奶粉的企业，其生产的黑芝麻糊使用放鹤亭牌 280 克和 700 克两种包装。其 280 克装包装有下列特征：形状为矩形；其主视图背景底色为雨淋状混合色，图案设计分为上中下三部分，上部中间为一浅灰色母子图，意为母亲正给婴儿喂食黑芝麻糊，左右两侧各有一个西红柿状的浅灰色的勾描图。

主视图中部为一黄色长方圆角边框，边框上边沿为一绿边白底椭圆，椭圆为书拼音体
"GAOJI"，边框内书装饰字体"高级黑芝麻糊"，底色为由上到下从黑色到暗红色过渡。
主视图下部设计有一杯、一碟、一勺，白色杯内盛满黑芝麻糊，杯的上方有一黄色条幅，
上书绿色楷体"新品质"，白色碟盘的左侧为一黄色字幅，上书黑色楷体"天然食品—
好"，右侧放有一金黄色勺子。该包装的右视图图案设计分为上下两部分，上部底色为黄
色，有放鹤亭牌商标图案和产品介绍，下部底色为雨淋状混合色，图案为一西红柿的浅灰
色勾描图。该包装的左视图图案设计分为上下两部分，上部底色为黄色，有放鹤亭牌商标
图案和英文产品介绍，下部底色为雨淋状混合色，图案为一西红柿的浅灰色勾描图。被告
枣庄市劳技经济发展公司食品厂所使用的 700 克装放鹤亭牌黑芝麻糊包装袋，其形状为长
宽比例不同于前述 280 克装包装的矩形，其主视图色彩和图案除大小比例外均同于前述
280 克装包装。该包装的后视图底色为黄色，其图案分为左右两部分，左侧上部为一彩色
母子图，意为母亲正给婴儿喂食黑芝麻糊，下部为产品介绍和条形码，右侧为以图例和中
英文介绍食用方法。

　　上述事实，有原告的 ZL94313601.6 和 ZL96319462.3 专利证书、公告文本和相应的包
装袋及被告 280 克装和 700 克装放鹤亭牌高级黑芝麻糊包装袋、庭审笔录在案佐证。

　　本院认为，原告广西黑五类食品集团公司系 ZL94313601.6 和 ZL96319462.3 外观设计
专利权人，其民事权利受法律保护。任何人未经专利权人许可，不得为生产经营目的制
造、销售其外观设计专利产品。被告枣庄市劳技经济发展公司食品厂所使用的放鹤亭牌黑
芝麻糊包装袋（含 280 克装和 700 克装），与原告的 ZL94313601.6 和 ZL96319462.3 外观
设计专利对比，虽有局部细节不同，但其使用产品类别相同，包装的形状相同、图案相
似、色彩相近，足以造成一般消费者的误认。被告未经原告许可，以营利为目的使用与原
告外观设计专利相似的包装销售黑芝麻糊，构成侵权，依法应承担侵权的民事责任，被告
坚持不构成侵权，虽经本院通知其限期举证，但被告在规定的期限内未如实提供其使用侵
权包装袋销售产品的财务手续及相关的有效证据，应视为放弃了对原告提出的赔偿数额的
抗辩，对此应根据原告的诉讼主张确定本案赔偿数额。原告要求被告停止侵权、赔礼道歉
并赔偿损失，事实清楚，理由正当，应予支持。被告的抗辩理由不成立，本院不予采信。
根据《中华人民共和国专利法》第 11 条第 2 款、第 59 条第 2 款、《中华人民共和国民法
通则》第 118 条、1992 年 12 月 29 日《最高人民法院关于审理专利纠纷若干问题的解答》
第 4 条第 2 款第（2）项之规定，判决如下：

　　一、被告山东省枣庄市劳技经济发展公司食品厂停止使用放鹤亭牌黑芝麻糊包装袋
（含 280 克装和 700 克装）销售产品，并销毁上述两种包装的印刷版；

　　二、被告山东省枣庄市劳技经济发展公司食品厂就其侵权行为在《大众日报》上向原
告广西黑五类食品集团公司公开赔礼道歉，其内容须经本院审核。逾期不履行，本院将公

布判决主要内容，其费用由被告负担；

三、被告枣庄市劳技经济发展公司食品厂赔偿原告广西黑五类食品集团公司经济损失8万元。

上述各项义务，于本判决生效后 10 日内履行。

案件受理费 2 990 元，由被告枣庄市劳技经济发展公司食品厂负担。

如不服本判决，可在判决书送达之日起 15 日内向本院递交上诉状，并按对方当事人的人数提供副本，上诉于山东省高级人民法院。

审　判　长　　商希平
代理审判员　　王俊河
代理审判员　　宫少宏

一九九九年二月五日
书　记　员　　陈清霞

■ **推介文书**：（1999）济知初字第 16 号原告舒某某与被告济宁无压锅炉厂实用新型专利侵权纠纷民事判决书。

■ **推介理由**：该案专利权利要求因一字之差导致其保护范围变小，该案双方当事人转战国家专利局专利复审委员会进行了长达近十年的无效复审和诉讼，引发专利界有关"重复授权"的大讨论，进而促成专利法修订中完善了有关"禁止重复授权"的规定。

山东省济南市中级人民法院
民 事 判 决 书

（1999）济知初字第 16 号

原告：舒某某，男，汉族，1929 年 12 月 9 日出生，住所地：济南市经十路×××号。

委托代理人：达某某，山东省律师事务中心律师。

委托代理人：张某某，男，山东大学法学院学生。

被告：济宁无压锅炉厂，住所地：济宁市吴泰闸路。

法定代表人：汪某某，该厂厂长。

委托代理人：姜某某，该厂副厂长。

委托代理人：刘某某，该厂法律顾问。

原告舒某某与被告济宁无压锅炉厂实用新型专利侵权纠纷一案，本院受理后，依法组成合议庭，公开开庭进行审理。原告舒某某及其委托代理人达某某、张某某，被告济宁无压锅炉厂委托代理人姜某某、刘某某到庭参加诉讼。本案现已审理终结。

原告舒某某诉称，1997 年 7 月，原告到被告单位推广锅炉改造技术，被告试用原告的专利技术，但未与原告签订技术转让合同。1997 年 7 月，原告发现被告已大量制造、销售原告的专利产品。请求判令被告赔偿原告经济损失 10 万元。

被告济宁无压锅炉厂辩称，原告、被告双方虽有接触，但被告并未购买原告的专利技术，也未生产原告的专利产品。原告的产品结构不同于专利技术，未构成侵权。请求驳回原告的诉讼请求。

经审理查明，1991 年 2 月 7 日，原告舒某某向中国专利局申请"一种高效节能双层炉排反烧锅炉"实用新型专利，于 1992 年 6 月 17 日获得授权，专利号 ZL91211222.0，其有效期为 1991 年 2 月 7 日至 1999 年 2 月 6 日。该专利权利要求内容为：一种主要由反烧炉排（2）、正烧炉排（1）和炉体（3）构成的高效节能双层炉排反烧锅炉，本实用新型的特征在于正烧炉排（1）和反烧炉排（2）的各个炉条是间隔的一上、一下分两层构成波浪形排列。被告济宁元压锅炉厂所制造的锅炉特征为：由反烧炉排、正烧炉排和炉体构成，其反烧炉排的各个炉条是间隔的一上、一下分两层构成锯齿形排列，其正烧炉排的各个炉条是一字行平面排列。

上述事实，有原告舒某某的专利权证书、权利要求书、说明书及附图、庭审笔录在案佐证。

本院认为，原告舒某某作为"一种高效节能双层炉排反烧锅炉"实用新型专利的权利人，其权利受法律保护。发明和实用新型专利权的保护范围以其权利要求的内容为准，说明书及附图可以用来解释权利要求书。对比原告的专利权利要求和被告的被控侵权产品特征，二者均由炉体、正烧炉排和反烧炉排组成；原告专利中的反烧炉排为波浪形排列，被告被控侵权产品的反烧炉排为锯齿形排列，二者应为相同特征；原告专利中的正烧炉排为波浪形排列，而被告被控侵权产品的正烧炉排为一字型平面排列，二者不同。正烧炉排为波浪形排列是原告专利权利要求中的必要技术特征之一，被告被控侵权产品并未完全覆盖原告专利的必要技术特征，因此不构成侵权。现原告坚持"波浪形排列"就是其发明，是因其撰写权利要求书有误，亦不应完全按权利要求书中文字作解释之理由，其主张证据不足，本院不予支持。被告的抗辩理由成立，本院予以采纳。依照《中华人民共和国专利法》第 59 条第 1 款的规定，判决如下：

驳回原告舒某某的诉讼请求。

案件受理费 3 590 元，由原告舒某某负担。

如不服本判决，可在判决书送达之日起 15 日内，向本院递交上诉状、副本及上诉案件受理费 3 590 元，上诉于山东省高级人民法院。上诉期满后 7 日内未交纳上诉案件受理费，按撤回上诉处理。

审　判　长　商希平
代理审判员　王俊河
代理审判员　宫少宏

一九九九年四月三十日
书　记　员　陈清霞

■ **推介文书**：（2000）济知初字第 48 号原告济南市雕塑创作室与被告刘某某、被告山东正方环艺工程有限公司侵犯著作权纠纷民事判决书。

■ **推介理由**：该案所涉工程为济南当年的形象工程"泉城广场"的组成部分，备受关注。同时，该案还涉及著作权领域思想与表达、素材与表现形式等热点问题。

山东省济南市中级人民法院
民 事 判 决 书

（2000）济知初字第 48 号

原告：济南市雕塑创作室，住所地：济南市马鞍山路 34 号。

法定代表人：孟某某，该创作室主任。

委托代理人：崔某某，该创作室书记。

委托代理人：刘某甲，山东金联合律师事务所律师。

被告：刘某某，男，汉族，1960 年 11 月 3 日出生，住所地：济南市济王路×××号，系山东建筑工程学校教师。

被告：山东正方环艺工程有限公司，住所地济南市山大路 173 号。

法定代表人：侯某某，该公司经理。

委托代理人：王某某，该公司职员。

原告济南市雕塑创作室与被告刘某某、被告山东正方环艺工程有限公司侵犯著作权纠纷一案，本院于 2000 年 11 月 9 日受理后，依法组成合议庭，于 2000 年 11 月 30 日第一次公开开庭进行审理，原告委托代理人崔某某、刘某甲，被告刘某某及被告山东正方环艺工程有限公司法定代表人侯某某到庭参加诉讼；于 2001 年 8 月 17 日第二次公开开庭进行审理，原告委托代理人崔某某、刘某甲，被告刘某某及被告山东正方环艺工程有限公司委托代理人王某某到庭参加诉讼。本案现已审理终结。

原告济南市雕塑创作室诉称，1998 年 9 月，原告受济南市有关部门的委托，负责设计、创作泉城广场的浮雕，先后设计 6 稿，经市建委组织专家评审后定稿。原告设计的第六稿《泉城揽胜》在 1999 年 2 月 2 日泉城广场现场办公会上获得通过。同时，根据参加办公会的领导、专家的要求，在第六稿的基础上再加上具有较高知名度的章丘百脉泉等，该设计完成后送交有关部门。事后得知，被告刘某某剽窃原告的设计成果，被告山东正方环艺工程有限公司与泉城广场指挥部签订承揽浮雕工程合同，于1999年10月制作完毕，两被告的行为侵犯了原告的合法权益。请求判令两被告停止侵权、赔礼道歉并赔偿经济损失20万元。原告提交的证据有：(1) 第六稿《泉城揽胜》美术作品；(2) 泉城广场建设指挥部第035期公报；(3) 设计方案评审费发放表；(4) 放置于泉城广场中部浮雕实景照片。

被告刘某某辩称，在泉城广场中部放置的浮雕作品是命题征集方案，出题者是建设单位泉城广场建设指挥部，应征者均须在泉城的历史名胜和现实景点中进行选择和创作，应征者的创作题材和内容已由建设方限定，离开这些内容，则是与本方案无关的跑题之作。美术作品的表现形式由整体与局部两个基本部分组成，双方在整体构图上没有相同、相似之处，被告画面中央是解放阁，自左向右的景点与原告不同，各个景点都是按照地理坐标和纬度依次排开，上下起伏穿插，有严密的地理科学依据，而非依照原告的方式排列。双方局部造型不同，被告每个景点均画出建筑的两个立面，采用景物透视技术，增加立体视觉效果。被告的作品无论整体还是局部，无一处与原告相同或相似。被告虽然参加了对原告作品的评审活动，知悉其创作思想，但是，著作权法保护作品的表现形式，不保护思想。故请求驳回原告的诉讼请求。被告刘某某提供的证据为安置于泉城广场中部的浮雕作品的底稿。

被告山东正方环艺工程有限公司辩称，泉城广场建设指挥部于1999年7月委托设计制作浮雕，这项工程含方案设计和雕刻施工两个阶段，该单位负责浮雕的施工，被告刘某某负责设计。本案争议为著作权纠纷，指向被告刘某某，与该单位无关。被告山东正方环艺工程有限公司提供的证据为其与泉城广场建设指挥部签订的《泉城揽胜》浮雕施工合同。

经过庭审质证，被告刘某某对原告提交的证据一、证据二、证据三无异议。据此，可确认下列事实：1998年9月，原告接受委托设计泉城广场的浮雕。1998年12月14日，济南市建委组织专家对原告创作的第六稿《泉城揽胜》进行评审，被告刘某某参加了评审活动。原告创作的第六稿《泉城揽胜》以多场面组合的构成手法，将泉城"三大名胜""四大泉系""齐烟九点""灵岩寺圣境""四门古塔""龙山文化"等景观和文脉融为一体，充分体现泉城"山、泉、湖、城、河"特色，展示了泉城丰富多彩、古老庄重的文化风貌。1999年2月1日下午，泉城广场建设指挥部召开了有市领导参加的第15次现场办公会，决定浮雕设计选用原告的第六稿《泉城揽胜》，同时，要求在现设计基础上再加上具有较高知名度的章丘百脉泉。

庭审中，原告对被告刘某某提供的设置于泉城广场中部的浮雕作品底稿和被告山东正方环艺工程有限公司提供的浮雕设计制作工程承包合同均无异议，上述证据表明：1999年

7月8日，山东正方环艺工程有限公司与泉城广场建筑指挥部签订一份泉城广场《泉城揽胜》浮雕设计制作工程承包合同，约定由山东正方环艺工程有限公司制作被告刘某某设计的《泉城揽胜》。1999年10月，该雕塑制作完毕。

诉讼期间，本院于2001年2月22日委托科学技术部知识产权事务中心就原告的第六稿《泉城揽胜》与被告刘某某的被控侵权作品进行对比鉴定。经过原、被告的异议，科学技术部知识产权事务中心于2001年5月22日作出技术鉴定报告书，其正文为：

经过对原告作品和被告被控侵权作品的比较，专家们一致认为：原告作品和被告被控侵权作品，属创作风格与创作手法不同的两部作品。具体原因如下：

1. 原告作品所体现的现代装饰风格较为明显；被告作品所体现的中国传统风格较为明显。

2. 原告作品基本采用平面表现方法；被告作品基本采用传统透视方法。

3. 原告作品基本采用写实的方法；被告作品基本采用抽象的手法。

4. 原告作品和被告作品针对同一内容的具体表现手法不同。例如：

（1）水：原告作品采用水纹状；被告作品采用鱼鳞状。（2）云：原告作品用带状云；被告作品采用祥云。（3）垂柳：原告作品采用静态和装饰性的表现手法；被告作品采用抽象和动态的表现手法。（4）鸟：原告作品以小鸟联结画面；被告作品中未采用此种表现手法。

5. 原告作品和被告作品的整体布局不同。

综上所述，原告作品与被告被控侵权作品的表现形式不同。

本院认为，审理侵犯著作权纠纷案件应依次解决三个问题：首先，审查原告的作品是否属于著作权法意义上的作品，即原告是否拥有著作权；其次，对比原告拥有著作权的作品即权利作品与被告的被控侵权作品，看二者的表现形式是否相同；最后，当权利作品与被控侵权作品表现形式相同时，审查被告的被控侵权作品有无合法来源，即被告的作品是因艺术创作的巧合而与权利作品相同，还是抄袭、剽窃的产物。著作权法所称作品，指文学、艺术和科学领域内，具有独创性并能以某种有形形式复制的智力创作成果。著作权自作品完成创作之日起产生，并受著作权法的保护。著作权法保护作品的表现形式，而不保护作品通过一定表现形式所承载的素材、创意、思想等实质性内容。在同一领域用相同表现体裁表达相同主题的作品，很容易产生雷同的问题。但作品内容上的雷同，一般不可能使两个作品在内容的表现形式上也雷同。第六稿《泉城揽胜》美术作品，系原告独立创作的智力成果，具有著作权法意义上的作品的属性，应受著作权法保护。科学技术部知识产权事务中心所进行的鉴定工作，程序合法，其鉴定结论客观真实，可以采信。被告的被控侵权作品与原告作品的表现形式不同，被告刘某某和山东正方环艺工程有限公司设计、制作《泉城揽胜》，未侵犯原告的著作权。被告刘某某的抗辩理由成立，本院予以采纳。依照《中华人民共和国著作权法》第 2 条第 1 款、《中华人民共和国著作权法实施条例》第 2 条、第 23 条的规定，判决如下：

驳回原告济南市雕塑创作室的诉讼请求。

案件受理费 5 510 元，鉴定费 23 000 元，均由原告承担。

如不服本判决，可在判决书送达之日起 15 日内，向本院递交上诉状一份和副本 7 份，并预交上诉案件受理费 5 510 元，上诉于山东省高级人民法院。上诉期满后 7 日内未预交上诉案件受理费的，按撤回上诉处理。

审 判 长　商希平

代理审判员　王俊河

代理审判员　林洁华

二○○一年八月二十七日

书 记 员　贾 忠

■ **推介文书**：（2002）济民三行初字第 127 号原告平邑县蒙阳水泥添加剂厂与被告临沂市专利管理局、第三人张某某不服专利处理决定纠纷行政判决书。

■ **推介理由**：该案是作者办理的第一个专利行政诉讼案件。

山东省济南市中级人民法院
行 政 判 决 书

（2002）济民三行初字第 127 号

原告：平邑县蒙阳水泥添加剂厂，住所地：平邑县柏林镇固城村。

法定代表人：刘某某，平邑县蒙阳水泥添加剂厂厂长。

委托代理人：公某某，北京市首创律师事务所律师。

被告：临沂市专利管理局，住所地：临沂市沂蒙路 219 号。

法定代表人：赵某某，临沂市专利管理局局长。

委托代理人：尚某，临沂市专利管理局干部。

委托代理人：母某某，北京中元专利事务所专利代理人。

第三人：张某某，男，汉族，1953 年 1 月 27 日出生，住所地：平邑县仲村镇新合庄村。

委托代理人：张某甲，平邑县科技局干部。

原告平邑县蒙阳水泥添加剂厂（以下简称蒙阳厂）不服被告临沂市专利管理局（以下简称临沂专利局）于 2001 年 1 月 17 日作出的〔2001〕临专处字第 01 号《临沂市专利管理局专利纠纷处理决定书》（以下简称《决定书》），向山东省临沂市口级人民法院提起诉讼，该院于 2002 年 3 月 25 日将此案移送本院。本院于 2002 年 7 月 17 日依法组成合议庭，于 2002 年 8 月 26 日公开开庭审理。原告法定代表人刘某某、委托代理人公某某，被告委托代理人尚某、母某某，第三人张某某、委托代理人张某甲到庭参加诉讼。本案现已审理终结。

被告临沂专利局《决定书》认定，请求人张某某于 1996 年 11 月 10 日就"利用立窑分层循环烧制块状熟石膏的方法"向中国专利局申请发明专利，1998 年 5 月 20 日公开，1999 年 8 月 21 日获得授权，专利号 ZL96116061.6，专利权人张某某按规定交纳了年费，该专利为有效专利。该专利权利要求书载明：1. 一种利用立窑分层循环烧制块状熟石膏的方法特别用于烧制块状熟石膏，包括立窑窑体及窑内充满着物料，物料自上而下运动，而气流则自下而上地通过物料层，物料在窑内经过预热、分解、烧成和冷却等过程，其特征在于：在仅有装料口（7）和出料口（1）的立窑窑体内装满着不同层次状态的块状石膏和煤炭，利用立窑内自然抽风实现降温和冷却，随着冷却层（2）内的块状熟石膏经出料口（1）出窑，同时再经装料口（7）装入一层煤炭、一层块状石膏，每隔3~7小时重复上述过程。2. 根据权利要求1所述的方法，其特征在于：块状石膏和煤炭重量百分比是100：3~6。被请求人蒙阳厂于1997年7月建造两座立窑，立窑上有装料口，下有出料口，两座立窑的窑体并连，东西布置，南面有一共用上料车，无强制通风设备。1998年11月，被请求人开始使用上述立窑正式烧制块状熟石膏，烧制中，窑内装满物料，物料自上而下运动，采用自然抽风降温和冷却，每天出料十来次，随着块状熟石膏经出料口出窑，同时经装料口装入煤和块状生石膏。具体的装料过程是先将块状生石膏装入上料车，再按比例在石膏上加煤，然后投入窑中。

《决定书》认为，（1）被请求人蒙阳厂烧制块状熟石膏的方法，其设备、原料，以及立窑内充满着物料，物料自上而下运动，采用自然抽风降温、冷却的特征与专利特征相同。在装卸料的工艺技术方面，请求人专利权利要求中有如下记载，"随着块状熟石膏经出料口出窑，同时再经装料口装入一层煤、一层块状石膏，每隔3~7小时重复上述过程"，而被请求人所采用方法，从其目的、方式和所达到的技术效果三个方面考虑，同行业普通技术人员不经创造性劳动即可在专利记载的技术特征基础上轻易实现，应认定被请求人生产方法中的装卸料工艺技术的特征与专利记载的特征无明显差异，属等同特征的替换。因此，被请求人蒙阳厂利用立窑循环烧制块状熟石膏并销售所获产品的行为，构成了对请求人张某某 ZL96116061.6 专利权的侵犯。（2）被请求人蒙阳厂在行政处理中提出其拥有先用权的抗辩主张，但未提供证据加以证明。被请求人主张其使用的被控侵权方法与公知技术完全相同，构成自由公知技术抗辩，但被请求人所提供的证据仅仅反映了与本案有关的利用立窑煅烧二水石膏的技术信息，并未发现关于利用立窑分层循环烧制块状熟石膏的具体技术工艺方案的记载；即使被请求人所主张的兴化水泥厂在先使用涉案技术，但被请求人未能举证证明该具体技术内容已为社会公众所知，成为公知技术；被请求人所提供的证人郭某某的证言"应用立窑煅烧二水石膏的技术在全国各地已被普遍采用"，无进一步的证据印证。（3）关于请求人要求责令被请求人缴纳专利申请后授权前的使用费和赔偿经济损失15万元的问题，其一，若是从参照专利技术实施许可使用费的角度考虑，请求人提供的两份合同均未就使用费对ZL96116061.6专利权作单独说明，也未见使用费已经到位的证据；其二，从请求人因被侵权造成经济损失角度考虑，请求人陈述和提供的证据对其经济损失的数额以及该经济损失是否完全由被请求人侵权所造成都难以认定；其三，从被请求人的获利考虑，被请求人账目不全，生产块状熟石膏的时间和数量都难以查证。根据《中华人民共和国专利法》第 11 条、第 59 条、第 60 条和《山东省专利保护条例》第 16 条、第 30 条、第 41 条的规定，临沂专利局作出如下决定：（1）被请求人蒙阳厂立即停止使用 ZL96116061.6 专利技术进行生产、销售使用所获产品的行为。（2）被请求人蒙阳厂向请求人张某某缴纳 ZL96116061.6 专利申请公告后至专利授权前使用该项技术的费用及赔偿因侵犯专利权而造成经济损失共 8 万元。于处理决定生效后 5 日内送交临沂专利局。案件受理费 1 470 元，由被请求人蒙阳厂承担。

原告蒙阳厂不服《决定书》，诉称：（1）被告临沂专利局在专利侵权纠纷调处过程中违反法定程序。原告在被告调处专利侵权纠纷期间 2000 年 11 月 7 日向国家知识产权局专利复审委员会提出宣告涉案专利无效的申请，此申请被受理后，原告于 2000 年 11 月 16 日向被告递交中止审理专利纠纷案的请求，被告于 2001 年 1 月 11 日向原告发出不予中止的通知书，随后在 2001 年 1 月 17 日下发《决定书》。被告在不予中止通知书下发不足一周的时间内即下发《决定书》违反法定行政复议期限的相关规定，剥夺原告提出行政复议的权利，属程序违法。（2）《决定书》认定事实错误。首先，《决定书》将原告的生产工艺认定为与第三人的专利技术等同是错误的，被告有关原告的被控侵权技术认定中至少体现出与第三人专利技术以下五点不同：①原告被控侵权方法中无"物料在窑内经过预热、分解、烧成和冷却过程"；②原告的方法中缺少"在仅有装料口和出料口的立窑窑体内装满着不同层次状态的块状石膏和煤炭"；③原告的技术不是"每隔 3～7 小时重复上述过程"；④原告的技术不是循环烧制工艺。⑤关于原告的技术是"随着冷却层内的块状熟石膏经出料口出窑，同时再经装料口装入一层煤炭，一层块状石膏"的认定是错误的。《决定书》将上述区别或忽略不加认定，或毫无根据地认定为等同，这是不客观的。其次，《决定书》否定原告的自由公知技术抗辩是错误的。评价一项技术是否为公众所知，是以该技术领域中普通技术人员是否可以知道为标准，至于某个技术人员是否已经得知无关紧要。本案专利技术方案中核心内容是利用立窑烧制块状熟石膏，当设备——立窑，产品——块状石膏和原料——二水石膏和煤炭确定后，其权利要求 1 记载的其他技术特征大部分是该技术领域普通技术人员熟知的选择或者说必然的结果，部分无法实施的技术特征在无效程序中第三人也作了修正性解释。被告在确认了兴化水泥厂在专利申请日前已选用立窑，以煤和二水石膏为原料生产块状熟石膏这一基本事实后，却否认这种使用将导致技术方案的公开，其失误在于被告没有从所属领域普通技术人员的角度去认识技术方案，被告忽略了一个基本的事实——兴化水泥厂实施的是南京化工大学公开转让的技术，而这种转让本身就导致该技术的公开。（3）《决定书》适用法律错误。首先，被告引用了《专利法》第 59 条，却没有以权利要求的内容为准确定该专利的保护范围，反而不恰当地省略了权利要求中的必要技术特征（例如物料在窑内经过预热、分解、烧成、冷却等过程），从而导致专利保护范围外延的扩大。其次，正是由于前述《决定书》认定事实的错误，导致《决定书》不恰当地适用《专利法》第11条和《山东省专利保护条例》第30条，对与专利不同的生产方法作出错误的决定。请求：第一，撤销临沂专利局〔2001〕临专处字第01号《决定书》；第二，认定并支持原告使用立窑生产水泥添加剂的合法行为；第三，判令被告临沂专利局赔偿原告经济损失15万元。

被告临沂专利局针对原告蒙阳厂的起诉，辩称："一、被告的行政执法程序是合法的。请求人张某某于2000年5月31日向我局提交了专利侵权纠纷调处请求书，请求处理被请求人蒙阳厂侵犯其ZL96116061.6'利用立窑分层循环烧制块状熟石膏的方法'的专利侵权纠纷。我局依法受理立案，于2000年5月31日向请求人送达立案通知书，于2000年6月1日向被请求人送达了答辩通知书，于2000年6月24日向被请求人法定代表人进行调查，于2000年8月23日对被请求人现场进行调查勘验。我局于2000年8目15日和10月12日两次开庭口头审理此案。我局于2000年11月14日给被请求人蒙阳厂发了对请求人所述经济损失进行质证和提交我局调查认定被请求人现有方法生产块状熟石膏的生产时间、数量、销售、利润情况及证据的通知，2000年12月19日给请求人发了对被请求人所述有关块状熟石膏生产时间、数量、销售及利润情况进行质证的通知。被请求人于2000年11月16日向我局递交要求中止审理该案的请求书，经审查我局未予以中止，于2001年1月11日向被请求人发了不予中止审理的通知。我局于2000年11月20日向山东省知识产权局提出延长审理期限的请示报告，山东省知识产权局于2000年11月24日批准我局的请示报告，同意将审理期限延至2001年1月31日。2001年1月17日我局作出了〔2001〕临专处字第01号《决定书》，并分别于2001年1月18日和22日向请求人和被请求人送达了该决定书。原告有关我局在通知其不予中止后不足一周的时间内作出行政处理决定书，侵犯了其提出行政复议的权利，指控我局程序违法是不成立的。因为我局所作出的不予中止通知书不属于具体行政行为，原告无权提出行政复议。被告为证明上述事实，提交了其在行政执法中所收集和使用的下列证据：请求人张某某的调处请求书，立案通知书及送达回证，答辩通知书及送达回证，两次口头审理的通知书、送达回证和审理笔录，要求被请求人书面质证的专利纠纷案件中间通知书、不予中止的通知书和送达回证，延期审理的请示和批复，合议笔录、决定书和送达回证。二、被告认定事实属实有据。首先，关于专利方法与被控侵权方法的对比。《决定书》认定的侵权方法及两种方法的对比，对侵权方法与专利方法相同特征的部分采用了简略的描述，对于不相同的装卸料工艺部分，首先引用了权利要求书的描述，'随着块状熟石膏经出料口出窑，同时再经装料口装入一层煤、一层块状石膏，每隔3~7小时重复上述过程'，并认为侵权方法中'随着块状熟石膏经出料口出窑，同时经装料口装入煤和块状生石膏。具体的装料过程是先将块状生石膏装入上料车，再按比例在石膏上加上煤，然后投入窑中'，对比两者，从其目的、方式、所达到的技术效果三个方面考虑，同行业普通技术人员不经创造性劳动即可在专利记载的技术特征基础上轻易实现，属等同特征的替换，应认定侵权成立。其次，关于原告的自由公知技术抗辩是否成立。原告若以使用自由公知技术不构成侵权进行抗辩，首先须证明申请日前有一个明确完整的技术方案，而不能只是相关信息的拼凑，同时该技术方案应与专利技术相同。而原告据以抗辩的所谓技术抗辩显然不具备这一条件。最后，关于赔偿数额的认定。我局在调处中难以确认专利权人的实际损失和侵权人的侵权获利，又无相关的专利实施许可费参考，依据《山东省专利保护条例》第41条的规定进行确定。被告为证明上述事实，提交了其在行政执法中所收集和使用的下列证据：请求人张某某的专利证书、权利要求书、说明书、附图和年费交纳凭证，以证明专利权的内容和效力；调查笔录、勘验笔录、录像和被请求人在调处中所提交的代理词，以证明被控侵权方法的内容；被请求人在行政调处中提交的两份公证书、兴化水泥厂《关于扩建一万吨水泥早强激发剂生产线可行性报告》、有关425R粉煤灰硅酸盐水泥和425R复合硅酸盐水泥《科学技术成果鉴定证书》、证人郭某某出具的证明材料，以证明被申请人在行政调处中所主张的公知技术内容。三、被告适用法律、法规是正确的。适用法律错误是指应该引用的法律没有被引用，而错误地引用了法律。我局认定被申请人构成侵权并责令其停止侵权、支付使用费用和赔偿损失，是严格按照《中华人民共和国专利法》第59条、第11条、第60条和《山东省专利保护条例》第16条、第30条、第41条的规定作出的。"

第三人张某某述称，被告在行政执法中程序合法，认定事实正确，适用法律得当，其接受被告的行政处理结果，并同意被告的上述抗辩意见。

经过庭审质证，原告蒙阳厂对被告临沂专利局所出示的其在行政调处中收集和使用的上述证据无异议。各方的争议主要集中在以下三个问题：第一，被告作出并送达不予中止《通知书》后一周内作出《决定书》，是否侵犯原告提出行政复议的权利，程序是否合法；第二，被告认定原告的被控侵权方法与第三人的专利方法等同是否成立；第三，原告在行政执法中的自由公知技术抗辩是否成立。本院结合上述三个问题，分别审查评判如下：

一、被告作出并送达不予中止通知书后一周内作出《决定书》，是否侵犯原告提出行政复议的权利，程序是否合法。本院认为，被告临沂专利局所作出的不予中止《通知书》仅是行政执法中的一个中间通知，是其实施调处专利纠纷行政行为的一个中间环节，法律、法规及规章并未赋予当事人就中止问题提起行政复议的权利，故被告作出并送达不予中止《通知书》后一周内作出《决定书》并无不当。原告的此项诉讼主张，本院不予支持。

二、被告认定原告的被控侵权方法与第三人的专利方法等同是否成立。发明专利的保护范围以其权利要求的内容为准，说明书及附图可以用于解释权利要求。专利侵权判断的方法是以权利要求书所载明的独立权利要求为标准，对比审查被控侵权方法或物，看被控侵权方法或物是否完全覆盖独立权利要求中的全部必要技术特征，即被控侵权方法或物是否落入专利的保护范围。在专利侵权对比方面，原告在专利侵权行政调处中和在专利行政诉讼中的观点不完全一致，对此，本院首先审查其在专利侵权行政调处中的观点，根据原告蒙阳厂在行政调处中所提交的代理词可知，其与第三人张某某有关被控侵权方法和专利方法的对比争议集中在以下三点：专利方法"出料的同时装入一层煤炭、一层块状石膏"与原告"出料的同时装入煤炭和块状石膏"的对比；专利方法"每隔 3～7 小时重复上述过程"与原告的间隔时间的对比；专利方法"块状石膏和煤炭重量百分比 100∶3～6"与原告"块状石膏和煤炭重量百分比 100∶10～15"。因第三个技术对比争议即块状石膏和煤炭重量百分比在专利口是从属权利要求，不属于专利侵权对比的内容，对此争议本院不予审查。关于第一个技术对比争议，专利方法为出料的同时装入一层煤炭、一层块状石膏，被告临沂专利局制作的现场勘验笔录和录像资料表明原告的被控侵权方法中其装料工艺为"装料时，在窑下先向小车内装入石膏，再按比例在石膏上加入煤炭，装有石膏和煤炭的小车经吊车吊至窑顶，在窑口处将料翻倒入窑内，加完料后加料口全是石膏"。本院认为，原告的上述加料工艺特征与专利的对应特征并无实质性区别，是以基本相同的手段，实现基本相同的功能，达到基本相同的效果，并且本领域的普通技术人员无须经过创造性劳动就能够联想到的特征，被告临沂专利局将其认定为等同特征是正确的。关于第二个技术对比争议，专利方法为每隔 3～7 小时重复上述过程，而被告临沂专利局于 2000 年 6 月 24 日对原告蒙阳厂法定代表人刘某某的调查表明，其自认被控侵权方法为每 2～3 小时出料一次，显然，原告的此技术特征为 3 小时出料一次时与专利对应特征相同。另外，原告在行政诉讼中提出原告的方法中无"物料在窑内经过预热、分解、烧成和冷却过程"、原告的方法中缺少"在仅有装料口和出料口的立窑窑体内装满着不同层次状态的块状石膏和煤炭"、原告的技术不是循环烧制工艺，原告的上述技术对比争议，一方面其在专利行政调处中自认与专利方法相同，另一方面从《决定书》所认定的原告的生产方法看，其立窑上有进料口、下有出料口，物料自上而下运动，采用自然抽风降温和冷却，每天出料十来次，该技术显然属于循环烧制工艺，物料在立窑内自上而下运动必然经过预热、分解、烧成和冷却过程并表现为不同层次状态。综上所述，被告临沂专利局认定原告的被控侵权方法与专利等同，既有事实依据，又符合专利侵权判定的原则。

三、原告在行政执法中的自由公知技术抗辩是否成立。自由公知技术抗辩是指被控专利侵权人以在专利申请日以前已有相同或等同于专利的技术方案公开为由，主张其未侵犯专利权。有效的自由公知技术抗辩须具备两个条件：一是有一个相同或等同于专利的技术方案，这个技术方案须是独立完整的；二是该技术方案须在专利申请日以前已公开。原告在专利行政调处中提交了两份公证书、兴化水泥厂《关于扩建一万吨水泥早强激发剂生产线可行性报告》、有关 425R 粉煤灰硅酸盐水泥和 425R 复合硅酸盐水泥《科学技术成果鉴定证书》、证人郭某某出具的证明材料，以证明其所主张的公知技术内容。综合审查原告的上述证据，没有任何一份证据独立完整地公开了与涉案专利相同或等同的技术方案，且本领域的普通技术人员在知悉上述证据的基础上不经创造性劳动，无法徣到与涉案专利相同或等同的技术方案，故原告在行政调处中所主张的自由公知技术抗辩不成立，被告在《决定书》中对原告的该项抗辩观点不予采纳是正确的。

综上所述，被告临沂专利局在申请人张某某与被申请人蒙阳厂专利侵权行政调处纠纷一案中，其执法程序合法，认定事实清楚，适用法律、法规正确。被告在调处中难以确认专利权人的实际损失和侵权人的侵权获利，又无相关的专利实施许可费参考，依据《山东省专利保护条例》第41条的规定进行确定，并无不当。基于上述分析，原告要求撤销被告作出的《决定书》并进行行政赔偿不成立，本院不予支持。原告请求认定并支持其侵用立窑生产水泥添加剂的行为，不属于行政诉讼的审查范围，本院不予支持。依照《中华人民共和国专利法》（1992年修订）第11条第1款、第13条、第59条第1款、第60条第1款、《山东省专利保护条例》（1998年制定）第16条、第30条、第41条和《中华人民共和国行政诉讼法》第54条第1项的规定，判决如下：

维持临沂市专利管理局2001年1月17日〔2001〕临专处字第01号《临沂市专利管理局专利纠纷处理决定书》。

案件受理费4 610元，由原告平邑县蒙阳水泥添加剂厂承担。

如不服本判决，可在判决书送达之日起15日内，向本院递交上诉状一份和副本两份，并预交上诉案件受理费4 610元，上诉于山东省高级人民法院。上诉期满后7日内未预交上诉案件受理费的，按撤回上诉处理。

审　判　长　王俊河
代理审判员　赵　雯
代理审判员　刘军生

二〇〇二年九月十二日
书　记　员　贾　忠

■ **推介文书：** （2003）济民三初字第 54 号原告中国建筑材料工业地质勘查中心山东总队与被告莱芜市钢城金矿、莱芜市钢城区艾山街道办事处技术合同纠纷民事判决书。

■ **推介理由：** 适用合同法的有关规定对技术合同争议条款作出客观合理的解释。

山东省济南市中级人民法院
民 事 判 决 书

（2003）济民三初字第 54 号

原告：中国建筑材料工业地质勘查中心山东总队，住所地：济南市山大北路 32 号。

法定代表人：彭某某，中国建筑材料工业地质勘查中心山东总队总队长。

委托代理人：张某甲，中国建筑材料工业地质勘查中心山东总队主任。

委托代理人：孙某某，山东政法干部学院教师。

被告：莱芜市钢城金矿，住所地：莱芜市钢城区。

法定代表人：张某某，莱芜市钢城金矿矿长。

委托代理人：刘某某，山东鲁中环宇律师事务所律师。

被告：莱芜市钢城区艾山街道办事处，住所地：莱芜市钢城区艾山。

法定代表人：张某乙，莱芜市钢城区艾山街道办事处主任。

委托代理人：崔某，山东鲁中宏正律师事务所律师。

原告中国建筑材料工业地质勘查中心山东总队（以下简称山东总队）与被告莱芜市钢城金矿（以下简称钢城金矿）、被告莱芜市钢城区艾山街道办事处（以下简称艾山办事处）技术合同纠纷一案，本院于 2003 年 4 月 28 日受理，被告钢城金矿在提交答辩状期间对本案提出管辖权异议，本院于 2003 年 5 月 14 日裁定驳回。被告钢城金矿不服，提起上诉，山东省高级人民法院于 2003 年 7 月 31 日裁定维持本院针对管辖权异议所作出的裁定。本院依法组成合议庭，于 2003 年 8 月 27 日公开开庭进行审理。原告山东总队的委托代理人张某甲、孙某某，被告钢城金矿的委托代理人刘某某，被告艾山办事处的委托代理人崔某均到庭参加诉讼。本案现已审理终结。

原告山东总队诉称，2001 年 2 月 19 日，原告与被告钢城金矿签订《关于协作申请莱芜陶家岭含金铁铜矿伴生大理石矿矿产资源保护项目的协议书》。协议书约定：原告接受被告钢城金矿的委托为其编制项目申请报告和可行性研究报告并协助项目的申报工作；待项目批准后，被告钢城金矿将其交由原告实施，若不实施或交由他人实施，被告钢城金矿应补偿原告项目申请报告和可行性研究报告编制费及前期工作损失费，补偿费用为项目批准费用的40%。原告依约履行了己方义务。但项目批准后，被告艾山办事处擅自将省财政厅批准下拨的项目资金截留并挪作他用，致使被告钢城金矿无法履行对原告的付款义务。请求判令两被告偿付所欠技术服务费20万元。

被告钢城金矿辩称，根据协议书的约定，原告提供技术服务是免费的；被告钢城金矿没有违约，协议书约定只有在项目批准后交由他人实施或不实施，钢城金矿才承担违约责任即支付项目批准费用的40%作为补偿，钢城金矿没有将项目交给他人实施，也没有说不实施；协议书所约定的支付项目批准费用的40%并不是欠款，而是一种补偿，且该补偿是附条件的，是附条件的民事行为，所附条件未成就，原告就不能要求补偿。请求驳回原告的诉讼请求。

被告艾山办事处辩称，艾山办事处不是合同当事人，原告与钢城金矿的协议书与艾山办事处无关；原告指控艾山办事处截留项目资金，无证据支持；项目资金拨款人是财政部门，而不是原告，即使艾山办事处截留项目资金，也与原告与被告钢城金矿之间的合同纠纷不属于同一法律关系。请求驳回原告的诉讼请求。

当事人在举证期限内举证及庭审时质证情况如下：

原告山东总队提供了下列证据：一、原告山东总队与被告钢城金矿于2001年2月19日签订的《关于协作申请莱芜陶家岭含金铁铜矿伴生大理石矿矿产资源保护项目的协议书》，以证明双方存在合同关系及合同的具体内容；二、2001年3月14日山东总队报送资料的存根和2001年6月4日山东省财政厅鲁财建指〔2001〕10号《关于下达矿产资源保护资金的通知》，以证明原告的履约状况即原告已为被告钢城金矿编制项目申请报告和可行性研究报告并协助其使项目获得批准。被告钢城金矿对原告所提供的上述证据及其所证明的内容无异议，被告艾山办事处主张上述证据与其没有关联。

被告钢城金矿和艾山办事处未提供证据。

本院认为，原告山东总队所提供的上述两组证据形式上客观真实，来源合法，其内容与本案待证事实具有关联性，且为被告钢城金矿所承认，故本院对原告山东总队的上述证据予以采信。被告艾山办事处的主张不能影响对上述证据的认证。

基于上述认证，本院确认下列事实：2001年2月19日，原告山东总队（乙方）与被告钢城金矿（甲方）签订《关于协作申请莱芜陶家岭含金铁铜矿伴生大理石矿矿产资源保护项目的协议书》。协议书约定：甲方责任为向乙方提供编制申请报告和可行性研究报告所需的矿山生产、经营资料和已有地质资料，项目批准后交由乙方实施，不得交由他人实施或不实施；乙方责任为接受甲方委托，免费为乙方编制项目申请报告和可行性研究报告并协助项目的申报工作，项目批准后，根据甲方要求组织实施；违约责任为，项目批准后，甲方如将项目交由他人实施或不实施，应补偿乙方项目申请报告和可行性研究报告编制费及前期工作损失费，补偿费用为项目批准费用的40%；若项目没有批准或批准后交由乙方实施完成后，本协议自动解除。

2001年3月14日，原告将其编制的项目申请报告和可行性研究报告报送给被告钢城金矿。2001年6月4日，山东省财政厅下发鲁财建指〔2001〕10号《关于下达矿产资源保护资金的通知》，该通知载明：省财政厅下达莱芜市财政局矿产资源保护项目资金50万元，列"专项支出"类"矿产资源补偿费支出"款预算支出科目。该通知所附《2001年矿产资源保护项目资金表》载明，项目名称莱芜市铁铜沟矿区陶家岭含金铁铜矿伴生大理石综合利用，项目总费用124万元，其中自筹74万元，财政补助资金50万元。

本院认为，本案争议焦点有两个：一、如何理解协议所约定的免费提供技术服务与违约责任条款所约定的费用补偿问题；二、原告请求被告钢城金矿支付技术服务费的条件是否成就，其诉讼请求是否成立。分别评述如下：

一、原告山东总队与被告钢城金矿签订的《关于协作申请莱芜陶家岭含金铁铜矿伴生大理石矿矿产资源保护项目的协议书》约定：原告山东总队免费为被告钢城金矿编制项目申请报告和可行性研究报告并协助项目的申报工作，项目批准后，山东总队根据钢城金矿的要求组织实施；违约责任为，项目批准后，钢城金矿如将项目交由他人实施或不实施，应补偿山东总队项目申请报告和可行性研究报告编制费及前期工作损失费，补偿费用为项目批准费用的40%。综合审查上述两条款及协议书全文，本院认为，双方所约定的免费提供技术服务是附条件的，条件为：当项目批准并交由山东总队组织实施时，山东总队对前期的技术服务工作不收取费用；当项目批准后，钢城金矿将其交由他人实施或不实施，山东总队将对前期的技术服务工作收取费用，其标准为项目批准费用的40%。所以，原告山东总队主张技术服务费是有合同依据的。被告钢城金矿主张技术服务是免费的不符合双方合同真实意思。退一步讲，如果技术服务是完全免费的，则不应存在对钢城金矿的违约责任约束。故上述违约责任条款的真正目的在于界定山东总队收取技术服务费用所附的条件和标准。

二、诉讼中原告山东总队和被告钢城金矿共同认可，涉案项目批准后，钢城金矿并未将其交由他人实施。涉案项目实施与否是决定原告山东总队对前期的技术服务工作收取费用所附条件是否成就的关键，亦为原告诉讼请求是否成立的关键。被告钢城金矿主张其并未说不实施该项目，且协议未约定项目实施的期限，原告要求支付费用的条件未成就。依照《中华人民共和国合同法》第125条第1款规定，当事人对合同条款的理解有争议的，应当按照合同所使用的词句、合同的有关条款、合同的目的、交易习惯以及诚实信用原则，确定该条款的真实意思。本院认为，涉案协议虽未约定钢城金矿将项目交由山东总队实施的期限，但根据矿产资源保护项目资金管理的特点，山东省财政厅于2001年6月4日下达项目资金批复通知、下拨项目资金并列入2001年矿产资源保护项目，被告钢城金矿应及时组织实施。项目未实施，钢城金矿应按照协议书的约定支付原告山东总队前期技术服务费用。

综上所述，原告山东总队与被告钢城金矿所签订的《关于协作申请莱芜陶家岭含金铁铜矿伴生大理石矿矿产资源保护项目的协议书》合法有效，被告钢城金矿未依约将项目交由原告山东总队实施，成就了原告就其前期技术服务工作收取费用的条件，被告钢城金矿应依约支付。原告对被告钢城金矿的诉讼请求成立，本院予以支持；被告钢城金矿的抗辩理由不成立，本院不予采纳。原告山东总队向被告艾山办事处主张权利，但被告艾山办事处不是涉案合同的当事人，原告亦未提供证据证明其侵犯合同债权，故原告山东总队对被告艾山办事处提出的诉讼请求，本院不予支持。被告艾山办事处的抗辩理由成立，本院予以采纳。依照《中华人民共和国合同法》第8条、第125条、第360条、《中华人民共和国民事诉讼法》第64条第1款之规定，判决如下：

一、被告莱芜市钢城金矿于本判决生效后10日内给付原告中国建筑材料工业地质勘查中心山东总队技术服务费20万元。

二、驳回原告中国建筑材料工业地质勘查中心山东总队对被告莱芜市钢城区艾山街道办事处的诉讼请求。

案件受理费5 510元，由被告莱芜市钢城金矿承担。

如不服本判决，可在判决书送达之日起15日内向本院递交上诉状和副本7份，并预交上诉案件受理费5 510元，上诉于山东省高级人民法院。上诉期满后7日内未预交上诉案件受理费的，按撤回上诉处理。

审　判　长　王俊河
代理审判员　赵　雯
代理审判员　刘军生

二○○三年十月十一日
书　记　员　张雅萌

■**推介文书**：（2005）济民三初字第 132 号原告虎都（中国）服饰有限公司与被告广州虎都服装有限公司、池某某商标侵权、不正当竞争纠纷民事判决书。

■**推介理由**：厘清商标侵权行为和不正当竞争行为，并进而明确相应的民事责任。

山东省济南市中级人民法院
民事判决书

（2005）济民三初字第 132 号

原告：虎都（中国）服饰有限公司，住所地：泉州市丰泽区浔美工业区 E12。

法定代表人：郭某某，虎都（中国）服饰有限公司董事长。

委托代理人：郭某，福建合立律师事务所律师。

被告：广州虎都服装有限公司，住所地：广州市天河区龙岗路 34 号大院之二 702 房。

法定代表人：杨某某，该公司总经理。

委托代理人：李某，山东千慧商标事务所商标代理人。

委托代理人：王某某，山东天宇人律师事务所律师。

被告：池某某，男，住所地：济南市泺口服装精品市场南排×号。

原告虎都（中国）服饰有限公司（以下简称虎都中国公司）与被告广州虎都服装有限公司（以下简称广州虎都公司）、被告池某某商标侵权、不正当竞争纠纷一案，本院于 2005 年 7 月 21 日受理后依法组成合议庭，于 2005 年 10 月 11 日公开开庭进行审理。原告虎都中国公司委托代理人郭某，被告广州虎都公司委托代理人李某、王某某到庭参加诉讼，被告池某某经本院合法传唤无正当理由拒不到庭。本案现已审理终结。

原告虎都中国公司诉称，原告是著名的服装服饰设计生产、销售企业，其拥有的"虎都"牌西裤等服装、服饰产品在市场享有盛誉，在行业内处于领先水平，深受消费者的青睐，原告拥有的"虎都"品牌及商标经过多年的市场经营与培育，享有极高的知名度及美誉度，获得"中国驰名商标""中国名牌产品""国家质量免检证书""全国质量稳定合格产品""中国十大经典品牌""福建著名商标""福建省名牌产品"等大量荣誉称号及证书。"虎都"商标及品牌已在消费者、业内、国家有关机关中产生巨大影响。近期原告虎都中国公司一举拍得中央电视台 2005 年度服装类广告的"标王"，更使"虎都"产品家喻户晓，锦上添花。被告广州虎都公司以"广州虎都服装有限公司"之名称注册成立并对外经营活动，在所销售的西裤等服饰、服装产品的标签、吊牌、织麦上显著标识"广州虎都服装有限公司"的字样。被告池某某系被告广州虎都公司在济南的经销商，被告池某某在济南的经营门面招牌及广告上突出使用"虎都"二字进行宣传、招商。两被告的行为已使普通消费者对"虎都"牌服装、服饰产品的实际生产者及所购买的服饰产品是否为原告生产的"虎都"牌产品产生极大的混淆，使普通消费者误认为被告广州虎都公司为原告虎都中国公司下属关联企业或认为两被告行为获得原告的授权。两被告"傍名牌搭便车"的行为已严重侵害原告的合法权益，造成原告市场混乱及重大经济损失。据此，原告请求法院判令：1. 两被告立即停止侵犯原告"虎都"商标的行为，被告广州虎都公司立即停止使用"虎都"作为企业名称中的字号，两被告立即停止使用并全面销毁具有"虎都"字样的各种标签、吊牌、织麦、包装物及广告宣传资料；2. 两被告在《中国服饰报》《广州日报》《大众日报》《福建日报》等媒体上刊登向原告赔礼道歉的书面声明；3. 两被告连带赔偿原告经济损失 50 万元；4. 两被告承担本案诉讼费。

被告广州虎都公司辩称，被告的企业名称是经广州市工商局核准登记成立的，合法有效，被告有权使用该企业名称，原告无权加以限制。被告的企业名称经过 3 年使用，已具有一定的知名度，广大消费者不会对原告与被告产生混淆，原告不享有特殊保护权利，原告意图剥夺被告的名称使用不能成立。原告无权要求法院判决被告停止使用"虎都"作为企业字号名称，企业字号名称的使用应属于工商行政管理的范畴，法院应停止审理。被告拥有自有商标，一直使用自己的商标，不存在侵权行为。请求法院驳回原告的诉讼请求。

被告池某某未进行答辩。

原告在举证期限内提交以下证据：一、原告营业执照，以证明原告主体资格；二、国家商标局颁发的第 766662 号、第 514221 号商标注册证各一份，以证明：1. 两商标注册时间远早于被告广州虎都公司的成立时间；2. 原告通过受让取得两商标；三、国家质量监督检验检疫总局发给原告的中国名牌产品证书，以证明"虎都"牌产品获得中国名牌产品证书；四、国家质量监督检验检疫总局发给的产品质量免检证书，以证明原告"虎都"牌产品的质量和信誉；五、福建省高级人民法院（2004）闽民初字第 056 号判决书及生效证明书，以证明第 766662 号、第 514221 号两注册商标被认定为中国驰名商标；六、中国品牌管理体系指导委员会颁发的中国十大经典品牌证书，以证明"虎都"牌产品获中国十大经典品牌证书；七、福建省著名商标认定委员会颁发的福建省著名商标证书，以证明"虎都"品牌获福建省著名商标证书；八、福建省名牌产品评定工作委员会颁发的福建名牌产品证书，以证明"虎都"牌产品获福建省名牌产品证书；九、《泉州晚报》报道原告拍得中央电视台 2005 年度服装广告"标王"，以证明原告竞拍拍得中央电视台 2005 年度服装广告"标王"，社会影响巨大；十、被告广州虎都公司的营业执照，以证明：1. 被告广州虎都公司的名称中有"虎都"二字；2. 被告广州虎都公司与原告属同行业；十一、被告广州虎都公司的企业注册基本资料，以证明被告广州虎都公司成立的时间晚于"虎都"商标注册时间；十二、被告池某某位于济南的营业网点照片3张，以证明被告池某某在店面招牌突出使用"虎都"二字宣传招商；十三、被告池某某在《齐鲁晚报》上刊登突出"虎都"二字的招商广告，以证明被告池某某突出使用"虎都"二字招商；十四、《人民日报》《光明日报》《工人日报》《人民政协报》《消费日报》《财经时报》《中国经济时报》《新京报》《北京晨报》《北京青年报》报道原告成为央视"服装标王"的报纸资料，以证明原告竞拍拍得中央电视台2005年度服装类广告"标王"，社会影响巨大；十五、中国企业文化促进会、中国企业报社、中国质量与品牌杂志社、中国十大影响力品牌推选组织委员会联合颁发的中国质量与品牌建设十大杰出企业荣誉证书，以证明原告获得中国品牌建设十大杰出企业的荣誉；十六、人民日报社市场信息中心颁发的中国市场产品质量用户满意首选第一品牌荣誉证书，以证明原告获得中国市场产品质量用户满意首选第一品牌荣誉；十七、世界品牌实验室颁发的中国500最具价值品牌荣誉证书，以证明"虎都"品牌获得中国500最具价值品牌荣誉；十八、中国服装协会颁发的2003～2004中国服装协会品牌年度大奖荣誉证书，以证明"虎都"品牌获得中国服装品牌年度大奖荣誉；十九、中国企业文化协会、中国企业报社、中国质量与品牌杂志社、中国十大影响力品牌推选组织委员会联合颁发的中国西裤十大影响力品牌荣誉证书，以证明原告获得中国西裤十大影响力品牌荣誉；二十、福建省企业市场占有评委会、福建省企业信息中心联合颁发的国内市场占有率100强证书，以证明原告获得国内市场占有率100强荣誉；二十一、福建日报社、福建省服装服饰行业协会联合颁发的2004闽派服饰品牌产业推荐大奖证书，以证明原告获得闽派服饰品牌产业推动大奖荣誉；二十二、福建日报社、福建省服装服饰行业协会联合颁发的闽派服饰10年发展风云人物证书，以证明原告董事长郭某某获得闽派服饰十年发展风云人物荣誉；二十三、福建省工商行政管理局商标广告监督管理处颁发的关于认定"虎都"商标为福建省著名商标的通知，以证明原告"虎都"商标为福建省著名商标；二十四、被告广州虎都公司在广州总经销处照片3张，以证明被告广州虎都公司在广州万佳服装批发市场设立了总经销处，对全国范围进行服装批发经营；二十五、被告广州虎都公司和被告池某某招商资料共12页，以证明两被告招收代理加盟商资料，两被告侵权严重；二十六、被告广州虎都公司在南京等其他地区销售的公证证据资料共5页，以证明被告广州虎都公司的销售地区多，突出使用"虎都"字样侵权严重，获利大；二十七、被告广州虎都公司销售侵权产品西裤1条，以证明被告在西裤产品上使用"虎都"二字足以引起消费者混淆；二十八、原告生产的"虎都"牌产品西裤，以证明原告使用商标用于西裤产品至今。

被告广州虎都公司在举证期限内提交以下证据：一、广州市工商局核发的被告企业法人营业执照，以证明被告的企业名称经工商机关核准，合法使用；二、国家工商行政管理局商标局颁发的第753584号商标注册证、该注册商标转让证明和核准续展注册证明，以证明被告广州虎都公司所用商标依法注册、受让并继续有效；三、广东省商标事务所的商标注册申请证明、商标档案和国家工商行政管理局商标局颁发的第3422366号商标注册证，以证明被告广州虎都公司拥有第3422366号商标专用权；四、汕尾市产品质量监督检验所出具给被告广州虎都公司的检验报告，以证明被告的产品合格；五、被告广州虎都公司的广告宣传样稿3张，以证明被告使用自己的商标对外宣传；六、被告广州虎都公司特许经销商牌样稿，以证明被告有招商活动；七、被告广州虎都公司的产品"西裤"（含产品吊牌）及包装，以证明被告未侵权。

经过庭审质证，被告广州虎都公司对原告提供的证据除证据十二外，其余证据客观真实性均无异议，本院予以采信。被告广州虎都公司对证据五的关联性提出异议，认为福建省高级人民法院对原告讼争商标属驰名商标的个案认定，且判决认定时间在被告公司注册之后，该证据不能在本案中作为原告商标扩大保护的依据。被告广州虎都公司对证据十二、十三的关联性提出异议，认为被告池某某的侵权行为与被告广州虎都公司无关。本院认为，原告提供的证据十二为被告池某某营业网点照片3张，虽为原告自行采集，但本院在向被告池某某送达应诉手续和进行证据保全时，已经核实，可以采信。原告提供的证据五作为生效判决，可以在本案中作为有效证据使用。原告提供的证据十三为被告池某某在《齐鲁晚报》为广州虎都公司的产品进行招商的广告，被告池某某作为被告广州虎都公司的经销商，且证据十二和十三所证明的内容与被告广州虎都公司有关联，故本院予以采信。原告虎都中国公司对被告广州虎都公司提供的证据除证据四外，其余证据均无异议，本院予以采信。被告广州虎都公司提供的证据四汕尾市产品质量监督检验所出具给被告广州虎都公司的检验报告，为复印件，原告对该证据的客观性和关联性提出异议，本院认为，该证据证明被告的产品质量合格，与双方争议的商标侵权问题关联性不强，且其证据形式有缺陷，本院对该证据不予采信。

根据上述认证内容，本院确认下列事实：

1990年3月10日，国家工商行政管理局商标局核准第514221号商标，核定使用商品第25类服装，注册人泉州市新城西裤服装厂，注册有效期自1990年3月10日至2000年3月9日，2000年该商标续展有效期至2010年3月9日。该商标为文字图形组合商标，其上部为呈回头状的老虎图案，下部为英文"TIGER CAPITAL"。1996年3月28日，该商标核准转让受让人为泉州虎都制衣有限公司。2002年2月6日，该商标核准转让受让人为福建虎都服饰有限公司。2004年8月21日，该商标核准转让受让人为虎都（中国）服饰有限公司。

1995年9月14日，国家工商行政管理局商标局核准第766662号商标，核定使用商品第 25 类服装，注册人泉州市新城西裤服装厂，注册有效期自 1995 年 9 月 14 日至 2005 年 9 月 13 日，2005 年该商标续展有效期至 2015 年 9 月 13 日。该商标为文字商标，其上部为"虎都"二字，下部为汉语拼音"hudu"。1996 年 3 月 28 日，该商标核准转让受让人为泉州虎都制衣有限公司。2002 年 2 月 6 日，该商标核准转让受让人为福建虎都服饰有限公司。2004 年 8 月 21 日，该商标核准转让受让人为虎都（中国）服饰有限公司。

原告虎都中国公司系从事服装、服饰生产的企业，"虎都"商标于 2001 年 2 月 26 日获得福建省工商行政管理局商标广告监督管理处颁发关于认定"虎都"商标为福建省著名商标的通知。虎都牌西裤、T 恤于 2002 年 1 月 15 日获得中国品牌管理体系指导委员会颁发的首届中国十大经典品牌荣誉证书，虎都牌西服西裤、T 恤衫于 2003 年获得福建省名牌产品评定工作委员会颁发福建省名牌产品证书，虎都牌西裤于 2003 年 12 月获得国家质量监督检验检疫局颁发的产品质量免检证书，第 514221 号商标于 2004 年 6 月 11 日获得福建省著名商标认定委员会颁发的福建省著名商标，虎都品牌于 2004 年 6 月 28 日获得世界品牌实验室颁发的中国 500 强最具价值品牌荣誉证书，原告生产的虎都牌西裤于 2004 年 9 月获得国家质量监督检验检疫总局颁发的中国名牌证书，原告于 2004 年 11 月 18 日竞标获得中央电视台 2005 年广告服装类"标王"，即广告金额第一，原告于 2004 年 11 月获得人民日报市场信息中心颁发的中国市场产品质量用户满意首选第一品牌证书，已于 2004 年 12 月 17 日发生法律效力的福建省高级人民法院（2004）闽民初字第 056 号民事判决书认定第 766662 号、第 514221 号商标为中国驰名商标，原告于 2004 年 12 月 28 日获得福建省企业市场占有评委会、福建省企业信息中心联合颁发的国内市场占有率 100 强证书，原告于 2005 年 1 月获得中国企业文化促进会、中国企业报社、中国质量与品牌杂志社、中国十大影响力品牌推选组织委员会联合颁发的中国品牌建设十大杰出企业证书，原告于 2005 年 1 月 1 日获得福建日报社、福建省服装服饰行业协会联合颁发的 2004 年闽派服饰品牌产业推动大奖，原告法人代表董事长郭某某于 2005 年 1 月 1 日获得福建日报社、福建省服装服饰行业协会联合颁发的闽派服饰 10 年发展风云人物荣誉证书，虎都品牌于 2005 年 3 月获中国服装协会颁发的 2003～2004 年中国服装品牌年度大奖荣誉证书，原告于 2005 年 3 月获得中国企业文化促进会、中国企业报社、中国质量与品牌杂志社、中国十大影响力品牌推选组织委员会联合颁发的中国西裤十大影响力品牌荣誉证书。

被告广州虎都公司系从事服装设计、销售的企业，成立于 2002 年 10 月 18 日。1995 年 6 月 28 日，国家工商行政管理局商标局核准第 753584 号商标，核定使用商品第 25 类服装，该商标为图形商标，为一虎的白描图，注册人福建省晋江金井围头佳丰服装厂，注册有效期自 1995 年 6 月 28 日至 2005 年 6 月 27 日，2005 年该商标续展有效期至 2015 年 9 月 13 日。2003 年 11 月 7 日，该商标核准转让受让人为广州虎都服装有限公司。2005 年 5 月 21 日，国家工商行政管理局商标局核准第 3422366 号商标，核定使用商品第 25 类鞋、帽、袜等，该商标标识为"HUCHEN"，注册人广州虎都公司，注册有效期自 2005 年 5 月 21 日至 2015 年 5 月 20 日。被告广州虎都公司在广州万佳服装批发市场设立总经销处，其产品在济南、南京等地销售。被告广州虎都公司在其产品上使用标有"广州虎都服装有限公司"字样的标牌。被告广州虎都公司在南京玉桥市场的经销场所使用标有"虎都休闲西裤"字样的招牌。被告广州虎都公司在济南泺口服装精品市场的经销场所为被告池某某在该市场南排 6 号的经营店，该店销售被告广州虎都公司所生产的服装产品，其店门招牌上标有"广州虎都服装有限公司"字样，"虎都"二字突出使用，比其他文字字体大，被告池某某在《齐鲁晚报》上刊登招商广告，其用语为"广州虎都裤类招商"。

本院认为，原告虎都中国公司涉案商标有两个，其中第 514221 号商标为文字图形组合商标，其上部为呈回头状的老虎图案，下部为英文"TIGER CAPITAL"。该商标标识与原告所指控的被告的涉案事实差异较大，未产生侵犯商标权或不正当竞争的冲突，对原告有关第 514221 号商标的主张，本院不予支持。本案双方当事人争议的焦点集中在原告的第 766662 号商标，该商标为文字商标，其上部为"虎都"二字，下部为汉语拼音"hudu"。原、被告围绕该商标的争议体现在下列两个问题：第一，被告广州虎都公司和被告池某某使用"虎都休闲西裤""广州虎都裤类招商"招商用语和在标注企业名称时突出使用"虎都"二字是否构成商标侵权，两被告是否应承担相应的民事责任；第二，被告使用"虎都"二字作为企业名称中的字号是否构成不正当竞争行为，法院是否有权责令被告停止使用"虎都"作为企业的字号。分别评述如下：

根据《中华人民共和国商标法》第 51 条的规定，注册商标的专用权，以核准注册的商标和核定使用的商品为限。注册商标专用权表现为使用权和禁用权两项权利，即注册商标专用权人在核定使用的商品上独占使用被核准注册的商标，同时，有权禁止他人在同一种商品或者类似商品上使用与注册商标相同或近似的商标，有权禁止他人在同一种商品或者类似商品上，将与其注册商标相同或者近似的标志作为商品名称或者商品装潢使用，误导公众。根据最高人民法院《关于审理商标民事纠纷案件适用法律若干问题的解释》第 1 条第（1）项的规定，将与他人注册商标相同或者相近似的文字作为企业的字号在相同或者类似商品上突出使用，容易使相关公众产生误认的，属于侵犯他人注册商标专用权的行为。被告池某某在标注被告广州虎都公司的企业名称时突出使用"虎都"二字，侵犯了原告对第 766662 号"虎都"注册商标的专用权。企业名称是区别不同市场主体的标志，由行政区划、字号、行业或经营特点、组织形式四部分组成。被告广州虎都公司和被告池某某在经营中使用"虎都休闲西裤""广州虎都裤类招商"招商标识，不属于使用企业名称的行为，是将虎都作为商品名称的一部分。上述标识误导相关公众，使相关公众将两被告经营的服装与原告第 766662 号"虎都"注册商标联系起来，从而损害原告的注册商标专用权，两被告的上述行为侵犯了原告的注册商标专用权。因被告池某某是被告广州虎都公司的特约经销商，且原告无证据证实被告池某某明知或者应知自己的行为属于侵权行为而实施，故被告池某某只承担停止侵害的民事责任，不承担赔偿损失的民事责任。被告广州虎都公司既是上述侵权行为的实施者，也是相关服装产品的生产者，其应承担停止侵害和赔偿损失的民事责任。

企业字号作为企业名称的核心，其本质是一种财产权益，属于民事权利范畴，当它与另一民事权利注册商标专用权冲突时，根据《中华人民共和国民事诉讼法》第108条的规定，人民法院有权处理。处理注册商标专用权与企业中字号相冲突问题，应当遵循诚实信用，维护公平，保护在先合法权利人利益，驰名商标扩大保护范围的原则。本案中，原告虎都中国公司的商标注册早于被告广州虎都公司注册成立时间，且在被告广州虎都公司注册成立之前使用原告商标的服装及品牌在服装业内有一定知名度和美誉度，原告的商标于2004年12月被认定为中国驰名商标，原告在2005年取得中央电视台服装类广告"标王"，证明原告商标的美誉度及知名度在业内处于很高水平，因此，被告广州虎都公司以"虎都"二字作为企业字号，并使用在同类产品上，明显违反诚实信用，是一种"傍名牌搭便车"的行为，造成消费者认为原告与被告广州虎都公司之间存在某种关联，其目的是使相关公众将原告所生产的服装产品与被告广州虎都公司所生产的服装产品相混淆，造成相关公众的误认误购。

综上所述，被告广州虎都公司和被告池某某在生产、销售服装产品中不当使用"虎都"二字，侵犯了原告虎都中国公司对第766662号"虎都"注册商标所享有的专用权，两被告应承担相应的民事责任；被告广州虎都公司在后注册并使用"虎都"作为企业名称中的字号，构成对原告虎都中国公司的不正当竞争，被告广州虎都公司应承担相应的民事责任，且确有必要责令被告广州虎都公司在一定期限内变更企业字号。原告要求两被告在相关媒体上公开赔礼道歉，与原告所举证证明的两被告的侵权形式不符，本院不予支持。原告要求两被告销毁具有"虎都"字样的各种标签、吊牌、织麦、包装物及广告宣传资料，应属于停止侵权的执行内容，本院不再另行判处。原告要求被告赔偿损失50万元，没有提供有效证据证实其因被告的侵权行为所减少的利益，并且被告因侵权行为所获得的非法利益亦无法查实，但考虑到被告的侵权行为属实，并参考被告的侵权地域、范围，时间长短及原告的广告宣传投入，原告商标的知名度等因素，酌定被告应负的赔偿数额。依照《中华人民共和国商标法》第51条、第56条、《中华人民共和国反不正当竞争法》第2条、《最高人民法院关于审理商标民事纠纷案件适用法律若干问题的解释》第1条第(1)项的规定，判决如下：

一、被告广州虎都服装有限公司和被告池某某立即停止侵犯原告虎都（中国）服饰有限公司第766662号"虎都"注册商标专用权的行为；

二、被告广州虎都服装有限公司于本判决生效之日起30日内变更企业名称，停止使用"虎都"二字作为企业名称中的字号；

三、被告广州虎都服装有限公司于本判决生效之日起 10 日赔偿原告虎都（中国）服饰有限公司经济损失 10 万元；

四、驳回原告虎都（中国）服饰有限公司其他诉讼请求。

案件受理费 10 010 元，由原告虎都（中国）服饰有限公司承担 5 000 元，由被告广州虎都服装有限公司承担人民币 5 010 元。

如不服本判决，可在判决书送达之日起 15 日内向本院递交上诉状和副本 7 份，并预交上诉案件受理费 10 010 元，上诉于山东省高级人民法院。

审 判 长 王俊河
代理审判员 贾 忠
代理审判员 刘军生

二〇〇五年十二月二十日
书 记 员 马绪乾

■**推介文书：**（2006）济民三初字第 121 号原告山东九阳小家电有限公司、王某某与被告济南正铭商贸有限公司、上海帅佳电子科技有限公司、慈溪市西贝乐电器有限公司发明专利侵权纠纷民事判决书。

■**推介理由：**该文书入选最高人民法院评选的"改革开放 30 周年 100 件知识产权案件"。该判决在法定赔偿数额之上，根据原告的举证全部支持了其主张的赔偿数额。

山东省济南市中级人民法院
民 事 判 决 书

（2006）济民三初字第 121 号

原告：山东九阳小家电有限公司，住所地：山东省济南市槐荫区美里湖开发区。

法定代表人：黄某某，该公司董事长。

委托代理人：姜某某，该公司职员。

委托代理人：林某某，北京金之桥知识产权代理有限公司专利代理人。

原告：王某某，男，汉族，1969 年 3 月 27 日出生，住所地：山东省济南市槐荫区美里湖开发区。

委托代理人：林某某，北京金之桥知识产权代理有限公司专利代理人。

委托代理人：张某某，山东康桥律师事务所律师。

被告：济南正铭商贸有限公司，住所地：山东省济南市南新街 23 号。

法定代表人：张某，该公司总经理。

委托代理人：王某某，山东众英律师事务所律师。

被告：上海帅佳电子科技有限公司，住所地：上海市浦东区康桥工业区沪南路 2821 号。

法定代表人：李某某，该公司董事长。

委托代理人：孙某某，浙江高邦律师事务所律师。

被告：慈溪市西贝乐电器有限公司，住所地：浙江省慈溪市范市镇新西村旧闸路桥。

法定代表人：孙善其，该公司总经理。

委托代理人：孙某某，浙江高邦律师事务所律师。

委托代理人：张某甲，济南舜源专利事务所有限公司专利代理人。

原告山东九阳小家电有限公司（以下简称九阳公司）、王某某与被告济南正铭商贸有限公司（以下简称正铭公司）、上海帅佳电子科技有限公司（以下简称帅佳公司）、慈溪市西贝乐电器有限公司（以下简称西贝乐公司）发明专利侵权纠纷一案，本院受理后依法组成合议庭，公开开庭进行审理。原告九阳公司的委托代理人姜某某、林某某，原告王某某的委托代理人林某某、张某某，被告正铭公司的委托代理王世某，被告帅佳公司的委托代理人孙某某，被告西贝乐公司的委托代理人孙某某、张建某到庭参加诉讼。本案现已审理终结。

原告九阳公司和王某某共同诉称，原告九阳公司是一家专业化的小家电企业，主导产品为豆浆机，每年生产销售超过百万台，九阳牌豆浆机是该行业的第一品牌。原告王某某拥有 ZL99112253.4"智能型家用全自动豆浆机"发明专利权，该专利技术克服了现有技术的缺点，可以实时测定水温、精确控制打豆和煮浆的过程和时间，从而最佳地控制豆浆的质量和口感。2001 年 12 月 8 日，原告王某某将该专利排他许可九阳公司实施，并在国家知识产权局备案，备案号为 031100020022。三被告在利益驱动下，未经专利权人许可，大量生产、销售、许诺销售侵犯上述专利权的西贝乐牌豆浆机（型号为 XBL100GD、XBL100GM、XBL500GD、XBL500TM），给原告造成了巨大损失。请求：1. 判令三被告立即停止一切侵犯专利权的行为，包括责令被告正铭公司停止销售侵权产品，责令被告帅佳公司和西贝乐公司停止生产、销售、许诺销售侵权产品；2. 判令被告帅佳公司和西贝乐公司销毁生产侵权产成品或半成品的模具、未售出的侵权产成品和半成品；3. 判令被告帅佳公司和西贝乐公司共同赔偿两原告经济损失 300 万元。

两原告为证明其诉讼请求提交了下列证据：

第一组：涉案专利权证书、专利登记薄副本、年费缴纳凭证、专利受权公告文本、专利实施许可合同及备案证明，以证明涉案专利权的内容、效力及两原告均对涉案专利权拥有诉权。被告正铭公司对该组证据无异议，被告帅佳公司和西贝乐公司对该组证据中的专利实施许可合同的真实性提出异议，认为该合同内容与备案证明不符，对两原告的其他证据的真实性无异议。针对专利实施许可合同与备案证明不符的争议，本院庭后到国家知识产权局进行核实，查明两原告提交的专利实施合同与其在国家知识产权局备案的合同一致。本院对两原告的该组证据的真实性予以采信。

第二组：被告帅佳公司和西贝乐公司网站 www.xibeile.com 有关产品和公司介绍内容的下载件、公证书 1 份和被控侵权产品 XBL100GD、XBL100GM、XBL500GD、XBL500TM 型豆浆机各 1 件，以证明三被告的侵权行为。三被告对该组证据的真实性无异议，被告帅佳公司和西贝乐公司对两原告通过公证保全的 4 件产品的来源提出异议，认为两被告与被告正铭公司无产品经销关系。被告帅佳公司、西贝乐公司虽然对两原告通过公证保全的 4

件产品的来源提出异议，但是不否认其真实性，同时，该4件产品与本院从被告西贝乐公司调取的4件产品对应相同，且被告正铭公司提供了其购买取得上述产品的凭证，被告帅佳公司、西贝乐公司的异议不成立，故本院对两被告的异议不予采信，对该组证据予以采信。

第三组：本院应原告的申请采取证据保全措施，在被告西贝乐公司仓库拍摄的照片和提取的上述4个型号豆浆机各一件，以证明被告帅佳公司和西贝乐公司的侵权行为。三被告对该组证据无异议，本院予以采信。

第四组：浙江省绍兴市公证处（2006）浙绍证民字第1780号公证书、湖北省武汉市汉阳公证处（2006）鄂汉阳证字第665号公证书、浙江省金华市正信公证处（2006）浙金证民字第1916号公证书、成都市青羊区公证处（2006）成青证字第8221号公证书，以证明被告帅佳公司和西贝乐公司在诉讼期间仍然生产销售侵权产品。三被告对该组证据无异议，本院予以采信。

被告正铭公司辩称，被告正铭公司合法经营，其所售出的产品有合法来源，且不知道所销售的两被告的产品是否侵犯他人的专利权。

被告正铭公司提交了销售发票4份，以证明其售出的产品有合法来源。两原告和被告帅佳公司、西贝乐公司对该组证据无异议，本院予以采信。

被告帅佳公司和西贝乐公司共同辩称，两被告的产品从未销售给被告正铭公司，原告在被告正铭公司公证保全的证据来源不明；两被告的产品的技术特征虽然与原告的专利技术相同，但是原被告的技术均与公知技术等同，两被告已向国家知识产权局专利复审委员会提出无效宣告申请，请求中止诉讼；两原告的诉讼请求缺乏证据支持。请求驳回两原告的诉讼请求。

两被告提供了下列证据：

第一组：国家知识产权局专利复审委员会无效宣告请求受理通知书和对比文献6份，以证明原告已申请宣告原告的专利权无效及两被告的被控侵权技术与公知技术等同。两原告和被告正铭公司对该组证据的真实性无异议，两原告认为该组证据不足以导致原告的专利无效，也不构成公知技术抗辩。本院对该组证据的真实性予以采信。

第二组：国家强制性产品认证证书2份，以证明两被告的产品从2005年10月开始生产。两原告和被告正铭公司对该组证据的真实性无异议，两原告认为国家强制性产品认证证书只证明某一批次的产品获得认证，并不表明产品开始生产的时间。本院对该组证据的真实性予以采信。

根据上述认证，本院确认下列事实：

1999年6月1日，原告王某某就其"智能型家用全自动豆浆机"向国家知识产权局申请发明专利，于2001年12月5日获得授权：专利号ZL99112253.4，授权公告号

CN1075720C，专利权人王某某。权利要求书载明其独立权利要求为：一种智能型家用全自动豆浆机，包括有机头、下盖和杯体，机头扣装在下盖上端，下盖下端扣置在杯体口上，在机头上设置有电源插座，在下盖上部固定装有电机、变压器和控制线路板，电热器和防溢探头固定在下盖下部，刀片直接固定安装在外伸于下盖下方的电机长轴轴端，过滤网罩外套刀片和电机长轴旋转固定于下盖下部的过滤网罩安装体上，其特征在于，在下盖下端还固定安装有一个温度传感器，温度传感器是在下盖下端固定安装有一个温度测定棒，在温度测定棒前端装有一个温度传感头，该温度传感头与下盖上部的控制线路板连接。2001 年 12 月 8 日，原告王某某与原告九阳公司签订 1 份专利实施许可合同，原告王某某将上述专利在全国范围内独家许可原告九阳公司实施，许可期限同于专利有效期，许可费为 300 万元。双方已将该合同在国家知识产权局进行备案。

2006 年 4 月 15 日，被告正铭公司从江苏时代超市有限公司泰州时代九州超级购物中心购买取得西贝乐牌豆浆机 7 件，其中 XBL100GD 型每件 262 元、XBL100GM 型每件 269 元、XBL500TD 型每件 358 元、XBL500TM 型每件 409 元。2006 年 4 月 20 日，原告九阳公司职员来到被告正铭公司位于济南市天桥区铜元局前街的九阳专卖店，购买取得西贝乐牌豆浆机 4 件，其型号和价格为 XBL100GD 型每件 312 元、XBL100GM 型每件 319 元、XBL500TD 型每件 408 元、XBL500TM 型每件 459 元。济南市公证处对上述购买过程进行公证，并对取得的发票和实物进行拍照和封存。2006 年 7 月 6 日，本院向被告西贝乐公司送达应诉通知并进行证据保全，取得上述型号豆浆机 4 件，上述产品及包装均标注：上海帅佳电子科技有限公司，生产基地慈溪市西贝乐电器有限公司。庭审中，被告帅佳公司和西贝乐公司自认其上述 4 个型号的豆浆机的产品结构和技术特征相同，并与两原告的专利权利要求 1 即独立权利要求限定的技术方案相同。

2006 年 6 月 21 日，被告帅佳公司和西贝乐公司的网站 www.xibeile.com 对其XBL100GD、XBL100GM、XBL500GD、XBL500TM 型豆浆机进行展示，该网站"帅佳产品"栏目介绍，两原告的产品包括厨房小精灵系列、鲜果汁/豆浆碾磨系列、全自动豆浆机系列、维尔斯电磁炉系列、赫斯提亚多功能食品加工机系列。同日，中国家电企业网www.cnjiadian.com 有关被告帅佳公司和西贝乐公司的栏目介绍中载明，帅佳公司是集科研、生产、销售为一体的股份制企业，拥有现代化的流水线生产基地 2 000 多平方米，基地生产员工 300 多人，在全国建立了完善的销售网络，年产销额达 7 000 多万元。

2006 年 7 月 24 日，重庆家乐福商业有限公司成都分店售出西贝乐牌 XBL500TD 型多功能豆浆机 1 件，单价 339 元；2006 年 9 月 18 日，江苏时代超市有限公司金华时代超级购物中心售出西贝乐牌 XBL500TM 型多功能豆浆机 1 件，单价 409 元；2006 年 10 月 9 日，武汉汉福超市有限公司售出西贝乐牌 XBL100GD 型、XBL100GM 型、XBL500TD 型和XBL500TM 型多功能豆浆机各 1 件，单价分别为 248 元、280 元、339 元和 388 元；2006

年 11 月 10 日，上海嘉定乐购生活购物有限公司绍兴分公司售出西贝乐牌 XBL100GD 型多功能豆浆机 2 件，单价 328 元，该产品的生产日期为 2006 年 10 月 22 日。

诉讼中，原告申请证据保全，请求对被告帅佳公司和西贝乐公司生产、销售被控侵权产品的账册进行保全，本院依法裁定准许。本院在向两被告送达该裁定并予以执行时，两被告拒绝提供。

本院认为，本案各方当事人争议的焦点有三个，下面分别评述：

一、原告专利权是否具有创造性，本案是否需中止审理。

依照我国专利法的有关规定，国务院专利行政部门负责全国的专利工作，统一受理和审查专利申请，依法授予专利权。专利授权后，任何单位或者个人认为专利权的授予不符合专利法有关规定的，可以请求专利复审委员会宣告该专利权无效。本院作为专利侵权纠纷案件的审判机关，无权对专利权的效力进行评判。依照最高人民法院法释〔2001〕21 号《关于审理专利纠纷案件适用法律问题的若干规定》第 11 条的规定，人民法院受理的侵犯发明专利权纠纷案件，被告在答辩期间内请求宣告该项专利权无效的，人民法院可以不中止诉讼。通过初步审查被告帅佳公司申请宣告涉案专利权无效的对比文件，不足以影响专利权的效力，故对被告帅佳公司、西贝乐公司中止诉讼的请求，本院不予支持。

二、被告帅佳公司、西贝乐公司有关被控侵权产品的技术是否来源于已有技术，即两被告的公知技术抗辩是否成立。

被告帅佳公司、西贝乐公司主张已有技术的证据与其在国家知识产权局专利复审委员会进行无效宣告程序所使用的证据相同，即 6 份中国专利文献，该 6 份专利文献均是由国家知识产权局在原告王某某涉案发明专利申请日以前公开。依照我国专利法的有关规定，发明专利的授权须经实质审查，授予专利权的发明应当具备新颖性、创造性和实用性。原告王某某的涉案发明专利经过实质审查并得以授权，表明在申请日以前没有同样的发明或实用新型在国内外出版物上公开发表过、在国内公开使用过或者以其他方式为公众所知，且该专利技术同申请日以前的已有的技术相比具有突出的实质性特点和显著的进步。对于原告王某某的涉案专利而言，被告帅佳公司、西贝乐公司使用的 6 份专利文献所记载的技术显然属于已有技术，二者不同，前者具有突出的实质性特点和显著的进步。故被告帅佳公司、西贝乐公司有关被控侵权产品的技术来源于已有技术的主张不成立，其公知技术抗辩理由本院不予采纳。

三、有关本案的赔偿数额问题。

两原告要求被告帅佳公司和西贝乐公司共同赔偿经济损失 300 万元，而两被告抗辩该项请求无事实依据。依照最高人民法院法释〔2001〕33 号《关于民事诉讼证据的若干规定》第 75 条的规定，有证据证明一方当事人持有证据无正当理由拒不提供，如果对方当事人主张该证据的内容不利于证据持有人，可以推定该主张成立。诉讼中，本院依法裁定对被告帅佳公司和西贝乐公司生产、销售被控侵权产品的账册进行证据保全，但两被告拒绝提供，本院推定原告九阳公司和王某某要求被告帅佳公司和西贝乐公司赔偿经济损失300万元的主张成立，予以支持。

综上所述，原告九阳公司和王某某要求被告正铭公司、帅佳公司和西贝乐公司停止侵权，要求被告帅佳公司和西贝乐公司赔偿损失，合理有据，本院予以支持。原告九阳公司和王某某要求被告帅佳公司和西贝乐公司销毁生产侵权产品的模具、未售出的侵权产成品、半成品及其零部件，因原告的发明专利是对已有技术的改进，且模具和半成品并非专用于生产侵权产品，而销毁侵权产成品应属于执行停止侵权的判决内容，故本院对其该项不予支持。依照《中华人民共和国专利法》第11条第1款、第56条第1款、最高人民法院法释〔2001〕33号《关于民事诉讼证据的若干规定》第75条、《中华人民共和国民法通则》第118条的规定，判决如下：

一、被告济南正铭商贸有限公司、被告上海帅佳电子科技有限公司、慈溪市西贝乐电器有限公司立即停止对ZL99112253.4"智能型家用全自动豆浆机"发明专利的侵权行为；

二、被告上海帅佳电子科技有限公司、慈溪市西贝乐电器有限公司于本判决生效后十日内共同赔偿原告山东九阳小家电有限公司、王某某经济损失300万元；

三、驳回原告山东九阳小家电有限公司、王某某的其他诉讼请求。

案件受理费25 010元，财产保全费15 520元，合计40 530元，由上海帅佳电子科技有限公司、慈溪市西贝乐电器有限公司负担。

如不服本判决，可在判决书送达后15日内向本院递交上诉状和副本8份，并预缴上诉案件受理费25 010元，上诉于山东省高级人民法院。

审　判　长　王俊河
代理审判员　贾　忠
代理审判员　赵　雯

二○○六年十二月十二日
书　记　员　马绪乾

■ **推介文书**：（2007）济民三初字第 88 号原告河南金博士种业有限公司、河南农科院种业有限公司、河南农科院粮作所科技有限公司与被告山东省种子总公司、济阳县泉星种业有限公司侵犯植物新品种权纠纷民事判决书。

■ **推介理由**：行政执法中一方未到场并不必然导致证据无效。在对方无异议的情况下，当事人可以撤回法院根据其要求和指认提取的证据。

山东省济南市中级人民法院
民 事 判 决 书

（2007）济民三初字第 88 号

原告：河南金博士种业有限公司，住所地：河南省郑州市开发区商英街 58 号。

法定代表人：阎某某，该公司董事长。

原告：河南农科院种业有限公司，住所地：河南省郑州市开发区科学大道金桥商务店。

法定代表人：张某某，该公司董事长。

原告：河南农科院粮作所科技有限公司，住所地：河南省郑州市开发区银屏路 20 号。

法定代表人：房某某，该公司董事长。

以上三原告的共同委托代理人：高某甲，河南光磊律师事务所律师。

被告：山东省种子总公司，住所地：山东省济南市花园路 123 号。

法定代表人：邵某某，该公司总经理。

委托代理人：王某某，山东齐鲁律师事务所律师。

被告：济阳县泉星种业有限公司，住所地：山东省济阳市纬二路 24 号。

法定代表人：赵某某，经理。

委托代理人：高某乙，男，住所地：山东省济阳县辛寨乡辛寨街，系该公司职员。

委托代理人：于某，济阳县济阳法律服务所法律工作者。

原告河南金博士种业有限公司、河南农科院种业有限公司、河南农科院粮作所科技有限公司（以下简称三原告）与被告山东省种子总公司、济阳县泉星种业有限公司（以下简称济阳泉星公司）侵犯植物新品种权纠纷一案，本院于 2007 年 4 月 24 日受理后依法组成合议庭，于 2007 年 6 月 14 日公开开庭进行审理。三原告的共同委托代理人高某甲、被告山东省种子总公司的委托代理人王某某和被告济阳泉星公司的委托代理人高某乙、于某到庭参加诉讼。本案现已审理终结。

三原告共同诉称，河南省农业科学院粮食作物研究所拥有 CNA20000053.5 "郑单958" 玉米杂交种植物新品种权。2007 年 1 月 1 日，河南农科院粮作所授权三原告和北京德农种业有限公司排他生产经营 "郑单 958" 玉米杂交种，并授权 4 单位在全国范围内共同全权负责有关 "郑单 958" 玉米杂交种的维权事宜。被告山东省种子总公司未经 "郑单958" 品种权人或利害关系人的许可，生产销售外包装为 "鲁种 99118" 而实际为 "郑单958" 的玉米杂交种，三原告发现被告济阳泉星公司正在销售该 "鲁种 99118" 玉米杂交种，经济阳县工商局查封并委托鉴定其结论为 "郑单 958" 玉米杂交种。两被告的行为已构成对 "郑单 958" 植物新品种权人及利害关系人的侵权，请求判令两被告停止侵权并连带赔偿三原告经济损失 100 万元。

被告山东省种子总公司辩称：山东省种子总公司是 "鲁种 99118" 品种权人，从未销售名为 "鲁种 99118"，实为 "郑单 958" 的玉米种子。2007 年 4 月 18 日，济南市工商行政管理局应原告的举报以涉嫌销售假玉米种子为由扣留被告 212 袋、10 600 公斤 "鲁种99118" 玉米种子。2007 年 4 月 27 日，济南市工商行政管理局因扣留错误解除了扣留措施。2007 年 4 月 27 日，法院应原告的证据保全申请从被告生产线上提取了正在包装的 "鲁种 99118" 玉米种子，但在庭审时原告也认为未侵犯 "郑单 958" 植物新品种权，要求不作为证据使用。被告山东省种子总公司于 2007 年 1 月 5 日销售给被告济阳泉星公司 "鲁种 99118" 玉米种子，而济南市工商行政管理局济阳分局 2007 年 3 月底对济阳泉星公司进行现场检查，2007 年 4 月 10 日和 4 月 20 日扣留被告济阳泉星公司销售的 "鲁种99118" 玉米种子及取样委托鉴定，时间长达三个月，亦未通知被告山东省种子总公司到场，委托鉴定的玉米种子并非原告生产销售。本案为普通的民事侵权诉讼，依照 "谁主张，谁举证" 的原则，三原告无直接证据证实其主张，除了被告济阳泉星公司的指认外，全是推测和想当然。请求驳回三原告的诉讼请求。

被告济阳泉星公司辩称，济阳泉星公司受山东省种子总公司的委托在济阳县范围内销售其不再分装的 "鲁种 99118" 玉米种子，山东省种子总公司提供的玉米种包装袋上标注着种子经营许可证号、种子生产许可证号、种子检疫证号、审定编号、执行标准等一系列有效证明，济阳泉星公司有理由相信所销售的 "鲁种 99118" 玉米种子的合法性和真伪性，济阳泉星公司不应为山东省种子总公司的行为承担责任。在济阳县工商局的执法过程中，济阳泉星公司已将 4 970 斤 "鲁种 99118" 玉米种子交济阳县工商局封存，另 30 斤因包装破裂而无法封存。请求驳回三原告的诉讼请求。

三原告为证明其诉讼请求提交了下列证据：

一、CNA20000053.5"郑单958"玉米杂交种植物新品种权证书和年费缴纳凭证，以证明涉案植物新品种权的内容和效力。两被告对该组证据无异议，本院予以采信。

二、授权书，以证明三原告获得品种权人的授权，可以提起诉讼。两被告无异议，本院予以采信。

三、济南市工商行政管理局济阳分局现场检查笔录、发票和检测报告，以证明两被告的侵权行为。被告山东省种子总公司对该组证据的真实性无异议，对关联性提出异议，被告济阳泉星公司对该组证据无异议。本院认为，上述检查笔录和检测报告系工商行政管理机关在行政执法中依法作出，发票系山东省种子总公司开具，被告山东省种子总公司虽对证据的关联性提出异议，但未提供反证，本院对其异议不予支持，对该组证据予以采信。

四、河南省农业科学院粮食作物研究所和河南农科院种业有限公司于2003年12月24日签订的玉米杂交种"郑单958"科研成果使用许可合同和付费凭证，以证明三原告主张的赔偿数额。两被告对该组证据的真实性无异议，但对该证据与本案的关联性提出异议。本院对该证据的真实性予以采信。

被告山东省种子总公司提交了下列证据：

一、山东省农作物品种审定证书，以证明"鲁种99118"为山东省种子总公司选育的玉米品种。三原告和被告济阳泉星公司对此无异议，本院予以采信。

二、济南市工商行政管理局扣留财物通知书、财物清单和解除行政强制措施通知书，以证明三原告怀疑被告山东省种子总公司生产销售的"鲁种99118"玉米种子侵权，经工商行政机关查处并不成立。三原告和被告济阳泉星公司对该组证据的真实性无异议，本院予以采信。

被告济阳泉星公司提供了下列证据：

一、发票、扣留财物通知书和财物清单，以证明山东省种子总公司销售给济阳泉星公司"鲁种99118"玉米种子5 000斤，后被济南市工商行政管理局济阳分局查封扣留。三原告对该组证据无异议，被告山东省种子总公司对该组证据的真实性无异议，但对被查封的种子是否为其销售提出异议。本院认为，上述扣留财物通知书和财物清单系工商行政机关在行政执法中依法作出，发票系山东省种子总公司开具，被告山东省种子总公司虽对证据的关联性提出异议，但未提供反证，本院对其异议不予支持，对该组证据予以采信。

二、委托书，以证明山东省种子总公司许可济阳泉星公司在济阳区域内销售不再分装的"鲁种99118"玉米种子。三原告与被告山东省种子总公司对此无异议，本院予以采信。

根据上述认证，本院确认下列事实：

2000年8月22日，河南省农业科学院粮食作物研究所向农业部提出植物新品种申请，于2002年1月1日获得授权，品种权号CNA20000053.5，品种名称"郑单958"，属或种玉米，品种权人河南省农业科学院粮食作物研究所。2007 年 1 月 1 日，河南省农业科学院粮食作物研究所授权三原告和北京德农种业有限公司排他生产经营"郑单 958"玉米杂交种，并授权 4 单位在全国范围内共同全权负责有关"郑单 958"玉米杂交种的维权事宜。诉讼中，北京德农种业有限公司向本院出具声明，决定在程序上放弃加入共同诉讼，其相关实体权益由三原告享有。

"鲁种 99118"是被告山东省种子总公司选育的玉米品种，2005 年 3 月 6 日获得山东省农作物品种审定证书。诉讼中，各方确认"鲁种 99118"和"郑单 958"为两种不同的玉米杂交种。2007 年 1 月 5 日，被告山东省种子总公司销售给被告济阳泉星公司"鲁种 99118"玉米种子 2 500 公斤，规格每袋装 2.5 公斤，单价每公斤 9 元。2007 年 3 月 1 日，被告山东省种子总公司给被告济阳泉星公司出具委托书，授权济阳泉星公司在 2007 年 3 月 1 日至 2007 年 8 月 1 日在济阳区域内销售不再分装的"鲁种 99118"玉米种子。

2007 年 3 月 28 日，济南市工商行政管理局济阳分局的执法人员来到被告济阳泉星公司门市部检查，制作现场检查笔录并提取样品，该现场检查笔录记载：济阳泉星公司的经营场所有山东省种子总公司生产的"鲁种 99118"玉米种子 5 000 斤，该批玉米种包装上标注经营许可证编号（农）农种经许字（2004）第 0172 号，生产许可证编号（鲁）农种生许字（2004）第 0001 号，检疫证编号鲁（历城）植检登字（078）号，品种审定编号鲁农审字（2005）008 号。2007 年 4 月 5 日，北京市农林科学院玉米研究中心对济南市工商行政管理局济阳分局委托送检样品"鲁种 99118"，与农业部植物新品种保护办公室植物新品种保藏中心提供的标准样品"郑单 958"进行同一性检测，结论为二者属于同一品种。2007 年 4 月 10 日和 20 日，济南市工商行政管理局济阳分局分别向济阳泉星公司下达扣留财物通知书，两次共扣留"鲁种 99118"玉米种子 4 970 斤。2007 年 4 月 18 日，济南市工商行政管理局向被告山东省种子总公司下达扣留财物通知书，扣留"鲁种 99118"玉米种子 212 袋，每袋 50 公斤装。2007 年 4 月 27 日，该局下达解除行政强制措施通知书，解除上述强制措施。

三原告在提起本案诉讼的同时，认为被告山东省种子总公司有许多未售出的侵权玉米种子（有已包装的和待包装的），提出证据保全申请，本院依法裁定准许并从被告山东省种子总公司种子包装生产线上提取 1 包 2.5 公斤装"鲁种 99118"玉米种子。庭审时，三原告认为该包玉米种子与"郑单 958"不同，不要求作为证据使用。

本院认为，"郑单 958"为农业部授权保护的植物新品种，"鲁种 99118"为山东省审定推广的品种，二者为两种不同的玉米杂交种，其权利人和利害关系人的合法权益均应得到保护。本案争议的焦点在于被告山东省种子总公司是否以生产销售"鲁种 99118"为名，实为生产销售"郑单 958"。

（一）关于被告山东省种子总公司生产并销售给被告济阳泉星公司 5 000 斤"鲁种99118"玉米杂交种的行为。

2007 年 1 月 5 日，被告山东省种子总公司销售给被告济阳泉星公司 5 000 斤"鲁种99118"玉米杂交种。2007 年 3 月 28 日，被告济阳泉星公司被工商行政管理机关查处并提取样品送检，证实工商行政机关所查处的"鲁种99118"玉米杂交种与"郑单958"植物新品种相同。上述事实由发票、现场检查笔录、封存样品和检测报告组成一个完整的证据链加以证实，被告山东省种子总公司虽以未被通知到场为由否认各证据之间的关联性，但是，本院认为，上述证据均是工商行政管理机关在行政执法中依法取得，被告山东省种子总公司并未提供证据证实其异议，故对其异议本院不予支持。被告山东省种子总公司未经许可，生产销售与"郑单958"相同的玉米种子，侵犯了"郑单958"植物新品种权，应承担相应的民事责任。因侵权种子已被工商行政管理机关扣留，两被告的上述行为已经终了，已无判决停止侵权行为的必要。被告济阳泉星公司作为销售者，其提供了侵权种子的合法来源，故不负赔偿责任。被告山东省种子总公司应对上述侵权行为和三原告因制止侵权行为而发生的合理费用承担赔偿责任，其数额由本院结合上述销售数量、销售价格、三原告因制止侵权行为而发生的合理费用及被告侵权的主观恶意程度酌定为 10 万元。

（二）关于三原告对被告山东省种子总公司的其他指控。

三原告认为，被告山东省种子总公司大肆生产销售外包装为"鲁种99118"而实际为"郑单958"玉米杂交种，销售范围极广。本院认为，依照《中华人民共和国民事诉讼法》第 64 条的规定，当事人对自己提出的主张，有责任提供证据。当事人及其诉讼代理人因客观原因不能收集的证据，人民法院应当调查收集。诉讼中，三原告向本院提出证据保全申请，本院依法准许并按照三原告提供的证据线索"储藏在加工厂内已包装的和亟待包装的玉米种子"，从被告山东省种子总公司加工厂种子包装生产线上提取一袋"鲁种99118"玉米种子，而三原告庭审时认为该种子不同于"郑单958"，不要求作为证据使用。鉴于，（1）"鲁种99118"和"郑单958"均为有关部门审定的两种不同的玉米杂交种；（2）济南市工商行政管理局在 2007 年 4 月 18 日应三原告的举报查扣 212 袋 50 公斤装"鲁种99118"玉米种子，后证实并非侵权种子。故三原告的上述指控缺乏证据支持，对其相关诉讼请求不予支持。

综上，依照《中华人民共和国民事诉讼法》第 64 条、《中华人民共和国植物新品种保护条例》第 39 条第 1 款之规定，判决如下：

一、被告山东省种子总公司于本判决生效之日起 10 日内赔偿原告河南金博士种业有限公司、河南农科院种业有限公司、河南农科院粮作所科技有限公司经济损失 10 万元；

二、驳回原告河南金博士种业有限公司、河南农科院种业有限公司、河南农科院粮作所科技有限公司其他诉讼请求。

如果未按本判决指定的期间履行给付金钱义务，应当依照《中华人民共和国民事诉讼法》第 232 条之规定，加倍支付迟延履行期间的债务利息。

案件受理费 14 800 元，由原告原告河南金博士种业有限公司、河南农科院种业有限公司、河南农科院粮作所科技有限公司负担 1 万元，由被告山东省种子总公司负担 4 800 元。

如不服本判决，可在判决书送达之日起 15 日内向本院递交上诉状和副本 8 份，并预缴上诉案件受理费 14 800 元，上诉于山东省高级人民法院。

审　判　长　王俊河

代理审判员　贾　忠

代理审判员　赵　雯

二〇〇七年九月五日

书　记　员　马绪乾

■ **推介文书：**（2008）济民三初字第 37 号原告山东中创软件工程股份有限公司与被告山东融仕软件有限公司、周某、刘某某侵犯计算机软件著作权纠纷民事判决书。

■ **推介理由：**本案涉及计算机软件权利作品的提取和被控作品的固定，以及二者著作权法意义上的比对判断。

山东省济南市中级人民法院
民 事 判 决 书

（2008）济民三初字第 37 号

原告：山东中创软件工程股份有限公司，住所地：济南市历下区千佛山东路 41 - 1 号。

法定代表人：景某某，该公司董事长。

委托代理人：曲某，北京市观韬律师事务所济南分所律师。

被告：山东融仕软件有限公司，住所地：济南市高新区舜华路 1 号齐鲁软件园创业广场 F 座 A - 210。

法定代表人：刘某某，该公司总经理。

委托代理人：郝某，北京市京大律师事务所济南分所律师。

被告：周某，女，汉族，系被告山东融仕软件有限公司的股东，住所地：济南市市中区二七新村×区×号楼×号。

被告：刘某某，男，汉族，系被告山东融仕软件有限公司的股东，与被告周某系夫妻关系，住所地：济南市市中区二七新村×区×号楼×号。

被告周某和刘某某的共同委托代理人：王某某，北京市京大律师事务所济南分所律师。

原告山东中创软件工程股份有限公司（以下简称中创公司）与被告山东融仕软件有限公司（以下简称融仕公司）、周某、刘某某侵犯计算机软件著作权纠纷一案，本院受理后依法组成合议庭，公开开庭进行审理。原告中创公司的委托代理人曲某，被告融仕公司的法定代表人刘某某及其委托代理人郝某，被告周某和刘某某的委托代理人王某某到庭参加诉讼。本案现已审理终结。

原告中创公司诉称，《中创银行现代化小额支付系统软件 V1.0.0》（以下简称小额支付系统软件）是原告开发的计算机软件，2006 年 4 月 25 日，原告经登记获得国家版权局颁发的计算机软件著作权登记证书（编号为软著登字第 052777 号），原告依法对上述计算机软件享有著作权。被告融仕公司是被告周某、刘某某于 2005 年 12 月 14 日设立的，被告刘某某及其主要技术人员原均为原告金融事业部工作人员。2006 年 2 月 28 日、2006 年 3 月 3 日，被告融仕公司分别与莱芜市商业银行、东营市商业银行签订小额支付系统的开发合同，并随即交付两银行使用。2006 年 12 月 11 日，经山东计算机司法鉴定所鉴定，被告融仕公司销售给莱芜市商业银行、东营市商业银行的小额支付系统，与原告涉案权利软件小额支付系统软件的源代码基本相同。2006 年 12 月 28 日，经科技部知识产权事务中心鉴定，鉴定结论同上一致。被告融仕公司以营利为目的，未经原告同意，采取不正当手段，将剽窃原告的小额支付系统复制、销售，侵犯了原告小额支付系统软件著作权，给原告造成了严重的经济损失。另据了解，被告周某、刘某某在设立被告融仁公司时存在虚假出资的情形，被告周某、刘某某应当在虚假出资范围内对被告融仕公司的债务承担赔偿责任。请求：一、判令被告融仕公司立即停止侵犯原告小额支付系统软件著作权的行为；二、判令被告融仕公司赔偿原告经济损失 80 万元；三、判令被告融仕公司赔偿原告为制止被告侵权所支付的鉴定费、律师费等共计 16 万元；四、判令被告周某、刘某某在虚假出资范围内承担赔偿责任。

被告融仕公司辩称，一、原告诉称被告融仕公司侵犯其小额支付系统玖件著作权证据不足，应当依法驳回其诉讼请求。

（一）山东计算机司法鉴定所司法鉴定检验报告书及补充说明并不能证明被告山东融仕软件有限公司侵犯了原告的计算机软件著作权。

1. 从原告处提取的小额支付系统程序的源码的光盘不能成为其享有软件著作权的证据。为鉴定银行小额支付系统源码是否相似，济南市公安局历下区分局向山东计算机司法鉴定所提交的送检材料为：标识为"山东中创"的光盘一张；标识为"东营　小额资料"的光盘一张；标识为"莱芜　小额资料"的光盘一张。标识为"东营　小额资料"的光盘和标识为"莱芜　小额资料"的光盘都是办案单位从被告融仕公司的客户的计算机上提取的。而标识为"山东中创"的光盘是由办案单位从原告处提取的，并非其客户所使用的计算机软件，将其作为鉴定样本，不具有客观性，因为原告并不能证明该光盘里刻录的软件就是其获得计算机软件著作权登记证书的软件，也不能证明其开发时间早于被告融仕公司。因此，据此作出的鉴定结论不能作为认定侵权的证据。

2. 作为银行小额支付系统的载体应该是客户的主机，而非光盘。所以仅在光盘上记载的文件并不是受法律保护的计算机软件。

（二）被告融仕公司与原告有着相同的开发小额支付系统应用软件的背景和技术要求。小额支付系统软件并非各软件开发商可根据自己意愿随意开发的，人民银行的规范和商业银行的现有的综合业务系统是该应用软件开发的前提和依据。各开发商在开发小额支付系统过程中，必然受人民银行的标准和商业银行现有的综合业务系统的限制。另外，客户为了维护简便，也要求软件开发商对小额支付系统最好采用与大额支付系统相同的函数命名规则，因此在系统的表达语言上，各开发商开发的软件上就存在着诸多的公共部分。被告融仕公司开发的小额支付系统没有侵犯原告的软件著作权。

（三）原告指证被告剽窃没有证据，不能成立。

首先，在济南市公安局历下区分局办理所谓侵犯商业秘密案的过程中，办案单位并未有足够证据证明刘文某取得了原告的小额支付系统源码，并通过徐某某交给被告刘某某。原告向法院申请调取的刘某某、商某某、徐某某、刘文某等人的讯问笔录矛盾重重，特别是刘文某否认其从原告处取得小额支付系统源代码，从源头上否认了原告所称的"被告融仕公司窃取原告小额支付系统"的指控。

其次，被告融仕公司为客户开发的小额支付系统于 2006 年 3 月初就已开发完毕。侯某某到被告融仕公司工作从事测试而非开发工作。办案单位没有证据证明侯某某取得了原告的小额支付系统源码，更没有证据证明侯某某将其用在了莱芜市商业银行的小额支付系统的部分程序编写上。

第三，原告诉称刘某某、商某某等人原均为其金融事业部工作人员。但是，在原告开发小额支付系统前的 2001 年，刘某某、商某某就已从原告处辞职，根本不可能接触过原告开发的银行现代化小额支付系统软件，因此并不具备侵犯原告上述软件著作权的要件。

二、原告诉请判决被告赔偿经济损失 80 万元及原告为制止被告侵权所支付的鉴定费、律师费 16 万元与事实不符。

（一）80 万元是包含了小额支付系统在内的两个委托开发合同的全部软件开发的总价款。根据合同、补充协议及说明，小额支付系统价格应当为：1. 东营市商业银行小额支付系统价格为 14.5 万元；2. 莱芜市商业银行小额支付系统价格为 15 万元。另外，两家商业银行还有 8 万元的尾款尚未支付。

（二）原告提供的鉴定费及律师费的发票显示总额为人民币 15 万元整，其起诉数额与其实际支出不符。科技部知识产权事务中心就商业秘密的鉴定与本案无关，因此，原告为此支付的鉴定费 2.5 万元亦与本案无关。律师费用明显高于山东省司法厅有关律师收费的标准。

被告周某、刘某某共同辩称，被告融仕公司系独立法人，被告刘某某、周某作为公司股东，已按照公司登记机关的要求，于 2006 年年底补足了全部出资。该补足出资的时间显然早于本案原告提起诉讼的时间，原告要求被告刘某某、周某在虚假出资范围内对被告融仕公司的债务承担赔偿责任没有法律依据。

原告中创公司提供了下列证据：

第一组，以证明原告涉案权利软件及原告对其拥有诉权：1. 软著登字第 052777 号计算机软件著作权登记证书；2. 公安机关自原告处调取的小额支付系统软件光盘；3. 原告申请本院从中国版权保护中心调取的原告登记小额支付系统软件的备案文档；4. 小额支付系统开发项目需求说明书、小额支付系统程序设计说明书、小额支付系统测试方案等文档各一份；5. 2006 年 1 月 16 日原告与中国银行业监督管理委员会海南监管局信用合作管理办公室签订的海南省农村信用社小额支付系统等改造开发服务合同及附件；6. 昆山中创软件工程有限责任公司出具的一份声明。三被告对上述证据的真实性元异议，对证据 2 的关联性提出异议，认为证据 2 不能证明原告涉案软件的内容。本院对该组证据的真实性予以采信。

第二组，以证明被告融仕公司的侵权行为：7. 2006 年 2 月 28 日被告融仕公司与莱芜市商业银行签订的支付系统软件开发合同及光盘；8. 2006 年 3 月 3 日被告融仕公司与东营市商业银行签订的小额支付系统等软件开发合同及光盘；9. 山东计算机司法鉴定所〔2006〕软检字第 004、005 号司法鉴定检验报告书；10. 科学技术部知识产权事务中心国科知鉴字〔2007〕01 号技术鉴定报告书；11. 公安机关对孙某某、包某某的询问笔录；12. 公安机关对高某某、黄某的询问笔录；13. 公安机关对刘某某、商某某、侯某某、徐某某、李某某、沃某某、代某某的讯问笔录；14. 刘某某、商某某、侯某某、代某某从原告中创公司辞职的申请书和相关保密协议；15. 国家信息中心电子数据司法鉴定中心〔2008〕电鉴字第 20 号司法鉴定意见书。三被告对该证据的真实性无异议，但对证据 9～15 的证明力提出异议，本院对该组证据的真实性予以采信。

第三组，以证明原告中创公司的经济损失：16. 援引前述证据 7 和证据 8；17. 鉴定费发票 3 张；18. 委托代理合同和律师代理费发票。三被告对该组证据的真实性无异议，但对其与本案的关联性提出异议，本院对该组证据的真实性予以采信。

第四组，以证明被告周某和刘某某应对被告融仕公司承担责任：19. 被告融仕公司工商登记材料；20. 银行汇款凭证；21. 公安机关询问段某某的笔录。三被告对该组证据无异议，本院予以采信。

被告融仕公司提交了下列证据：

第一组，以证明融仕公司对其被诉软件拥有著作权：1. 软著登字第 062407 号计算机软件著作权登记证书；2. 山东省信息产业厅软件产品登记证书。原告中创公司对该组证据无异议，本院予以采信。

第二组，以证明被告融仕公司的被诉软件系自行开发：3. 莱芜商业银行小额支付系统开发项目需求说明书；4. 融仕公司小额批量支付系统用户使用手册。原告中创公司对该组证据提出异议，认为不足以证明被告独立开发被诉软件。本院对该证据的真实性予以采信。

第三组，以证明原告中创公司的权利软件与被告融仕公司的被诉软件开发环境和技术要求相同：5. 中国人民银行小额支付系统与商业银行接口方案；6. 中国人民银行小额支付系统接口方案报文格式标准；7. 小额支付系统直连商业银行对接测试验收内容、测试验收报告、测试验收申请、联调测试方案。原告对该组证据无异议，本院予以采信。

第四组，以证明被告融仕公司被诉软件开发销售情况：8. 被告融仕公司与莱芜市商业银行签订的支付系统软件开发合同及莱芜市商业银行关于合同费用明细的说明；9. 被告融仕公司与东营市商业银行签订的小额支付系统等软件开发合同、补充协议和东营市商业银行的招标情况说明。原告对该组证据的真实性无异议，本院予以采信。

被告周某、刘某某共同提交下列证据以证明其已于2006年年底补足出资：1. 2007年6月30日山东信源有限责任会计师事务所审计报告书一份；2. 2005年至2007年融仕公司通过年检的证明。原告中创公司对该组证据的真实性无异议，但认为该组证据不足以证明两股东已出资到位。本院对该组证据予以采信。

根据上述认证，本院确认下列事实：

2005年7月，原告中创公司开始开发小额支付系统软件，开发人员主要包括孙某某、侯某某等5人，2006年2月开发成功。2006年1月16日，原告中创公司与中国银行业监督管理委员会海南监管局信用合作管理办公室签订一份有关小额支付系统等4个软件的改造开发服务合同及附件，合同总价款为89万元，小额支付系统价格为37万元，包括门柜业务系统中心机端功能开发13万元、前置机接口开发11万元、门柜业务系统客户端功能开发7万元、工程实施与维护5.3万元和硬盘0.7万元。2006年3月24日，原告中创公司向中国版权保护中心申请计算机软件著作权登记，并提交小额支付系统软件源代码文档60页和小额支付系统软件操作手册21页。2006年4月25日，原告中创公司取得软著登字第052777号计算机软件著作权登记证书，该登记证书记载：著作权人中创公司和昆山中创软件工程有限责任公司，权利取得方式原始取得，首次发表日期2006年3月1日。诉讼中，昆山中创软件工程有限责任公司向本院出具声明1份，不参加本案诉讼，涉案计算机软件著作权相关民事权利由中创公司全部享有。

被告刘某某和侯某某、商某某原系中创公司金融事业部职员，刘某某、商某某分别于2001年5月和7月离开中创公司，侯某某于2006年3月离开中创公司到融仕公司工作。被告刘某某、侯某某在原告中创公司任职期间均签订了知识产权保密协议。

2006年2月28日，被告融仕公司与莱芜市商业银行签订一份支付系统软件开发合同，合同约定融仕公司为莱芜市商业银行开发小额支付系统等3个子项目，合同总价款38万元，其中小额支付系统30万元。2008年4月11日，莱芜市商业银行出具1份合同费用明细说明，指出小额支付系统30万元包括软件费15万元、小额实施和联调测试系统维护7万元、后期功能实施及小额系统支持卡开发8万元。

2006 年 3 月 3 日，被告融仕公司与东营市商业银行签订 1 份小额支付系统等软件开发合同，合同约定融仕公司为东营市商业银行开发小额支付系统等 2 个软件，合同总价款 42 万元。2008 年 3 月 15 日，被告融仕公司与东营市商业银行签订一份补充协议，约定前述合同费用明细为小额支付系统 25.2 万元，其中系统开发费 14.5 万元、系统实施培训及维护费 10.7 万元。

2006 年 11 月 16 日，原告中创公司以刘某某、侯某某和商某某涉嫌侵犯商业秘密向济南市公安局历下分局报案。2006 年 11 月 22 日，济南市公安局历下分局从莱芜市商业银行调取小额支付系统程序源码、数据库及运行系统软件光盘一张。2006 年 11 月 23 日，济南市公安局历下分局从东营市商业银行调取小额支付系统程序源码、数据库及运行系统软件光盘一张。2006 年 11 月 27 日，济南市公安局历下分局从中创公司调取小额支付系统程序源码、数据库及运行系统软件光盘一张。

2006 年 11 月 21 日，济南市公安局历下分局询问孙某某的笔录记载：孙某某自 2002 年 7 月大学毕业后到中创公司金融事业部工作，2005 年 7 月底负责组织开发小额支付系统，参与人员有侯某某等 4 人，2006 年 1 月底开发完成，2006 年 7 月孙某某离开中创公司。

2007 年 1 月 12 日，济南市公安局历下分局讯问商某某的笔录记载：商某某负责融仕公司小额支付系统开发任务，为赶在中国人民银行下发的小额支付系统上线期限 2006 年 3 月之前完成开发任务，刘某某提供给商某某一个存有小额支付系统源码的 U 盘，让其拷下来修改参考。2006 年 4 月，商某某将刘某某提供的小额支付系统修改后安装在莱芜市商业银行，后又修改后安装在东营市商业银行。2006 年 11 月，商某某听说公安机关将莱芜市商业银行和东营市商业银行的小额支付系统进行拷贝，后听刘某某说，公安机关经过鉴定莱芜市商业银行和东营市商业银行的小额支付系统源码与中创公司的源码相似度达到 90% 以上。商某某建议刘某某组织人到上海集中精力对莱芜市商业银行和东营市商业银行的小额支付系统进行修改。2006 年 12 月 13 日，商某某、侯某某和李某某来到上海，对莱芜市商业银行和东营市商业银行的小额支付系统进行改造。2006 年 12 月 24 日和 25 日，商某某先后到莱芜市商业银行和东营市商业银行，对其使用的小额支付系统进行替换。

2007 年 2 月 5 日，济南市公安局历下分局讯问刘某某的笔录记载：2005 年 8 ~ 9 月，融仕公司把开发小额支付系统的任务交给商某某，2006 年 1 ~ 2 月请侯晓玉帮忙测试小额支付系统。

诉讼中，针对被告融仕公司有关公安机关从中创公司调取的小额支付系统软件光盘是否为登记软件的抗辩，本院从国家版权保护中心调取了中创公司进行软件著作权登记时提交的全部文档。本院依法将下列三组证据送交国家信息中心电子数据司法鉴定中心：

第一组：

A：1. 原告软著登字第 052777 号计算机软件著作权登记证书；2. 小额支付系统开发项目需求说明书；3. 小额支付系统程序设计说明书；4. 小额支付系统测试方案；5. 公安机关自原告处调取的小额支付系统软件光盘即原告权利软件载体。

B：原告小额支付系统软件的登记备案材料。

第二组：

1. 公安机关在莱芜市商业银行和东营市商业银行调取的被告涉嫌侵权的光盘；

2. 被告融仕公司的莱芜市商业银行小额支付系统开发项目需求说明书；

3. 被告融仕公司的小额支付批量支付系统用户使用手册。

第三组：

1. 中国人民银行小额支付系统与商业银行接口方案；

2. 中国人民银行小额支付系统接口方案报文格式标准；

3. 中国人民银行小额支付系统直连商业银行对接测试验收内容、测试验收报告、测试验收申请、联调测试方案。

本院向鉴定单位提出了三项鉴定要求：

1. 通过上述 A 与 B 的比对，审查原告主张的涉案权利软件与其在国家软件登记中心备案材料的一致性；

2. 通过第一组检材与第二组检材的比对，判断二者的相同性；

3. 通过第一组检材与第二组检材的比对，如果有相同部分，该部分与第三组检材相比是否有独创性。

国家信息中心电子数据司法鉴定中心向本院出具鉴定文书，其鉴定意见为：

"原告软件登记备案材料"与"原告权利软件载体"中对应的源代码文件代码完全一致的代码行数为 2 453 行，占"原告软件登记备案材料"中代码行的 88.11%，占"原告权利软件载体"中对应的源代码文件代码行的 79.41%。"原告软件登记备案材料"中的源代码与"原告权利软件载体"中对应的源代码基本一致。

标识为"山东中创"的光盘中的源代码文件的代码与标识为"莱芜"的光盘中的源代码文件在函数体功能、组织、功能实现方式（如报文组装解析的顺序、判断分支结构等）一致。二者的 132 对源代码文件的代码完全一致的代码行数为 21 360 行，占标识为"山东中创"的光盘中的 132 个源代码文件代码行总数的 80.43%，其中包含大量完全一致的函数及参数的命名、注释文字。该 132 对源代码文件中各文件中的实质相似的函数个数为 250 个，占标识为"山东中创"的光盘中的 132 个源代码文件函数总数的 92.94%。

标识为"山东中创"的光盘中的源代码文件的代码与标识为"东营小额资料"的光盘中的源代码文件的 126 对源代码文件在函数体功能、组织、功能实现方式（如报文组装解析的顺序、判断分支结构等）一致。二者的代码完全一致的代码行数为 20 967 行，占标识为"山东中创"的光盘中的 126 个源代码文件代码行总数的 79.33%，其中包含大量完全一致的函数及参数的命名、注释文字。该 126 对源代码文件中各文件中的实质相似的函数个数为 192 个，占标识为"山东中创"的光盘中的 126 个源代码文件函数总数的 84.96%。

中国人民银行的小额支付系统与商业银行接口方案、小额支付系统接口方案报文格式标准、小额支付系统直连商业银行对接测试验收内容 3 个文件的规定不足以造成"原告权利软件载体"与"被控侵权软件载体"有完全一致的代码行达到 80% 以上，也不足以造成二者实质相似的函数约达到 90%，不足以造成二者数据库定义文件完全一致的代码行约达到 90%。

被告融仕公司于 2005 年 12 月 14 日成立，注册资本 201 万元，股东为被告周某和刘某某。融仕公司成立时两股东并未实际出资，而是由中介公司借款代理验资。2007 年 6 月 30 日，山东信源有限责任会计师事务所出具鲁信源审字（2007）第 2 - 142 号审计报告，该审计报告载明：融仕公司注册资本 201 万元，由周某、刘某某共同出资，截至 2006 年 12 月 31 日实收资本与注册资本相符。

原告中创公司为诉讼而支付律师代理费 6 万元。

本院认为，本案争议焦点有三个，分别评述如下：

一、原告中创公司涉案权利软件的载体认定问题。

依照《计算机软件保护条例》的有关规定，计算机软件是指计算机程序及其有关文档，计算机程序是指为了得到某种结果而可以由计算机等具有信息处理能力的装置执行的代码化指令序列，或者可以被自动转换成代码化指令序列的符号化指令序列或者符号化语句序列。文档是指用来描述程序的内容、组成、涉及、功能规格、开发情况、测试结果及使用方法的文字资料和图标。诉讼中，被告对公安机关从原告处提取的软件载体提出异议。为核实该软件载体的真实性，本院从国家版权保护中心调取了原告中创公司进行软件著作权登记时提交的全部文档。经国家信息中心电子数据司法鉴定中心鉴定，二者基本一致，故公安机关从原告处提取的软件载体可以作为本案权利软件载体使用。

二、被告融仕公司是否侵犯了原告中创公司的计算机软件著作权。

本案中，当事人最核心的争议在于被告融仕公司为莱芜市商业银行和东营市商业银行安装的小额支付系统是否复制了原告的权利软件。对此，本院认为：

1. 被告融仕公司有可能接触到原告的权利软件。本案证据显示，原告的小额支付系统软件原始取得、对外销售和软件著作权登记时间均早于被告融仕公司；侯某某曾是原告中创公司小额支付系统项目开发小组成员，后又参与被告融仕公司小额支付系统的安装调试工作。因此，从时间顺序上和人员交叉关系上看，被告融仕公司有接触原告中创公司权利软件的可能。

2. 原告、被告双方的小额支付系统软件实质相似。根据鉴定结论，二者源代码文件在函数体功能、组织、功能实现方式一致，二者完全一致的代码行达到 80% 以上，二者实质相似的函数达到 90% 左右，二者数据库定义文件完全一致的代码行达到 90% 左右。而且，二者包含大量完全一致的函数及参数的命名、注释文字。

3. 本案不存在创作雷同的可能性。诉讼中，被告融仕公司辩称双方小额支付系统软件的开发背景和技术要求均是基于中国人民银行有关小额支付系统的规范性要求。根据鉴定结论，中国人民银行的小额支付系统与商业银行接口方案、小额支付系统接口方案报文格式标准、小额支付系统直连商业银行对接测试验收内容 3 个文件的规定不足以造成原、被告双方的软件有完全一致的代码行达到 80% 以上，也不足以造成二者实质相似的函数达到 90% 左右，不足以造成二者数据库定义文件完全一致的代码行达到 90% 左右。

综上所述，被告融仕公司未经许可复制并销售与原告中创公司小额支付系统软件相近似的软件，侵犯了原告中创公司的计算机软件著作权。

三、赔偿责任范围及其承担。

根据《中华人民共和国著作权法》第 48 条第 1 款的规定，侵犯著作权或者与著作权有关的权利的，侵权人应当按照权利人的实际损失给予赔偿；实际损失难以计算的，可以按照侵权人的违法所得给予赔偿。赔偿数额还应当包括权利人为制止侵权行为所支付的合理开支。原告中创公司要求被告融仕公司赔偿经济损失 80 万元，但未提供证据证明原告的实际损失。而被告融仕公司的侵权行为涉及其与莱芜市商业银行和东营市商业银行的交易，该两笔交易均有合同且约定了小额支付系统软件开发费用分别为 15 万元和 14.5 万元，应为被告的违法所得，应由被告融仕公司赔偿原告中创公司。原告为提起诉讼而支付律师代理费 6 万元，应属于为制止侵权所支付的合理开支，应由被告融仕公司予以赔偿。原告要求被告融仕公司赔偿其在刑事侦查阶段所支付的鉴定费，因被告融仕公司及刘某某并未被追究刑事责任，故对原告的该项请求本院不予支持。为查明案件事实，依据原告申请，本院委托国家信息中心电子数据司法鉴定中心对涉案权利软件的相关问题进行了鉴定，鉴定结论作为认定案件事实的依据，由此产生的鉴定费应由被告承担。原告要求被告周某、刘某某在虚假出资范围内承担赔偿责任，证据不足，本院不予支持。依照《中华人民共和国著作权法》第 3 条第（8）项、第 48 条第 1 款和《计算机软件保护条例》第 24 条第 1 款第（1）项、第（2）项的规定，判决如下：

一、被告山东融仕软件有限公司立即停止对原告山东中创软件工程股份有限公司《中创银行现代化小额支付系统软件 V1.0.0》的侵权行为；

二、被告山东融仕软件有限公司于本判决生效之日起 10 日内赔偿原告山东中创软件工程股份有限公司经济损失 29.5 万元；

三、被告山东融仕软件有限公司于本判决生效之日起 10 日内赔偿原告山东中创软件工程股份有限公司因制止侵权行为而支付的合理费用 6 万元；

四、驳回原告山东中创软件工程股份有限公司的其他诉讼请求。

如果未按本判决指定的期间履行给付金钱义务，应当依照《中华人民共和国民事诉讼法》第 229 条之规定，加倍支付迟延履行期间的债务利息。

案件受理费 14 400 元，财产保全费 5 000 元，合计 19 400 元，由原告山东中创软件工程股份有限公司负担 5 400 元，由被告山东融仕软件有限公司负担 14 000 元。鉴定费 60 000 元，由被告山东融仕软件有限公司负担。

如不服本判决，可在判决书送达后 15 日内向本院递交上诉状并提交副本 6 份，上诉于山东省高级人民法院。

审　判　长　王俊河
代理审判员　贾　忠
代理审判员　赵　雯

二〇〇九年六月二日
书　记　员　马绪乾

■ **推介文书：**（2009）济民三初字第 102 号原告三联商社股份有限公司与被告山东三联集团有限责任公司商标使用许可合同纠纷民事判决书。

■ **推介理由：**本案是作者法官生涯中唯一一件向审判委员会汇报的案件，不在其难度，而在当时"三联与国美之争"社会影响大。

山东省济南市中级人民法院
民 事 判 决 书

（2009）济民三初字第 102 号

原告：三联商社股份有限公司，住所地：山东省济南市历下区趵突泉北路 12 号。

法定代表人：王某甲，该公司董事长。

委托代理人：曲某，北京市观韬律师事务所济南分所律师。

委托代理人：王某乙，北京市观韬律师事务所济南分所律师。

被告：山东三联集团有限责任公司，住所地：山东省济南市历下区趵突泉北路 12 号。

法定代表人：张某某，董事长。

委托代理人：郝某某，山东京鲁律师事务所律师。

委托代理人：王某丙，山东京鲁律师事务所律师。

原告三联商社股份有限公司（以下简称三联商社）与被告山东三联集团有限责任公司（以下简称三联集团）商标使用许可合同纠纷一案，本院受理后，依法组成合议庭，公开开庭进行审理。原告三联商社的委托代理人曲某、王某乙，被告三联集团的委托代理人郝某某、王某丙到庭参加诉讼。本案经合议庭评议，提交审判委员会讨论并作出决定，现已审理终结。

原告三联商社诉称，2001~2003 年，三联集团公司对郑州百文股份有限公司（集团）（以下简称郑百文）进行资产重组。2003 年 1 月 20 日，三联集团公司向中国证券监督管理委员会和上海证券交易所作出《三联集团公司关于郑州百文股份有限公司（集团）关联交易和同业竞争情况的说明与承诺》（以下简称《关联交易和同业竞争的说明与承诺》），承诺许可郑百文在家电零售领域无偿使用由三联集团公司注册的第 779479 号"三联"商标，并承诺不再以任何方式从事家电零售业务。2003 年 1 月 27 日，三联集团公司与郑百文签订商标许可使用合同，合同约定：三联集团公司许可郑百文在家电零售领域无偿使用第779479号"三联"商标；商标无偿许可使用期限为合同生效之日起至商标有效注册期满止（包括续展的期限），三联集团公司应在"三联"商标有效期届满时负责对"三联"商标进行续展，并承担续展的费用；三联集团公司承诺不再以任何直接或间接形式在家电零售领域使用或许可他人使用"三联"商标、商号；如果三联集团公司拟放弃"三联"商标的所有权，应事先通知郑百文，并在郑百文同意的情况下，无偿将"三联"商标转让给郑百文。经中国证券监督管理委员会和上海证券交易所批准，郑百文于2003年7月恢复上市。

2009年3月，原告三联商社得知，被告三联集团在未依据商标许可使用合同约定通知原告的情况下，于2008年6月25日擅自向国家工商行政管理总局商标局申请将第779479号"三联"商标的所有权转让至第三方山东三联家电有限公司名下，后由于山东省淄博市中级人民法院因三联集团另外一起贷款纠纷案件将第779479号"三联"商标查封，国家工商行政管理总局商标局才未对被告转让申请予以核准，使得被告暂未能将第779479号"三联"商标的所有权转让至第三方名下。但如果不是淄博市中级人民法院的查封措施，被告承诺原告永久许可且独占使用的第779479号"三联"商标恐早已易主，而新的商标持有人因不会受被告承诺的限制，必将导致原告继续使用第779479号"三联"商标、字号、标识没有保障，原告的资产完整性和经营连续性也将会因此面临重大法律风险，作为上市公司，原告更将会因此陷入严重的商誉危机，原告及原告广大股东的利益将受到极大的损害。原告在得知被告实施了上述放弃第779479号"三联"商标所用权的行为后，曾要求被告履行商标许可使用合同的相关约定，将第779479号"三联"商标无偿转让给原告，但被告一直置之不理。为此，请求法院判令被告立即停止将第779479号"三联"商标转让给任何第三方的行为，判令被告将该注册商标无偿转让给原告。

被告三联集团辩称，一、原告三联商社的第1项诉讼请求不成立。商标法并没有禁止商标许可人向第三人转让其注册商标的规定，《最高人民法院关于审理商标民事纠纷案件适用法律若干问题的解释》第20条规定，注册商标的转让不影响转让前已经生效的商标使用许可合同的效力，但商标使用许可合同另有约定的除外。该司法解释明确地说明商标的所有权人在签订商标许可合同后，仍然可以向第三人转让其商标。《中华人民共和国民法通则》第71条规定，财产所有权是指所有人依法对自己的财产享有占有、使用、收益和处分的权利。商标权是当事人一项重要的财产权，商标权的对外转让正是所有权人行使所有权的表现。被告是第779479号"三联"商标的所有权人，对外转让商标是行使所有权的法律表现。另外，原、被告双方签订的商标许可使用合同也没有禁止商标许可人向第三人转让其注册商标的约定。故原告的第1项诉讼请求没有合同和法律依据。

二、原告三联商社的第 2 项诉讼请求不成立。理由如下：

（一）继续履行商标许可使用合同的条件已经丧失，原告无权要求无偿转让商标。在商标许可使用合同的开头部分有一个"鉴于条款"，该条款的内容是"1. 许可人是三联服务商标的所有权人；2. 许可人是被许可人的第一大股东，积极支持被许可人的发展"。被告作为许可人已经不是原告的第一大股东，因此"积极支持被许可人的发展"的前提条件已经丧失，被告已没有义务继续履行商标许可使用合同。关于"鉴于"的含义，《现代汉语词典》的解释是：表示以某种情况为前提加以考虑（见《现代汉语词典》商务印书馆第 673 页）。很显然，这个"鉴于条款"不仅是整个商标许可使用合同的组成部分，而且地位极为重要。该"鉴于条款"一方面明确说明合同目的是"积极支持被许可人的发展"，另一方面还附加了履行商标许可使用合同的条件，即"许可人是被许可人的第一大股东"。三联商标是被告赖以生存和发展的品牌，被告附条件地许可他人无偿使用是合情合理的，并不过分。现在，被告已经不再是原告三联商社的第一大股东，没有义务继续履行商标许可使用合同。

（二）《商标许可使用合同》第 6 条约定的无偿转让商标的条件还没有出现，原告无权要求无偿转让商标。三联商标既没有进入续展期，被告也从没有表示要放弃第 779479 号"三联"商标，合同约定的无偿转让商标的条件尚未成就，原告无权要求无偿转让商标。至于原告在诉状中所称的被告向山东三联家电有限公司转让商标的行为，被告认为，"转让"与"放弃"的词语意思与法律含义根本不同。"放弃"的词语意思是"丢掉原有的权利、主张、意见"，而"转让"的词语意思是"把自己的东西或应享有的权利让给别人"。从法律的角度看，"放弃"是所有权人的单方面意思表示，其法律后果是被放弃的权利、物等置于无主状态；而"转让"则是双方行为，其法律后果是权利、物等从一个主体向另一个主体的转移。因此，"转让"不等于"放弃"，被告向山东三联家电有限公司让渡商标的行为是"转让"而不是"放弃"。依原告的逻辑"转让"等于"放弃"，实乃偷梁换柱，偷换概念。

（三）无偿转让的法律性质是赠与，原告不能强迫被告把第 779479 号"三联"商标赠与原告。《中华人民共和国合同法》第 188 条规定，具有救灾、扶贫等社会公益、道德义务性质的赠与合同或经过公证的赠与合同，赠与人不交付赠与财产的，受赠人可以要求交付。现在，原告要求被告把三联商标无偿转让给他，等于是强迫被告把商标赠与给他，这不符合上述法律规定。

（四）第 779479 号"三联"商标已经被依法查封，依法不得转让，故原告的诉讼请求违反法律规定。

（五）如果支持原告的诉讼请求将产生极大的不公平。三联商标是山东省的知名商标，具有重大财产和商业价值，是被告花费巨资长期培育的知名商业品牌，是被告及其关联企业赖以生存的重要无形资产。当初被告之所以许可原告无偿使用，那是因为当时被告是原告的第一大股东，被告完全可以通过股东分红来实现自己的利益，从而相对是比较公平的。如今前提条件变化了，双方变成了同业竞争关系，在这种情况下支持原告的诉讼请求将产生极大的不公平。

（六）如果支持原告的诉讼请求将会引发严重的社会问题。三联商标是被告三联集团多年精心培育的商业品牌，伴随着三联集团走过了风风雨雨的25年。目前，三联集团及关联企业职工人数众多。如果原告的诉讼请求得到支持，将会导致被告三联集团损失惨重，甚至会导致三联集团及关联企业倒闭，大量的职工下岗失业，影响社会稳定。

综上，请求法院查明事实，依法驳回原告的诉讼请求。

经法院审理，确认当事人双方对下列事实无异议：

1985年，山东三联电子公司成立。1992年5月23日，山东三联电子公司变更名称为山东三联电子集团公司。1994年，山东三联电子集团公司变更名称为三联集团公司；2003年1月24日，三联集团公司变更名称为山东三联集团有限责任公司即被告现名。

1989年9月，郑州市百货公司和郑州市钟表文化用品公司合并，并在向社会公开发行股票的基础上组建成立郑州百货文化用品股份有限公司。1992年6月增资扩股后更名为郑百文，公司股票于1996年4月18日在上海证券交易所挂牌交易，1999年4月27日公司股票被实行特别处理，自2001年3月27日起暂停公司股票上市。经过重组以及重组后的相关资产、业务整合，郑百文承接了三联集团公司从事家电零售经营的全部业务和相关资产。2003年7月18日，郑百文股票在上海证券交易所恢复挂牌交易。2003年8月22日，郑百文公司名称变更为三联商社股份有限公司即原告现名。2003年8月27日，郑百文股票名称变更为三联商社。2005年1月，三联商社公司注册地由河南郑州变更为山东济南。2008年2月14日，三联集团持有三联商社的2 700万股限售流通股的股权经本院执行程序拍卖，被山东龙脊岛建设有限公司竞拍取得，成为三联商社的第一大股东。国美电器有限公司间接控股山东龙脊岛建设有限公司，为其实际控股股东。

1993年9月28日，山东三联电子集团公司向国家工商行政管理局商标局申请注册商标。1995年3月14日，该申请获得核准，商标注册证第779479号，核准使用的商标标识见图1，核定服务项目第35类：办公室机器和设备的租赁，商业管理和组织咨询，打字，贸易业务的专业咨询，商品展示，进出口代理，组织商业或广告展览，计算机输入管理，广告，文件复制，文字处理，市场研究，商业信息。2000年1月7日，上述注册商标专用权人变更为三联集团公司。2005年3月14日，上述注册商标续展有效期至2015年3月13日。2008年6月25日，三联集团公

图1

司向国家工商行政管理局商标局申请将上述注册商标转让给山东三联家电有限公司。2008年7月3日，山东省淄博市中级人民法院将三联集团公司包括上述注册商标在内的24件商标查封，其中含有"三联"或"SANLIAN"标识内容的共17件。2008年12月18日，国家工商行政管理局商标局下发商标转让不予核准通知书。

2003年1月20日，三联集团公司向中国证券监督管理委员会和上海证券交易所作出《关联交易和同业竞争情况的说明与承诺》，承诺许可郑百文在家电零售领域无偿使用由三联集团公司注册的第779479号"三联"商标，并承诺不再以任何方式从事家电零售业务。2003年1月27日，三联集团公司（许可人）与郑百文（被许可人）签订商标许可使用合同，合同约定，鉴于：1. 许可人是"三联"服务商标（指第779479号"三联"服务商标）的商标权人；2. 许可人是被许可人的第一大股东，积极支持被许可人的发展。三联集团公司许可郑百文在家电零售领域无偿使用第779479号"三联"服务商标；商标无偿许可使用期限为合同生效之日起至商标有效注册期满止（包括续展的期限）；三联集团公司承诺不再以任何直接或间接形式在家电零售领域使用或许可他人使用"三联"商标；三联集团公司应在"三联"服务商标有效期届满时负责进行续展，并承担续展的费用。双方还在该《合同》第6条第3款中特别约定，如果三联集团公司拟放弃"三联"服务商标的所有权，应事先通知郑百文，并在郑百文同意的情况下，无偿将"三联"服务商标转让给郑百文。

上述事实由原告提交的《郑州百文股份有限公司（集团）股票恢复上市公告书》《关联交易和同业竞争情况的说明与承诺》、商标许可使用合同、三联商社企业法人营业执照、公司名称和股票名称变更通知，及被告提交的三联集团历次工商变更登记材料、三联商社祥式权益变动报告书、涉案商标注册证、核准变更注册人名义证明、核准续展注册证明、查封商标清单、其他"三联"商标注册证在案佐证。原、被告双方对上述证据均无异议，本院予以采信。

本院认为，2003年1月27日三联集团公司与郑百文签订的商标许可使用合同，系双方真实意思表示，合法有效。结合原被告双方的诉辩主张，准确解释该商标许可使用合同是解决本案纠纷的关键。（一）商标许可使用合同开头"鉴于"条款1明确界定了该合同标的，即第779479号"三联"服务商标的使用权。（二）商标许可使用合同开头"鉴于"条款2明确了合同签订的背景和目的，即三联集团公司是郑百文的第一大股东、积极支持郑百文的发展。（三）《商标许可使用合同》第1~4条明确了商标许可使用范围、期限和许可方式，即三联集团公司许可郑百文在家电零售领域无偿使用第779479号"三联"服务商标，许可使用期限为合同生效之日起至商标有效注册期满止（包括续展的期限），三联集团公司不再以任何直接或间接形式在家电零售领域使用或许可他人使用"三联"商标。（四）《商标许可使用合同》第6条明确了商标的续展和转让，即三联集团公司负责对商标进行续展并承担费用，如果三联集团公司拟放弃"三联"服务商标的所有权，应事先通知郑百文，并在郑百文同意的情况下，无偿将"三联"服务商标转让给郑百文。依照《中华人民共和国合同法》第 125 条第 1 款的规定，当事人对合同条款的理解有争议的，应当按照合同所使用的词句、合同的有关条款、合同的目的、交易习惯以及诚实信用原则，确定该条款的真实意思。首先，根据 2003 年 7 月 10 日郑百文《郑州百文股份有限公司（集团）股票恢复上市公告书》的记载，郑百文承接了三联集团从事家电零售经营的全部业务和相关资产，但涉案注册商标专用权及许可使用权并未成为三联集团重组郑百文的对价内容，郑百文获得涉案商标的使用权是基于三联集团公司对其的控股关系。其次，根据 2003 年 1 月 20 日三联集团向中国证券监督管理委员会和上海证券交易所做的《关联交易和同业竞争情况的说明与承诺》的记载，三联集团公司许可郑百文在家电零售领域无偿使用涉案商标和放弃家电零售业务，与本案商标许可使用合同的约定前后一致。最后，商标许可使用合同有关商标转让的约定，应与合同整体内容、合同签订背景和目的相结合，贯彻公平合理、诚实信用原则进行解释。涉案商标由被告申请并使用近 20 年，成为企业的一项重要的知识产权，亦即其重要的财产权利。郑百文无偿获得涉案商标的使用权是基于三联集团公司对其控股关系和支持其发展的目的。同理，涉案商标无偿转让给三联商社也应基于三联集团公司对其控股。当三联集团持有的三联商社的股权被法院强制拍卖并丧失三联商社第一大股东地位后，本案商标许可使用合同中"鉴于"条款 2 的前提和基础已不存在，合同目的无法实现。因此，被告三联集团将其涉案商标转让给第三人并无不当。原告三联商社要求被告三联集团停止将涉案商标转让给第三人并将其转让给原告的诉讼请求，缺乏事实和法律依据，本院不予支持。依照《中华人民共和国合同法》第 5 条、第 125 条第 1 款、《中华人民共和国商标法》第 51 条、《最高人民法院关于民事诉讼证据的若干规定》第 2 条的规定，判决如下：

驳回原告三联商社股份有限公司的诉讼请求。

案件受理费 1 000 元，财产保全费 1 000 元，合计 2 000 元，由原告三联商社股份有限公司承担。

如不服本判决，可在本判决书送达后 15 日内，向本院递交上诉状和副本 6 份，上诉于山东省高级人民法院。

审　判　长　王俊河

代理审判员　赵　雯

代理审判员　贾　忠

二○一一年六月一日

书　记　员　马绪乾

■ **推介文书：**（2010）济民三初字第84号原告张某某与被告雷某某、赵某、山东爱书人音像图书有限公司侵犯著作权纠纷民事判决书。

■ **推介理由：**该案于2017年3月被最高人民法院公布为第81号指导性案例。该案涉及围绕同一历史题材的不同作品的侵权判断问题。

山东省济南市中级人民法院
民 事 判 决 书

（2010）济民三初字第84号

原告：张某某，女，1960年10月出生，汉族，系济南军区政治部创作室职员，住所地：山东省济南市经七路558号×号楼×单元×室。

委托代理人：白某某，北京市齐致律师事务所律师。

被告：雷某某，男，1956年11月出生，汉族，系兰州军区政治部电视艺术中心职员，住所地：甘肃省兰州市军区政治部家属院。

被告：赵某，男，1960年11月出生，汉族，系广州军区政治部宣传部创作室职员。

被告：山东爱书人音像图书有限公司，住所地：山东省济南市山大南路10-18号。

法定代表人：杜某，该公司经理。

委托代理人：刘某某，山东金桥济律师事务所律师。

委托代理人：刘某，山东金桥济律师事务所律师。

原告张某某与被告雷某某、赵某、山东爱书人音像图书有限公司（以下简称爱书人公司）侵犯著作权纠纷一案，本院受理后依法组成合议庭，公开开庭进行审理。原告张某某及其委托代理人白某某，被告雷某某，被告爱书人公司的委托代理人刘某某到庭参加诉讼。被告赵某经本院合法传唤无正当理由拒不到庭。本案现已审理终结。

原告张某某诉称，原告于1999年12月开始改编创作《高原骑兵连》剧本，2000年8月根据该剧本开始筹拍20集电视连续剧《高原骑兵连》，共投资382万元。2000年12月该剧摄制完成。原告系《高原骑兵连》的编剧、制片人、制片主任和唯一投资人，对该剧拥有完整的著作权。被告雷某某作为《高原骑兵连》的名誉制片人参与该剧的摄制，对该剧的剧本和剧情比较了解。原告后来得知：被告雷某某为第一编剧和制片人、被告赵某为

第二编剧的电视剧《最后的骑兵》，与原告的《高原骑兵连》有许多雷同之处。2009 年 7 月 1 日，原告从被告爱书人公司购得《最后的骑兵》DVD 光盘。经与原告的电视剧《高原骑兵连》及其剧本比照，原告发现《最后的骑兵》无论是剧中的主要人物关系还是主要的故事情节，在很多方面都存在严重剽窃情形，明显对原告的电视剧《高原骑兵连》及其剧本构成侵权。请求判令被告停止侵权，停止发行、播放电视剧《最后的骑兵》，并销毁库存侵权产品及其剧本；判令被告雷某某在《齐鲁晚报》上向原告公开发表致歉声明；判令被告赔偿原告剧本稿酬损失、剧本出版发行及向《雪域河源》作者张冠林支付改编权费损失等共计 80 万元。

被告雷某某辩称，一、被告不存在侵犯原告著作权的行为。

1. 《高原骑兵连》与《最后的骑兵》的剧本来源。根据原告提供的证据可以认定，《高原骑兵连》剧本是根据张冠林的长篇小说《雪域河源》改编而成，《最后的骑兵》最初由被告雷某某根据师某某的长篇小说《天苍茫》改编，后由被告赵某根据自己对剧本的理解，参照了自己的小说《骑马挎枪走天涯》，对该剧本进行重写，并最终定稿。

2. 《最后的骑兵》产生的经过。1999 年，《天苍茫》的作者师某某将其小说交给导演宁某某（《最后的骑兵》导演），问能不能将其改编成电视剧，宁某某将该小说推荐给雷某某，二人邀请师某某在八一电影制片厂秋源宾馆商讨改编事宜。后来，宁某某将小说《天苍茫》交给赵某看，赵某告诉宁某某，其在 1996 年就创作发表过反映骑兵部队撤销的小说《骑马挎枪走天涯》，对改编这部小说很感兴趣，并谈了他的设想和构思。由于宁某某和赵某忙于《新四军》，雷某某自己开始酝酿改编剧本。2000 年上半年，张某某从济南来找雷某某，提出合拍反映骑兵生活的电视剧。雷某某向张某某介绍了改编《天苍茫》的情况，建议联合起来做《天苍茫》，张某某没有同意，提出各搞各的。2000 年 8 月，雷某某与张某某签订了合作协议，约定拍摄制作由张某某负责，雷某某负责军事保障，不参与艺术创作。雷某某没有看到张某某的剧本。2003 年，雷某某将根据《天苍茫》改编好的剧本交给宁某某，宁某某建议和中国电视剧制作中心合拍，雷某某代表兰州军区与该中心洽谈，双方决定由宁某某执导。宁某某和中国电视剧制作中心看了剧本后觉得不太符合他们的要求，需要修改。宁某某又找到赵某，由赵某按照自己的构想，结合自己的小说《骑马挎枪走天涯》重新编写了剧本。该剧于 2004 年 5 月在中央电视台一套黄金时段播出，赵某将剧本改成小说于 2004 年 5 月由春风文艺出版社同步出版发行。在该书后记中，赵某陈述了剧本改编的经过"我接手之后，经过仔细考虑，决定按自己的想法，完全离开前面几稿，重新写过，以期实现我设计的'英雄末路，骑兵绝唱'的主题和情境"。从上述整个过程看，《最后的骑兵》改编自师某某的长篇小说，由赵某最终重写定稿，是一部与原告没有任何关系的独创性作品。

3. 《最后的骑兵》和《高原骑兵连》创作、播出的时间。原告在诉状中陈述，她从

1999 年 12 月开始改编创作《高原骑兵连》剧本。师某某的小说《天苍茫》构思于 1998 年，1999 年成稿后即开始酝酿改编拍摄电视剧，被告并不知道原告也在创作骑兵题材的剧本，直到 2000 年上半年，张某某找雷某某合作，雷某某才知道张某某也在搞骑兵题材的电视剧。根据原告提供的证据，电视剧《高原骑兵连》于 2001 年 10 月 24 日取得发行许可证。根据广电总局规定，电视剧取得发行许可证即可向全国发行，而《最后的骑兵》是 2004 年 5 月 19 日在中央电视台首播，其间相隔两年半之久，《最后的骑兵》不可能影响《高原骑兵连》的发行播出，原告的经济损失与《最后的骑兵》播出无关。

4.《最后的骑兵》和《高原骑兵连》是两部完全不同的作品。《最后的骑兵》和《高原骑兵连》同是兰州军区参与拍摄的电视剧作品，但两部作品立意不同，风格迥异、人物故事情节绝不相同。中央电视台在播出两剧时，对其内容分别作了介绍。两剧都参加了解放军总政治部组织的全军电视剧"金星奖"评奖，都经过中央电视台审查播出，从来没有专家提出过质疑。原告与中央电视台因播出《高原骑兵连》产生的纠纷以及损失，法院已有判决，与《最后的骑兵》没有任何关系。原告曾在 2006 年 6 月 28 日和 2008 年 9 月 2 日先后向北京市第一中级人民法院和北京市海淀区人民法院提交过诉状，后均自己主动撤诉。

二、关于原告的赔偿要求。

被告没有侵犯原告的著作权，故无须向原告赔礼道歉，更不存在赔偿的可能性。请求驳回原告的诉讼请求。

被告赵某未应诉亦未进行答辩。

被告爱书人公司辩称，爱书人公司具有音像制品批发、零售合法资质，经销从广东金鑫城文化传播有限公司购买的《最后的骑兵》DVD 光盘，已尽到合理注意义务，不应承担本案著作权侵权纠纷的民事责任。请求驳回原告对爱书人公司的诉讼请求。

原告张某某为证明其诉讼请求提交下列证据：

第一组，以证明原告的涉案权利作品及其产生过程：1. 1999 年 12 月 3 日原告与张某某签订的《关于转让〈雪域河源〉电视剧制作及改编权协议书》及小说《雪域河源》；2. 2000 年 1 月原告创作的二十集电视连续剧《高原骑兵连》剧本；3. 2000 年 8 月 17 日原告张某某代表山东省国际友好联络会与被告雷某某代表兰州军区政治部电视艺术中心签订的《关于联合拍摄二十集电视剧〈雪落高原〉的协议书》；4.《高原骑兵连》DVD 光盘；5. 2001 年 10 月 24 日（军）剧审字（2001）第 009 号《高原骑兵连》电视剧发行许可证；6. 2002 年 2 月 1 日中国人民解放军总政治部宣传部【2002】政宣发字第 05 号《第十四届全军电视剧"金星奖"评奖结果》；7. 2004 年 5 月 21 日评价《高原骑兵连》的网络文章；8. 2004 年 7 月 26 日兰州军区政治部电视艺术中心出具的《关于电视连续剧〈高原骑兵连〉著作权等问题的证明》；9. 2005 年 11 月 25 日山东省国际友好联络会出具的《关于电视剧〈高原骑兵连〉著作权归属的声明》；10. 2006 年 1 月雷某某出具的证明；11. 北京市海淀区人民法院（2006）海民初字第 7095 号民事判决书和北京市第一中级人民法院（2006）一中民终字第 9152 号民事判决书；12. 2010 年 2 月 19 日张某某出具的授权证明书。

被告雷某某、被告爱书人公司对上述证据没有异议，本院予以采信。

第二组，以证明各被告的侵权行为：13. 中央电视台《影视同期声》采访录像；14. 证人徐某某的书面证言；15. 证人雷某的书面证言；16. 电视剧《最后的骑兵》VCD 光盘；17. 电视剧《最后的骑兵》的剧本《告别骑兵》；18. 2004 年 5 月 17 日《中国电视报》；19. 鉴定报告书。

被告雷某某、被告爱书人公司对证据 13、证据 16～19 没有异议，本院予以采信。两被告对证据 14～15 提出异议，本院认为，该两份证据属于证人证言，证人应出庭接受当事人的质证和法院的审核，鉴于两证人未出庭作证且两被告提出异议，本院对上述两份证据不予采信。

第三组，以证明原告的损失：20. 支付改编权费的收条；21. 购买电视剧《最后的骑兵》VCD 光盘的发票。

被告雷某某、被告爱书人公司对上述证据没有异议，本院予以采信。

被告雷某某提交了下列证据，以证明电视剧《最后的骑兵》的创作过程：1. 师某某著《天苍茫》；2. 2003 年 4 月 24 日雷某某代表兰州军区政治部电视艺术中心与师某某签订的《长篇小说〈天苍茫〉电视剧改编权合同书》；3. 2003 年 7 月 21 日雷某某代表兰州军区政治部电视艺术中心与赵某签订的关于修改电视剧《最后的骑兵》剧本的协议书；4. 2006 年 7 月 25 日宁某某的书面证言；5. 2006 年 7 月 25 日师某某的书面证言；6. 赵某著《骑马挎枪走天涯》；7. 同于原告的证据 17 即电视剧《最后的骑兵》的剧本《告别骑兵》；8.《最后的骑兵》故事梗概及雷某某编写的剧本前十集。

被告爱书人公司对上述证据无异议，原告张某某对证据 1、证据 6～7 无异议，本院对证据 1、证据 6～7 予以采信。原告张某某对证据 2～5、证据 8 提出异议。本院经审查认为，证据 4、5 属于证人证言，证人应出庭接受当事人的质证和法院的审核，鉴于两证人未出庭作证且原告提出异议，本院对该两份证据不予采信；证据 2～3、证据 8 与本案其他证据相互印证，可以采信。

被告爱书人公司提交了下列证据，以证明其具有合法资质且已尽到合理注意义务：1. 爱书人公司的企业法人营业执照；2. 音像制品批发经营许可证；3. 音像制品连锁经营证；4. 爱书人公司组织机构代码证；5. 广东金鑫城文化传播有限公司企业法人营业执照；6. 广东金鑫城文化传播有限公司出具的销售委托书；7. 送货单。

被告雷某某对上述证据无异议，原告张某某对上述证据 1～5 没有异议，本院对证据

1～5予以采信。原告张某某对证据6～7的真实性提出异议，本院经审查认为，该两份证据为复印件，本院无法确认其真实性，故对该两份证据不予采信。

根据上述认证，本院确认下列事实：

1999年12月3日，原告张某某与张某某签订《关于转让〈雪域河源〉电视剧制作及改编权协议书》，原告张某某取得小说《雪域河源》电视剧制作及改编权。2000年1月，原告张某某创作完成二十集电视连续剧《高原骑兵连》剧本。2000年8月17日，原告张某某代表山东省国际友好联络会与被告雷某某代表兰州军区政治部电视艺术中心签订《关于联合拍摄二十集电视剧〈雪落高原〉的协议书》，约定合作拍摄电视剧《雪落高原》。2001年10月24日，《高原骑兵连》电视剧取得电视剧发行许可证，编号为（军）剧审字（2001）第009号，制作单位兰州军区政治部电视艺术中心，合作单位山东省国际友好联络会。2002年2月1日，中国人民解放军总政治部宣传部通报【2002】政宣发字第05号《第十四届全军电视剧"金星奖"评奖结果》，《高原骑兵连》获得长篇电视连续剧三等奖。2004年5月17日至21日，中央电视台第8套节目在上午时段以每天4集的速度播出《高原骑兵连》，该电视剧署名如下：制片人张某某、雷某某，编剧张某某，导演徐某某。2004年7月26日，兰州军区政治部电视艺术中心出具《关于电视连续剧〈高原骑兵连〉著作权等问题的证明》，证明兰州军区政治部电视艺术中心虽然作为出品人署名，但该作品的著作权及其他相关权益均属于山东省国际友好联络会。2005年11月25日，山东省国际友好联络会出具《关于电视剧〈高原骑兵连〉著作权归属的声明》，证明电视连续剧《高原骑兵连》的著作权及相关权益归张某某个人所有。2006年1月，雷某某出具证明，内容为：电视连续剧《高原骑兵连》由张某某组织投资拍摄，我方负责军事协调，因此，该剧经济权益和责任均由张某某承担，与我方无关。

1996年《解放军文艺》第12期总第512期发表被告赵某的小说《骑马挎枪走天涯》。2001年4月，解放军文艺出版社出版师某某的小说《天苍茫》。2003年4月24日，雷某某代表兰州军区政治部电视艺术中心与师某某签订《长篇小说〈天苍茫〉电视剧改编权合同书》，取得长篇小说《天苍茫》电视剧改编权。2003年7月21日，雷某某代表兰州军区政治部电视艺术中心与赵某签订关于修改电视剧《最后的骑兵》剧本的协议书，邀请赵某修改由雷某某根据师永刚长篇小说《天苍茫》改编的二十集电视剧本《最后的骑兵》。2004年5月19日至29日，中央电视台第一套节目在晚上黄金时段以每天两集的速度播出十九集电视连续剧《最后的骑兵》，该电视剧署名如下：制片人金某、雷某某，编剧雷某某、赵某，导演宁某某，中国电视剧制作中心和兰州军区政治部电视艺术中心联合摄制。

2009年7月1日，原告张某某从被告爱书人公司购买取得电视剧《最后的骑兵》VCD光盘一套，支出135元。

诉讼中，本院依法委托中国版权保护中心版权鉴定委员会对张某某的权利作品《高原骑兵连》剧本及电视连续剧 DVD 光盘与被告雷某某、赵某的被控作品《最后的骑兵》剧本及电视连续剧 VCD 光盘进行对比鉴定。2011 年 3 月 9 日，中国版权保护中心版权鉴定委员会作出中版鉴字【2010】第（009）号《关于〈高原骑兵连〉剧本、电视剧与〈最后的骑兵〉剧本、电视剧异同性的鉴定报告》。该报告认为，《高原骑兵连》剧本与电视剧的内容基本一致，《最后的骑兵》剧本与电视剧的内容基本一致。《高原骑兵连》与《最后的骑兵》剧本、电视剧中：1. 主要人物设置及关系部分相似；2. 主要线索脉络即骑兵部队缩编（撤销）存在相似之处；3. 存在部分相同或者近似的情节，但除一处语言表达基本相同之外，这些情节的具体表达基本不同。语言表达基本相同的情节是指双方作品中男主人公表达"愿做牧马人"的话语的情节。《高原骑兵连》电视剧第四集秦冬季说："草原为家，以马为伴，做个牧马人"；《最后的骑兵》第十八集常问天说："以草原为家，以马为伴，你看过电影《牧马人》吗？做个自由的牧马人。"

本院认为，电视连续剧《高原骑兵连》的剧本系原告张晓燕根据张冠林的小说《雪域河源》独立改编创作完成，原告张某某对该剧本享有著作权。根据兰州军区政治部电视艺术中心、山东省国际友好联络会和雷某某的证明，电视连续剧《高原骑兵连》由原告张某某投资拍摄，其对该电视连续剧享有著作权。原告张某某的上述著作权依法应予保护。依照《中华人民共和国著作权法实施条例》第 2 条的规定，著作权法所称作品，是指文学、艺术和科学领域内具有独创性并能以某种有形形式复制的智力成果。题材、人物、故事情节属于作品的内容，而著作权法保护作品的表达。根据《最高人民法院关于审理著作权民事纠纷案件适用法律若干问题的解释》第 15 条的规定，由不同作者就同一题材创作的作品，作品的表达系独立完成并且有创作性的，应当认定作者各自享有独立著作权。根据中国版权保护中心版权鉴定委员会的鉴定报告，原告的权利作品与被控作品除一处语言表达基本相同之外，其他情节的具体表达基本不同。本院认为，相对于电影《牧马人》等已有作品，原告权利作品表达"愿做牧马人"的话语的情节不具备独创性，被控作品与其基本相同，不构成侵权。被控作品与权利作品在题材线索、人物设置及关系、故事情节的部分相似，不影响二者成为各自独立的作品。原告主张被告侵犯其著作权，缺乏事实和法律依据，本院对其诉讼请求不予支持。依照《中华人民共和国著作权法》第 2 条、《中华人民共和国著作权法实施条例》第 2 条、《最高人民法院关于审理著作权民事纠纷案件适用法律若干问题的解释》第 15 条和《中华人民共和国民事诉讼法》第 130 条的规定，判决如下：

驳回原告张某某的诉讼请求。

案件受理费 13 660 元，由原告张某某负担。

如不服本判决，可在判决书送达之日起 15 日内向本院递交上诉状，并提出副本 9 份，上诉于山东省高级人民法院。

审　判　长　王俊河
代理审判员　李宏军
代理审判员　李　玉

二〇一一年七月十三日
书　记　员　马绪乾

■ **推介文书：**（2010）济民三初字第 297 号原告周某与被告中国金币总公司、被告深圳国宝造币有限公司、被告山东齐泉纪念币有限公司、第三人彩石大方（北京）艺术设计有限公司侵犯著作权纠纷民事判决书。

■ **推介理由：**著作权法意义上的作品因其整体具有独创性而为法律保护，但并不意味着其每一组成部分均有独创性，复制作品的全部构成侵权，同样复制作品只具有独创性的局部仍然构成侵权。

山东省济南市中级人民法院
民 事 判 决 书

（2010）济民三初字第 297 号

原告：周某，男，1958 年 6 月 24 日出生，汉族，住所地：山东省济南市历城区山大南路山东大学东区宿舍 × 号楼。

委托代理人：温某某，山东文楷律师事务所律师。

委托代理人：王某，山东文楷律师事务所律师。

被告：中国金币总公司，住所地：北京市西城区月坛南街 6 号。

法定代表人：邵某某，该公司董事长。

委托代理人：王某某，北京市康达律师事务所律师。

委托代理人：霍某某，北京市康达律师事务所律师。

被告：深圳国宝造币有限公司，住所地：广东省深圳市坪山新区大工业区。

法定代表人：刘某某，该公司董事长。

委托代理人：胡某某，男，1949 年 6 月 19 日出生，汉族，住所地：北京市海淀区曙光小区望山园 × 号楼 × 号。

委托代理人：王甲，女，1978 年 8 月 19 日出生，汉族，住所地：北京市西城区成方街 × 号。

被告：山东齐泉纪念币有限公司，住所地：山东省济南市经七路 369 号。

法定代表人：崔某某，该公司总经理。

第三人：彩石大方（北京）艺术设计有限公司，住所地：北京市朝阳区东三环中路

39 号。

　　法定代表人：张某，该公司董事长。

　　委托代理人：王述某，北京市天达律师事务所律师。

　　委托代理人：管某，北京市天达律师事务所律师。

　　原告周某与被告口国金币总公司（以下简称金币公司）、被告深圳国宝造币有限公司（以下简称国宝公司）、被告山东齐泉纪念币有限公司（以下简称齐泉公司）、第三人彩石大方（北京）艺术设计有限公司（以下简称彩石大方公司）侵犯著作权纠纷一案，本院于 2010 年 10 月 8 日受理后，依法组成合议庭。本院于 2011 年 11 月 30 日第一次公开开庭进行审理，原告周某的委托代理人温某某、王某，被告金币公司的原委托代理人柯某、胡某某，被告国宝公司的委托代理人王某及原委托代理人周某，被告齐泉公司法定代表人崔某某，第三人彩石大方公司的委托代理人王某某、管某到庭参加诉讼。本院于 2011 年 3 月 24 日第二次公开开庭进行审理，原告周某的委托代理人温某某、王某，被告金币公司的委托代理人王某某、霍某某，被告国宝公司的委托代理人胡某某及原委托代理人纪某某，被告齐泉公司法定代表人崔某某，第三人彩石大方公司的委托代理人王某某、管某到庭参加诉讼。因本案涉及美术作品的比对，专业性较强，本院委托上海市知识产权司法鉴定中心就原告涉案权利作品与被控作品表达是否相同或实质相似进行鉴定。2011 年 10 月 31 日，上海市知识产权司法鉴定中心作出司法鉴定意见书。本院于 2012 年 11 月 15 日第三次公开开庭进行审理，原告周某的委托代理人温某某、王某，被告金币公司的委托代理人霍某某，被告国宝公司的委托代理人胡某某、王甲，被告齐泉公司法定代表人崔某某到庭参加诉讼。第三人彩石大方公司经本院合法传唤无正当理由拒不到庭。本案现已审理终结。

　　原告周某诉称，1987 年 12 月 20 日，国家邮政局发行中国古典文学名著《水浒传》系列邮票，该系列邮票票面使用了原告周某的美术作品。其中，T.123.（4－2）号邮票票面使用了原告周某的美术作品《鲁智深倒拔垂杨柳》。2010 年 7 月，原告在中国金币网上发现中国人民银行发行的中国古典文学名著《水浒传》彩色金银纪念币（第 1 组）中的《花和尚鲁智深》的纪念银币图案与原告的上述美术作品《鲁智深倒拔垂杨柳》相似。2010 年 8 月 27 日，原告在被告齐泉公司购买到涉案侵权纪念币一套。经仔细对比发现，被告金币公司发售的《花和尚鲁智深》纪念银币图案与原告的美术作品《鲁智深倒拔垂杨柳》构成实质性相似，显然抄袭了原告的作品。涉案侵权银币是由被告国宝造币公司铸造，被告金币公司总经销的。三被告以营利为目的，未经原告许可擅自使用原告作品，用于制作、发行彩色纪念银币，侵犯了原告作品的署名权、修改权、保护作品完整权和发行权。请求判令三被告立即停止复制、发行侵犯原告著作权的涉案彩色纪念银币《花和尚鲁智深》；三被告在全国发行的相关报刊上就其侵权行为公开发表声明，并向原告赔礼道歉；

三被告共同赔偿原告经济损失 264 万元；三被告共同承担原告因本案诉讼所支出的合理费用 121 203 元。

被告金币公司辩称，一、原告不能证明其涉案权利作品。原告所主张的涉案邮票并无原告的署名，邮票表面仅有"中国人民邮政"的标记，原告不能证明其是邮票所使用的美术作品的著作权人。二、金银纪念币的发行属于国家货币发行行为，《水浒传》彩色银币背面图稿严格依照法定程序确定，金币公司在此著作权纠纷中不存在过错。金币公司在图稿征集、评审的组织过程中，严格依照中国人民银行 2000 年公布实施的《人民币、纪念币立项、设计、生产、发行暂行规定》进行，且完全依照中国贵金属纪念币设计图稿及样币评审委员会的评定结果组织该金银币项目的生产工作，不存在主观过错。三、金币公司发行银币的背面图案系由本案第三人彩石大方公司独立创作，第三人不存在接触原告所主张的权利作品的可能性。四、原告所主张的权利作品与银币上的图案存在明显差异，不属于雷同作品。二者风格、构图、载体不同，细节部分也存在诸多不同。原告所主张的权利作品和金币公司发行的银币上的图案的相似元素已经进入公有领域，不能以此证明金币公司抄袭原告作品。五、原告主张的侵权赔偿额计算方法不合法且不合理。综上所述，纪念银币《花和尚鲁智深》图稿系独立创造完成的，具有独创性的作品，金币公司合法在其发行的纪念银币上使用该作品，未侵犯原告所主张的作品的著作权，请求驳回原告的诉讼请求。

被告国宝公司辩称，一、国宝公司依据与金币公司所签订的委托生产协议书，在接受金币公司的合法委托的前提下，进行涉案纪念币的生产加工活动。二、原告主张的涉案作品权属不明，原告的著作权人身份存在疑问。三、涉案纪念币图案不存在原告所称剽窃、篡改其作品的事实。四、国宝公司并没有对原告的著作权造成任何侵害，原告要求国宝公司赔偿损失的主张缺乏事实和法律依据。请求驳回原告的诉讼请求。

被告齐泉公司辩称，齐泉公司销售国家发行的纪念币没有任何过错，没有义务和能力审查国家发行的纪念币是否侵犯他人的著作权。请求驳回原告的诉讼请求。

第三人彩石大方公司述称，一、《花和尚鲁智深》画稿系彩石大方公司法定代表人、首席设计师张某指导，设计师宋某执笔创作的作品，该作品具有独创性，享有独立的著作权。二、彩石公司的画稿与原告主张权利的作品具有明显差异，不构成实质性相似。三、原告主张的侵权赔偿额计算方法不合法且不合理。请求驳回原告的诉讼请求。

原告周某为证明其诉讼请求，提供了下列证据：

第一组，以证明原告涉案权利作品：1. 1987 年 12 月 20 日发行的《鲁智深倒拔垂杨柳》邮票；2. 中国古典文学名著《水浒传》邮票纪念册；3. 1988 年第 4 期《山东画报》；4. 1988 年 5 月 15 日《人民日报》、1991 年 12 月 7 日《参考消息》；5. 《2009 年金银纪念币项目图稿设计预约单》及其附件；6. 原告为金币公司设计的纪念币全套图稿。7. 证人曲某某出庭作证的证言。

第二组，以证明被诉侵权行为：8.《中国金币》杂志 2009.01 增刊和 2009.03 增刊；9. 彩色纪念银币《花和尚鲁智深》及鉴定证书；10.《中国贵金属纪念币基础知识》。

第三组，以证明原告的赔偿请求：11. 山东省济南市泉城公证处（2010）济泉城证民字第 822 号公证书及公证收据；12. 被告金币总公司网站截图；13. 纪念银币购货发票；14. 律师代理合同；15. 鉴定费发票。

各被告及第三人对原告上述证据中的 6～7 提出异议，认为证据 6 为图稿打印件，无法确认其形成时间；证据 7 证人证言证实原告的作品通过 QQ 聊天发给金币总公司，但不能印证发送的作品内容。本院认为，各被告及第三人对证据 6～7 的异议成立，同时，因原告在本案中主张的权利作品为早已公开发行的邮票票面上的美术作品，故上述两份证据均与待证事实关联性不强，本院对证据 6～7 不予采信。各被告及第三人对原告的其他证据的真实性没有异议，本院予以采信。

被告金币公司提供了下列证据：

证据 1. 金币公司与彩石大方公司签订的委托设计协议；

证据 2. 中国人民银行货币金银局关于中国古典文学名著——《水浒传》彩色金银纪念币设计图稿定稿的通知；

证据 3.《水浒传》原著相关章节、"鲁智深倒拔垂杨柳"主题的相关美术作品；

证据 4.《水浒传》彩色纪念银币图稿创作思路、作品创作过程图；

证据 5. 彩石大方公司法定代表人张某简历、设计师宋某简历及其相关作品；

证据 6. 专家对《鲁智深倒拔垂杨柳》邮票美术作品与彩色银币《花和尚鲁智深》图案进行比对的鉴定意见。

被告国宝公司、齐泉公司和第三人彩石大方公司对被告金币公司的上述证据无异议。原告周某对上述证据中的 1～3 真实性无异议，本院予以采信。原告周某对证据 4～6 的真实性、证据 5 的关联性提出异议，本院经审查认为，证据 4 为单方陈述和电脑打印件，无法进一步核实其真实性；证据 6 为被告单方委托作出的鉴定意见，在对方持有异议的情况下不宜采信；证据 5 与本案诉争事实缺乏关联性，故本院对上述证据不予采信。

被告国宝公司提供了下列证据：

证据 1. 2009 年 3 月 20 日，金币公司与国宝公司签订的样币订作委托书；

证据 2. 2009 年 6 月 4 日，金币公司发给国宝公司的生产订货传真；

证据 3. 2009 年 12 月 16 日，金币公司与国宝公司签订委托生产加工协议；

证据 4. 彩色银币《花和尚鲁智深》图案。

原告及其他被告和第三人对上述证据无异议，本院予以采信。

被告齐泉公司提供了下列证据：

证据 1. 2006 年 2 月 28 日，金币公司与齐泉公司签订的中国金币特许零售合同；

证据 2. 销售通知。

原告及其他被告和第三人对上述证据无异议，本院予以采信。

第三人彩石大方公司提交的证据与被告金币公司提交的证据 1、证据 3～6 相同，各方的质证意见及本院的认证意见亦同于前述内容。

根据上述认证，本院确认下列事实：

1987 年 12 月 20 日，中国古典文学名著《水浒传》系列邮票发行，全套 4 枚。其中，T. 123.（4－2）号邮票票面使用了原告周某的美术作品《鲁智深倒拔垂杨柳》。1988 年第 4 期《山东画报》刊登了邮电部邮票发行局总设计师邵柏林的文章《众里寻他千百度》——《水浒传》邮票诞生记，该文章详细记载了上述邮票产生过程。

2009 年 3 月，被告金币公司与第三人彩石大方公司签订协议，金币公司委托第三人彩石大方公司设计中国古典文学名著《水浒传》彩色金银纪念币共 3 组背面图稿。2009 年 3 月 12 日，中国人民银行货币金银局向被告金币公司下发《关于中国古典文学名著——〈水浒传〉彩色金银纪念币设计图稿定稿的通知》。2009 年 3 月 20 日，金币公司与国宝公司签订的样币订作委托书，金币公司委托国宝公司制作中国古典文学名著《水浒传》彩色金银纪念币（第一组）样币。2009 年 6 月 4 日，金币公司发给国宝公司的生产订货传真，金币公司委托国宝公司生产加工《水浒传》彩色金银纪念币（第一组），包括涉案彩色银币"花和尚鲁智深"。2009 年 7 月 30 日，中国人民银行发布【2009】第 13 号公告，中国人民银行定于 2009 年 8 月 18 日发行中国古典文学名著《水浒传》彩色金银纪念币（第一组）一套，其中包括背面图案为鲁智深倒拔垂杨柳造型（局部彩色）、刊有"花和尚鲁智深"中文字样及面额 10 元的 1 盎司彩色银质纪念币，该纪念币发行量为 60 000 枚，中国金币网公开的零售指导价为每枚 440 元。

被告齐泉公司为被告金币公司的特许零售商。2010 年 8 月 27 日，原告周某从被告齐泉公司购买取得彩色银质纪念币一套两枚，支付 1 080 元，其中一枚为《花和尚鲁智深》彩色银质纪念币。

诉讼中，本院委托上海市知识产权司法鉴定中心就原告涉案权利作品与被诉作品表达是否相同或实质相似进行鉴定。上海市知识产权司法鉴定中心出具鉴定意见书并到庭接受质证，认为，《花和尚鲁智深》（被诉作品）纪念币与《鲁智深倒拔垂杨柳》（权利作品）邮票作品的整体表达不相同，也不实质相似；《花和尚鲁智深》纪念币与《鲁智深倒拔垂杨柳》邮票主要创作部位的作品表达实质相似。其具体理由为：

《花和尚鲁智深》纪念币与《鲁智深倒拔垂杨柳》邮票两件作品均为历史题材的美术作品，均表达了我国古典名著《水浒传》中花和尚鲁智深倒拔垂杨柳这一题材。

（一）纪念币和邮票作品的整体表达是否相同或者实质相似的评价。从作品绘画构图看，邮票除描绘了鲁智深和柳树（鲁智深身体姿态向右臂下方倾斜，柳树向画面的右上方倾斜）这一场景外，还描绘了 3 个泼皮人物聚集在鲁智深身边观看，作品的右侧描绘了众人在菜园喝酒用的桌椅以及桌上的酒具碗筷。作品画面背景空白，以平涂色处理；纪念币的构图只表现了鲁智深和柳树（鲁智深身体姿态向左臂下方倾斜，柳树向画面的左上方倾斜），由飘浮的白云和白色山脉构成的背景纹样予以衬托，别无余物。综上，纪念币和邮票的整体构图不同，两件作品的表达不相同，也不实质相似。

（二）纪念币和邮票作品的主要创作部位表达是否相同或者实质相似的评价。两件作品的主要创作部位在人物鲁智深倒拔垂杨柳部分，故以下以纪念币中人物鲁智深倒拔垂杨柳部分（以下简称纪念币鲁智深部分）和邮票中人物鲁智深倒拔垂杨柳部分（以下简称邮票鲁智深部分）作为比较对象，对两者进行评价。

1. 绘画手法。邮票鲁智深部分主要采取线描方式对鲁智深和柳树进行绘制，线条的形式吸收了装饰绘画的特点，具有抽象化、几何化的艺术特征，不强调素描透视关系。例如，仔细观察柳树的树叶、树根的排列方式、鲁智深的僧袍、对鲁智深肌肉块面的塑造、鲁智深双脚的特征，可以看到作者对上述细节作了高度的概括和抽象处理，具有很强的装饰感，基本手法为线条勾勒、色彩平涂、略事渲染。纪念币鲁智深部分的绘画手法，是在中国传统人物画的基础上，结合了西方绘画的写实风格。例如，纪念币鲁智深部分中对鲁智深肌肉块面的塑造相比邮票更接近写实的人体结构关系，其黑白灰的色调和透视关系，更接近写实的素描风格；此外，鲁智深双脚的造型与透视、树根的形状，也都体现了上述特点。将中国传统人物画与西方绘画的写实风格相结合是美术领域普遍的绘画手法。纪念币鲁智深部分与邮票鲁智深部分相比，在绘画手法上的处理是美术领域的普通创作人员不需要进行创造性劳动的，单凭一般绘画技能即可完成，故上述绘画手法的区别不构成纪念币鲁智深部分的独创性表达。

2. 构图。构图是美术作品创作的基础，在整个作品创作过程中的作用举足轻重。邮票鲁智深部分的构图为鲁智深身体姿态向右臂下方倾斜，其右手抓住树的根部，俯首埋身，左手环抱住树干，两腿叉开，柳树向画面的右上方倾斜；纪念币鲁智深部分的构图为鲁智深身体姿态向左臂下方倾斜，其左手抓住树的根部，右手抓住树干，两腿叉开，柳树向画面的左上方倾斜。两件作品均表现出了鲁智深的力量及倒拔垂杨柳的动态。就纪念币鲁智深部分和邮票鲁智深部分而言，两者的构图基本呈现镜像对称关系，两者构图基本相同。

3. 细节。对比纪念币鲁智深部分和邮票鲁智深部分，两者在部分细节方面非常相近似，例如僧袍的飘动形态以及柳树树干、树枝和树叶的排列及方向等。此外，两者也存在一些区别。例如人物姿势，邮票鲁智深部分中人物姿势表现为鲁智深右手抓住树的根部，俯首埋身，胸部完全被树干遮挡，下颌部几乎贴近树干，左手环抱住树干；纪念币鲁智深部分中人物姿势表现为鲁智深左手抓住树根，右手直接抓住树干，没有表现出环抱的状态。左胸至腰部均袒露在树干之外，没有被遮挡住，而是以右胸及右肋部贴住树干。此外，在念珠、僧袍的衣纹以及僧鞋的处理等方面也存在不同。例如，邮票鲁智深部分鲁智深颈部挂有念珠，而纪念币鲁智深部分鲁智深颈部没有念珠；僧袍的衣纹和僧鞋的处理也因绘画手法的差异而存在区别。纪念币鲁智深部分和邮票鲁智深部分上述区别部分是美术领域的普通创作人员不需要进行创造性劳动的，单凭一般绘画技能即可完成，故上述区别部分不构成纪念币鲁智深部分的独创性表达。

综上，虽然两者在绘画手法和部分细节上存在不同之处，但是这种不同不构成纪念币鲁智深部分的独创性表达。因此，纪念币鲁智深部分和邮票鲁智深部分的作品表达实质相似。

诉讼中，原告周某支付鉴定费 30 000 元。

本院认为，根据《中华人民共和国著作权法》第 11 条的规定，创作作品的公民是作者，著作权属于作者。原告周某为 T. 123.（4 - 2）号邮票票面使用的美术作品《鲁智深倒拔垂杨柳》的作者，已为相关证据证实，被告金币公司和国宝公司虽提出异议，但未提供反证加以证明，同时被告金币公司亦未提供证据证明上述作品的著作权不归属于原告，故原告周某对 T. 123.（4 - 2）号邮票票面使用的美术作品《鲁智深倒拔垂杨柳》拥有著作权，应依法予以保护。根据《中华人民共和国著作权法实施条例》第 2 条和第 4 条第（8）项的规定，著作权法所称作品是指文学、艺术和科学领域内具有独创性并能以某种有形形式复制的智力成果。美术作品是指绘画、书法、雕塑等以线条、色彩或者其他方式构成的有审美意义的平面或者立体的造型艺术作品。就美术作品而言，不论其整体造型艺术还是局部造型艺术，只要具备独创性，就构成著作权法意义上的作品，应依法予以保护。根据上海市知识产权司法鉴定中心出具的鉴定意见，被诉作品《花和尚鲁智深》与权利作品《鲁智深倒拔垂杨柳》相比，整体表达不相同，也不实质相似，但二者表现鲁智深倒拔垂杨柳的主要创作部位的作品表达实质相似。鉴于权利作品《鲁智深倒拔垂杨柳》公开发表在先，被告不能否定权利作品《鲁智深倒拔垂杨柳》有关鲁智深倒拔垂杨柳主要创作部位的独创性，被诉作品《花和尚鲁智深》有关鲁智深倒拔垂杨柳主要创作部位构成对权利作品《鲁智深倒拔垂杨柳》的复制。被诉作品《花和尚鲁智深》对权利作品《鲁智深倒拔垂杨柳》有关鲁智深倒拔垂杨柳主要创作部位进行复制并对局部细节进行改动，侵犯了原告对其作品所拥有的修改权、保护作品完整权。被诉作品《花和尚鲁智深》的载体为纪念银币，该银币由被告金币公司委托被告国宝公司制作，两被告是该银币的共同制作者，同时也是著作权法意义上被诉作品《花和尚鲁智深》的共同复制者。被告金币公司发行、被告齐泉公司零售纪念银币，均属于著作权法意义上对被诉作品《花和尚鲁智深》的发行。根据《最高人民法院关于审理著作权民事纠纷案件适用法律若干问题的解释》（法释

〔2002〕31号）第19条的规定，出版者、制作者应当对其出版、制作有合法授权承担举证责任，发行者、出租者应当对其发行或者出租的复制品有合法来源承担举证责任。举证不能的，依据著作权法的相应规定承担法律责任。被告金币公司和国宝公司共同侵犯原告的著作权，应承担停止侵权、赔偿损失和赔礼道歉的民事责任。被告齐泉公司基于特许零售授权，销售侵犯原告著作权的纪念币，应承担停止侵权的民事责任。鉴于权利人的实际损失或者侵权人的违法所得难以确定，本院将结合原告涉案权利作品类型、侵权行为规模、原告维权支付合理费用等情节综合确定赔偿数额为50万元。依照《中华人民共和国著作权法》第11条、第47条第（4）项、第48条第（1）项、第49条，《最高人民法院关于审理著作权民事纠纷案件适用法律若干问题的解释》（法释〔2002〕31号）第19条，《中华人民共和国民事诉讼法》第144条的规定，判决如下：

一、被告中国金币总公司、深圳国宝造币有限公司、山东齐泉纪念币有限公司立即停止侵犯原告周某美术作品《鲁智深倒拔垂杨柳》著作权的行为；

二、被告中国金币总公司、深圳国宝造币有限公司于本判决生效之日起10日内赔偿原告周某经济损失50万元；

三、被告中国金币总公司、深圳国宝造币有限公司于本判决生效之日起30日内在《中国金币》上就其侵权行为向原告周某赔礼道歉，内容须经本院核准。

四、驳回原告周某的其他诉讼请求。

如果未按本判决指定的期间履行给付金钱义务，应当依照《中华人民共和国民事诉讼法》第253条之规定，加倍支付迟延履行期间的债务利息。

案件受理费29 890元，由原告周某负担9 890元，由被告中国金币总公司、深圳国宝造币有限公司负担20 000元。

如不服本判决，可在判决书送达之日起15日内向本院递交上诉状，并提出副本9份，上诉于山东省高级人民法院。

审　判　长　王俊河
代理审判员　李宏军
代理审判员　李　玉

二〇一三年一月八日
书　记　员　马绪乾

■ **推介文书：**（2011）济民三终字第 11 号上诉人济南德佳玻璃机器有限公司与被上诉人上海优森德产品检测技术有限公司技术服务合同纠纷民事判决书。

■ **推介理由：**合同一方提供个人邮箱地址表明双方同意以其提供的邮箱作为履行合同时主张权利的途径。主张权利的意思表示以到达或者应当到达对方当事人邮箱为准，并不考察对方当事人是否实际知道主张权利的内容，故本案产生诉讼时效中断的效力。

山东省济南市中级人民法院
民 事 判 决 书

（2011）济民三终字第 11 号

上诉人：（原审被告）济南德佳玻璃机器有限公司，住所地：济南市天桥区黄岗路 47－1 号。

法定代表人：邓某某，该公司执行董事。

委托代理人：刘某某，山东名泉律师事务所律师。

委托代理人：王某某，山东名泉律师事务所律师。

被上诉人：（原审原告）上海优森德产品检测技术有限公司，住所地：上海市奉贤区四团镇邵安路 1 号。

法定代表人：林某某，该公司董事长。

委托代理人：李某某，上海协通律师事务所律师。

上诉人济南德佳玻璃机器有限公司（以下简称德佳公司）因与被上诉人上海优森德产品检测技术有限公司（以下简称优森德公司）技术服务合同纠纷一案，不服济南市天桥区人民法院（2011）天商初字第 212 号民事判决，向本院提起上诉。本院受理后，依法组成合议庭于 2012 年 3 月 6 日公开开庭进行审理，上诉人德佳公司的委托代理人刘某某、王某某，被上诉人优森德公司的委托代理人李某某到庭参加诉讼。本案现已审理终结。

原审原告优森德公司在原审中诉称，2008 年 5 月 10 日，原告、被告签订认证（检测）委托合同，被告委托原告对其生产的铝框折弯机等 5 款机器做欧盟 CE－MD 及 CE－LVD 认证，认证费 7 万元。合同签订后，原告委派工程师对上列机器作了检测，并出具认证证书。被告未按合同约定及时支付余款 5 万元。为此，请求法院判令被告支付认证费 5 万元。

原审法院查明，2008 年 5 月 10 日，德佳公司与优森德公司签订一份认证（检测）委托合同，合同约定：德佳公司委托优森德公司为其生产的铝框折弯机等 5 款机器作欧盟 CE - MD 及 CE - LVD 认证；认证费用 7 万元，德佳公司首付 2 万元，先做 3 款机器，优森德公司颁发此三张证书后，德佳公司支付 2 万元，德佳公司收到其余 2 款机器证书后，支付尾款 3 万元；本合同自 2008 年 5 月 10 日至 2008 年 8 月 9 日在济南履行，德佳公司提供完整、合格的资料和样品后 30 工作日完成（以上为预订进度，实际可依双方配合之状况予以延长或缩短，本合同有效期为 3 年）。合同签订后，德佳公司支付优森德公司 2 万元，2008 年 12 月 17 日优森德公司交付给德佳公司五份认证证书。2010 年 7 月 23 日、2010 年 8 月 10 日，优森德公司员工张某向德佳公司的高某某经理通过电子邮件的形式发出 2 份包含催要认证费内容的函。

原审法院认为，原告、被告之间的技术服务合同，合法有效，应受法律保护。经双方当事人确认，被告已收到原告的认证证书，被告应履行合同义务，向原告支付剩余的认证费 5 万元。关于被告抗辩的诉讼时效问题，因双方确认 2008 年 12 月 19 日是被告应当支付全部款项的截止日期，故应自 2008 年 12 月 20 日起算诉讼时效。2010 年 7 月 23 日、2010 年 8 月 10 日，原告员工张某向被告的高某某经理发出 2 份含有催促认证费内容的函，是原告主张权利的意思表示，产生诉讼时效中断，至 2011 年 5 月 11 日原告起诉，未超过诉讼时效。关于被告抗辩原告未为其更换新的指令证书，被告有权对抗原告的付款请求问题，被告此项抗辩没有合同依据和法律依据。而且，被告未按时履行合同付款义务，构成违约，被告无权据此对抗自身合同义务。关于被告抗辩因原告迟延颁证，构成违约，被告有权拒绝支付剩余服务款项问题，合同虽有"2008 年 5 月 10 日至 2008 年 8 月 9 日在济南履行"的约定，但对审核发证的时间界定为被告提供完整、合格的资料和样品后 30 个工作日完成（以上为预订进度，实际可依双方配合之状况予以延长或缩短，本合同有效期为 3 年），即 2008 年 8 月 9 日和甲方提供完整、合格的资料和样品两个条件同时成立后，30 个工作日完成审核发证的条款才产生效力。被告未证明其向原告提供完整、合格资料和样品的准确时间，即不能认定原告构成颁证迟延的违约。依照《中华人民共和国合同法》第 109 条的规定，判决：被告济南德佳玻璃机器有限公司所欠原告上海优森德产品检测技术有限公司认证费 5 万元，于判决生效之日起 10 日内付清。案件受理费 1 050 元，由被告负担。

上诉人德佳公司不服原审判决，上诉称，（1）原审判决认定诉讼时效中断是错误的。被上诉人在原审第一次开庭时并未提交证据证明诉讼时效中断，在第二次开庭时提交了两份证据证明被上诉人员工张某向上诉人的高某某经理通过电子邮件的形式发出 2 份包含催要认证费内容的函，高云霞并未收到上述邮件，因为高某某的接收邮箱为个人邮箱，其从未打开过该邮箱，高某某的对外邮箱为 decagyx@ × × ×.com。被上诉人的上述两份证据不能产生诉讼时效中断的证明目的。（2）被上诉人未按合同约定提供完整的技术服务，上诉人有权拒付剩余款项。（3）被上诉人为上诉人所作的 CE 认证根本达不到欧盟认证标准，被上诉人违约在先，上诉人有权拒绝支付剩余款项。请求撤销原审判决并依法改判。

被上诉人优森德公司辩称，（1）原审判决认定事实清楚，适用法律准确，应予维持；（2）上诉人的上诉请求无新证据支持。请求维持原审判决。

上诉人德佳公司和被上诉人优森德公司在二审中均未提交新证据，本院查明事实同于原审法院查明的事实。

本院认为，上诉人德佳公司有关被上诉人未提供完整的技术服务及被上诉人所作的 CE 认证达不到欧盟认证标准的上诉理由，缺乏合同依据和证据支持，其该两项上诉理由不能成立，本院不予支持。本案争议的焦点在于，被上诉人员工张某向上诉人的高某某经理通过电子邮件的形式发出 2 份包含催要认证费内容的函是否产生诉讼时效中断的效力。依照《中华人民共和国民法通则》第 140 条的规定，诉讼时效因提起诉讼、当事人一方提出要求或者同意履行义务而中断。从中断时起，诉讼时效期间重新计算。依照最高人民法院法释【2008】11 号《关于审理民事案件适用诉讼时效制度若干问题的规定》第 10 条第 1 款第（2）项的规定，当事人一方以发送信件或者数据电文方式主张权利，信件或者数据电文到达或者应当到达对方当事人的，产生诉讼时效中断的效力。被上诉人的员工张某能够向上诉人的高某某经理发送邮件，显然以高某某向其提供邮箱地址为前提，这表明双方同意以其提供的邮箱地址作为履行合同时主张权利的途径。依照上述规定，主张权利的意思表示以到达或者应当到达对方当事人为准，并不考察对方当事人是否实际知道主张权利的内容。2010 年 7 月 23 日和 2010 年 8 月 10 日，被上诉人员工张某向上诉人的高某某经理发出 2 份电子邮件，其内容包含催要认证费的主张，产生诉讼时效中断的效力，被上诉人于 2011 年 5 月 11 日提起本案诉讼，并未超过诉讼时效期间。综上，原审判决认定事实清楚，适用法律正确，判决结果并无不当，应予维持。上诉人德佳公司的上诉理由不能成立，依法应予驳回。依照《中华人民共和国民事诉讼法》第 153 条第 1 款第（1）项之规定，判决如下：

驳回上诉，维持原判。

二审案件受理费 1 050 元，由上诉人济南德佳玻璃机器有限公司负担。

本判决为终审判决。

审　判　长　王俊河
代理审判员　李宏军
代理审判员　李　玉

二〇一二年三月十二日
书　记　员　马绪乾

■**推介文书**：（2012）济民三初字第636号原告谢某与被告济南健朗生物科技有限公司特许经营合同纠纷民事判决书。

■**推介理由**：区分有关特许经营管理的法律、法规中的规定属于效力性规定还是管理性规定，是判断特许经营合同效力的关键。

山东省济南市中级人民法院
民 事 判 决 书

（2012）济民三初字第636号

原告：谢某，女，1981年7月28日出生，汉族，住所地：山东省章丘市龙山街道办事处××村幸福西巷×号。

委托代理人：袁某某，北京市盈科（济南）律师事务所律师。

委托代理人：孙某，北京市盈科（济南）律师事务所律师。

被告：济南健朗生物科技有限公司，住所地：山东省济南市市中区经七路472号。

法定代表人：李某，该公司经理。

委托代理人：孙某某，济南市中正荣凯法律服务所法律工作者。

原告谢某与被告济南健朗生物科技有限公司（以下简称健朗公司）特许经营合同纠纷一案，本院于2012年9月26日受理后，依法组成合议庭，于2012年11月6日公开开庭进行审理。原告谢某及其委托代理人袁某某、孙某，被告健朗公司的委托代理人孙某某到庭参加诉讼。本案现已审理终结。

原告谢某诉称，2011年10月4日，原告、被告签订一份"3＋1"社区健康服务中心加盟协议书。因被告没有依法备案，不具有开展特许经营业务的资格。同时，上述协议约定原告专门经营被告指定的产品，而被告的产品系药品，被告没有经营药品的资格，其提供的药品也无批准文号。请求确认原、被告之间的上述协议无效，判令被告返还原告加盟费19 800元，赔偿原告损失49 663.1元。

被告健朗公司辩称，被告的特许经营活动的确没有进行备案，但并不影响原被告之间协议的效力。根据协议的约定，被告经营的是健康服务产品，被告已经履行自己的义务，原告也已在拉手网上对其业务进行团购推广。协议约定的擦剂药膏等只是健康辅助，而且这是被告赠送给原告的，不能因此否定整个协议的效力。请求驳回原告的诉讼请求。

原告谢某提供了下列证据：

1.2011年10月4日原告、被告签订的"3＋1"社区健康服务中心加盟协议书一份；

2.2011年10月4日被告出具给原告的加盟费19 800元收据一张；

3.2012年3月27日被告出具给原告的换货条一张。

4. 原告的损失清单一张，合计金额69 463.1元。

被告对上述证据1～3没有异议，本院予以采信。被告对证据4提出异议，本院经审查认为，该证据为原告自行书写，无相应费用或损失发生的凭证佐证，故本院对该证据不予采信。

被告健朗公司提供了下列证据：

1. 拉手网合作协议1份及"3＋1"社区健康服务在拉手网上举行团购活动的网络下载图片6张；

2. 被告扶持原告加盟店工作确认表1张；

3.2011年10月5日原告从被告提取产品的取货条1张；

4.2011年10月26日被告免费赠送原告物品确认表1张；

5.2011年10月28日被告向原告推荐推拿师接收协议1份及推拿师接受单1张；

6.2011年10月30日被告开具的兼职人员工资发放确认单5张；

7.2011年11月13日原告从被告处领取宣传单页3 000份的收条1张；

8.2011年11月16日原告从被告处领取宣传单页1 000份的收条1张；

原告对上述证据无异议，本院予以采信。

根据上述认证，本院确认下列事实：

2011年10月4日，原告谢某与被告健朗公司签订一份"3＋1"社区健康服务中心（四十六店）加盟协议书，约定："3＋1"社区健康服务中心是根据健朗公司销售策略设立，店面装饰、布置标识等由健朗公司统一设计，并唯一销售健朗公司产品的店面；谢某与健朗公司签订协议后，专门经营健朗公司指定产品，并自行承担经营投资及盈亏；健朗公司给予谢某提供店面形象设计、经营指导、店面宣传和业务培训等方面的支持；谢某向健朗公司一次性支付统一形象加盟费19 800元，谢某应按健朗公司要求进行店面装修，费用由谢某承担；健朗公司按全国统一的加盟价提供谢某下列产品：专用膏药9元/贴、专用擦剂10元/瓶、跌打损伤15元/瓶、乳腺增生15元/瓶、足疗中药10元/包，谢静须按健朗公司的市场建议零售价销售，并保证在第一季度后的每一季度专用产品的累计进货总额不得低于1 000元；连锁店合作经营期限自2011年10月4日至2012年10月3日。协议还对货款结算方式、退换货政策、协议的终止与续约等事项进行约定。

2011年10月4日，谢某向健朗公司缴纳加盟费19 800元。2011年10月5日，谢某从健朗公司提取下列物品：专用膏药 500 贴、专用擦剂 50 瓶、跌打损伤 10 瓶、乳腺增生 5 瓶、偏瘫擦剂 2 瓶、足疗中药（消）20 包、足疗中药（降）20 包。2011 年 10 月 15 日，健朗公司派出 4 人利用 3 天时间协助谢某选择店址。2011 年 10 月 20 日，健朗公司派出 2 人利用 1 天时间协助谢某店面设计。2011 年 10 月 23 日，健朗公司派 2 名推拿师到谢某的加盟店协助工作。2011 年 10 月 26 日，谢某收到健朗公司免费赠送的宣传单、气球、培训手册、考勤表等物品。2011 年 10 月 28 日，健朗公司派出 2 人利用半天时间协助谢静进行开业前培训。2011 年 10 月 29 日，健朗公司派出 5 人利用 2 天时间协助谢某进行开店宣传，同日，健朗公司派出 3 名业务主管利用 2 天时间协助谢某开业。2011 年 11 月 13 日，谢某收到健朗公司提供的宣传单页 3 000 份。2011 年 11 月 16 日，谢某收到健朗公司提供的开业宣传单页 1 000 份。2012 年 3 月 7 日至 2012 年 3 月 31 日，谢某在拉手网上推出"3＋1"社区健康服务中心团购优惠活动。2012 年 3 月 27 日，谢某从健朗公司换货如下：专用擦剂 47 瓶、乳腺增生 5 瓶、偏瘫擦剂 2 瓶、专用膏药 100 贴。

被告健朗公司没有就其特许经营活动进行备案，也没有经营药品的资格。

本院认为，原告谢某与被告健朗公司于 2011 年 10 月 4 日签订的"3＋1"社区健康服务中心（四十六店）加盟协议书的内容主要包括两部分：（一）谢某向健朗公司缴纳加盟费 19 800 元，健朗公司给予谢某提供店面形象设计、经营指导、店面宣传和业务培训等方面的支持；（二）健朗公司按全国统一的加盟价提供给谢某产品，谢静须按健朗公司的市场建议零售价销售，并保证在第一季度后的每一季度专用产品的累计进货总额不得低于 1 000 元。而原告主张合同无效的理由也是基于上述内容，本院评析如下：

（一）谢某向健朗公司缴纳加盟费 19 800 元，健朗公司给予谢某提供店面形象设计、经营指导、店面宣传和业务培训等方面的支持。原告、被告已经履行该项协议内容，原告认为，被告的特许经营活动没有进行备案导致双方之间的协议无效。依照《中华人民共和国合同法》第 44 条的规定，依法成立的合同，自成立时生效。法律、行政法规规定应当办理批准、登记等手续生效的，依照其规定。依照《商业特许经营管理条例》第 8 条第 1 款的规定，特许人应当自首次订立特许经营合同之日起 15 日内，依照本条例的规定向商务主管部门备案。依照《商业特许经营管理条例》第 25 条的规定，特许人未依照本条例第 8 条的规定向商务主管部门备案的，由商务主管部门责令限期备案，处 1 万元以上 5 万元以下的罚款；逾期仍不备案的，处 5 万元以上 10 万元以下的罚款，并予以公告。本院认为，上述条例规定属于管理性规范，旨在管理和处罚违反规定的行为，但并不否认该行为在民事法律上的效力，对原告有关特许经营活动没有备案导致协议无效的主张，本院不予支持。

（二）健朗公司按全国统一的加盟价提供给谢某产品，谢某须按健朗公司的市场建议零售价销售，并保证在第一季度后的每一季度专用产品的累计进货总额不得低于 1 000 元。

双方在履行加盟协议的过程中，被告免费提供给原告产品，系以实际履行变更了上述协议约定。原告认为，被告的产品系药品，被告没有经营药品的资格，其提供的药品也无批准文号。本院认为，上述有关使用被告专供产品的约定已为双方的实际履行内容所代替，既不影响加盟协议的效力，也不再对原告具有约束力。对于原告以此主张加盟协议无效的请求，本院不予支持。

综上，原告谢某与被告健朗公司于2011年10月4日签订的"3＋1"社区健康服务中心（四十六店）加盟协议书合法有效，且已实际履行。原告请求确认协议无效并要求被告返还加盟费和赔偿损失，无事实和法律依据，本院不予支持。依照《中华人民共和国合同法》第44条之规定，判决如下：

驳回原告谢某的诉讼请求。

案件受理费1 540元，由原告谢静负担。

如不服本判决，可在本判决书送达后15日内，向本院递交上诉状一份和副本6份，上诉于山东省高级人民法院。

审　判　长　王俊河
代理审判员　李宏军
代理审判员　李　玉

二〇一三年八月二十一日
书　记　员　马绪乾

　　■ **推介文书**：（2013）济民三初字第 716 号原告北京庆丰包子铺与被告济南庆丰餐饮管理有限公司侵犯注册商标专用权纠纷民事判决书。

　　■ **推介理由**：该案是作者唯一被最高法院再审改判的案件。对于涉案商标自有显著性的判断及对其施以保护的程度、被控行为属于企业名称的使用还是商标性使用、涉案商标审判时的知名度是否影响对先前行为的评价等，值得深思。

山东省济南市中级人民法院
民 事 判 决 书

（2013）济民三初字第 716 号

　　原告：北京庆丰包子铺，住所地：北京市西城区新街口南大街 178 号。

　　法定代表人：高某某，总经理。

　　委托代理人：李某某，北京市世纪律师事务所律师。

　　委托代理人：鲁某某，北京市世纪律师事务所律师。

　　被告：济南庆丰餐饮管理有限公司，住所地：山东省济南市高新区孙村镇谢家村 347 号。

　　法定代表人：徐某某，总经理。

　　委托代理人：贾某某，山东德衡（济南）律师事务所律师。

　　委托代理人：彭某某，山东德衡（济南）律师事务所律师。

　　原告北京庆丰包子铺与被告济南庆丰餐饮管理有限公司（以下简称济南庆丰公司）侵犯注册商标专用权纠纷一案，本院于 2013 年 9 月 9 日受理后，依法组成合议庭，于 2013 年 10 月 29 日公开开庭进行审理。原告北京庆丰包子铺的委托代理人李某某、鲁某某，被告济南庆丰公司的委托代理人贾某某、彭某某到庭参加诉讼。本案现已审理终结。

　　原告诉称，原告是北京市著名的老字号餐饮企业，拥有"慶豐"和"老庆丰"两注册商标。2013 年 6 月，原告准备在济南市发展庆丰包子铺连锁店，因被告于 2009 年注册使用了"济南庆丰餐饮管理有限公司"的企业名称，且被告的营业范围与原告的基本相同，致使原告无法在济南地区设立连锁企业。被告有 8 个门店餐厅以"庆丰"字号营业，经营与原告注册商标相同和类似的商品及服务。被告在其经营场所突出使用"庆丰"服务标识，又在其网站上醒目显示"庆丰"标识。被告的上述行为使相关公众对原告与被告产生误认，造成混淆，被告的行为侵犯了原告的注册商标专用权。诉讼请求：1. 请求判令被告立即停止商标侵权行为，包括拆除销毁含有"庆丰"标识的牌匾、招牌、价格单、名片等材料及删除网上"庆丰"标识的宣传；2. 请求判令被告立即停止使用含有"庆丰"字号的企业名称；3. 请求判令被告在《济南日报》上发表声明，以消除影响；4. 请求判令被告赔偿原告经济损失 50 万元和原告为维权而支付的律师费、公证费及调查取证费 9 万元。

被告辩称，1. 被告名称经工商部门依法核准，在济南市范围内对该企业名称享有专用权，原告无权剥夺被告使用企业名称的权利。被告在经营中正常使用自己的企业字号，没有突出使用原告注册商标。2. 被告使用的字号和原告注册商标不尽相同，使用范围不同也不类似。被告使用的企业字号为"庆丰"，而原告的注册商标为"老庆丰"，虽然部分内容重叠，但是商品、服务类型不同；和原告的另一注册商标"慶豊"虽然读音相同，但是繁简字区分明显，且被告使用的范围为餐饮管理，全部为企业或学校的内部餐厅，和该商标的使用范围也不相同和类似。3. 原告的商标并非驰名商标，且在北京使用，对济南区域没有任何影响力，被告使用自己的企业字号并不能造成相应公众误认。4. 被告注册企业字号使用了企业法定代表人名字，并不知道北京庆丰包子铺，在公司经营中也不存在冒用、借势、搭乘"慶豊"品牌的情形。5. 被告在网站上的宣传和使用是对公司字号的使用，仅是简化使用，不属于侵权行为。6. 被告对自己企业字号的使用并未给原告造成任何损害，原告主张的赔偿数额及损失没有事实和法律依据。请求驳回原告的诉讼请求。

原告为证明其诉讼请求，提供了下列证据：

第一组，以证明原告涉案注册商标专用权的内容和效力：证据 1. "慶豊"商标注册证、核准续展注册证明、注册商标变更证明；证据 2. "老庆丰"商标注册证、核准续展注册证明、注册商标变更证明。被告对该组证据无异议，本院予以采信。

第二组，以证明原告及其商标在业内的影响：证据 3. 原告工商登记信息及北京市西城区庆丰包子铺工商登记信息；证据 4. 2011 年 6 月北京市工商行政管理局认定"慶豊"商标为北京市著名商标的证书；证据 5. 原告在北京市及全国范围内获得的部分荣誉证书及称号；证据 6. 新京报、北京晚报、北京日报、京华时报、北京青年报、法制晚报等多家媒体对原告的宣传报道；证据 7. 2007～2012 年原告广告宣传资料；证据 8. 网点收入证明；证据 9. 加盟意向资料。被告对证据 3 无异议，本院予以采信。被告对证据 4～6 的真实性没有异议，对其部分证据的关联性提出异议。本院经审查认为，被告注册并使用企业名称的时间为 2009 年 6 月 24 日，本案争议的焦点在于被告于 2009 年 6 月 24 日注册并使用"庆丰"字号是否合法，故对于原告上述证据中形成时间早于 2009 年 6 月 24 日的，本院予以采信，形成时间晚于 2009 年 6 月 24 日的，本院不予采信。被告对证据 8~9 的真实性提出异议，本院经审查认为，证据 8 北京市华天饮食集团公司和北京市西城区商务委员会出具的原告历年网点收入情况表，该证据存在下列瑕疵：1. 仅为数据汇总，缺乏形成该数据的原始凭证或审计报告；2. 上述数据的出具人为原告所属公司和主管部门，与原告存在利害关系；3. 上述数据的出具人不具备所证明内容的主管权力和出证能力。故证据 8 缺乏真实性和合法性，本院不予采信。证据 9 仅为原告加盖公章的打印件，在被告提出异议且无其他证据佐证的情况下，本院对该证据不予采信。

第三组，以证明被告的侵权行为：证据 10. 被告的工商登记材料；证据 11. 北京市中信公证处（2013）京中信内经证字 18419 号公证书；证据 12. 证人王某某的书面证言和出庭证言。被告对证据 10~11 无异议，本院予以采信。证据 12 即证人王某某作证的内容为，其作为原告的加盟商欲在济南发展店铺，因被告已在济南市工商管理部门注册，故无法在济南发展。被告对此提出异议。本院认为，原告及原告的加盟商是否能够在济南开店并取得相应的工商注册，应以工商部门的处理结果为准，证人王某某的证言不足以证明上述事实发生，故本院对证据 12 不予采信。

第四组，以证明原告主张的赔偿损失和维权费用：证据 13. 特许经营合同和收费凭证；证据 14. 民事代理合同、律师代理费发票和公证费发票。被告对证据 14 没有异议，本院予以采信。被告对证据 13 的真实性无异议，但认为特许经营合同所记载的经营活动发生在北京，与本案缺乏关联性。本院认为，原告所提供的特许经营合同能够证明其加盟推广的条件和价格，被告对其真实性无异议，本院予以采信。

被告为支持其抗辩主张，提交了下列证据：

证据 1. 被告的工商登记材料，以证明被告合法成立，经营范围为餐饮管理，使用法定代表人的姓名作为企业的字号。原告对该证据无异议，但对被告有关使用法定代表人的姓名作为企业的字号的主张提出异议。本院对该证据予以采信。

证据 2. 济南吉利汽车有限公司招标文件和证明；

证据 3. 浪潮集团有限公司餐饮承包商招标文件；

证据 4. 山东大学齐鲁医院东院区食堂招标文件；

证据 5. 山东太古飞机工程有限公司出具的证明；

证据 6. 菜品价目表、名片、服装、餐厅管理制度复印件。

被告以上述证据证明其经营范围为餐饮管理，没有使用原告的注册商标，亦未攀附原告的品牌利益。原告对证据 2~5 的真实性没有异议，但认为与本案没有关联性。原告对证据 6 的真实性提出异议。本院经审查认为，本案原告起诉被告侵权的内容已为原告的起诉状和其提交的证据固定，而被告的上述证据与原告的指控内容没有关联，与本院需要审查的争议内容没有关联，故本院对上述证据不予采信。

证据 7. 济南红盾信息网网页，以证明原告完全可以设立分公司进行经营，被告并未对原告的经营形成障碍。

证据 8. 原告网页打印件，以证明省外加盟须以法人资格。

原告对上述证据真实性无异议，对其关联性提出异议。本院经审查，对上述证据不予采信。理由同前述内容。

根据上述认证，本院确认下列事实：

1986 年 6 月 3 日，北京市工商行政管理局颁发给北京市西城区饮食公司夫丰包子铺的营业执照载明，经营地址西长安街 122 号，经济性质全民，核算形式独立核算，开业日期1956 年，经营方式零售，经营范围面食。2000 年 5 月 15 日，北京市工商行政管理局西城分局颁发给北京市西城区庆丰包子铺的企业法人营业执照载明，经营地址西安门大街 85 号，经济性质全民所有制，成立时间 1982 年 1 月 5 日，经营范围面食（含流质食品、冷荤、凉菜），零售酒、饮料。2007 年 7 月 24 日，北京市西城区庆丰包子铺经核准变更名称为原告现名。北京华天饮食集团公司为原告的企业管理部门。

1998 年 1 月 28 日，北京华天饮食集团公司经核准注册取得"慶豐"商标，商标注册证第 1171838 号，核定服务项目第 42 类（现为第 43 类）：餐馆，临时餐室，自助餐室，快餐馆和咖啡馆。2008 年 8 月 14 日，上述商标经核准变更注册人名义为原告，经续展注册有效期自 2008 年 4 月 28 日至 2018 年 4 月 27 日。

2003 年 7 月 21 日，北京市西城区庆丰包子铺经核准注册取得"老庆丰 + lao qing feng"商标，商标注册证第 3201612 号，核定使用商品第 30 类：方便面、糕点、面包、饺子、大饼、馒头、元宵、豆沙、包子、肉泡馍。2008 年 11 月 13 日，上述商标经核准变更注册人名义为原告，经续展注册有效期自 2013 年 7 月 21 日至 2023 年 7 月 20 日。

2007 年，北京庆丰包子铺月坛店被北京市商务局认定为"中国风味特色餐厅"。2007年，原告在北京广播电台、北京电视台投入广告费用 1 316 604 元。2008 年至 2009 年 6 月20 日，原告在上述媒体投入广告费用 3 222 500 元。2006 年 7 月 7 日，《新京报》欢娱·饭局版曾对庆丰包子铺做过介绍。2009 年 2 月 4 日，原告与王娜签订特许经营合同，经营地点北京市朝阳区管庄西里 1 楼 1 层，经营店铺名称北京管庄庆丰包子铺，一次性加盟费10 万元，庆丰品牌使用费每年 6 万元。2009 年 12 月 22 日，原告与杨某签订特许经营合同，经营地点北京市海淀区车道沟甲 8 号 1 层，经营店铺名称北京军乐庆丰包子铺，一次性加盟费 10 万元，庆丰品牌使用费每年 6 万元。

2009 年 6 月 24 日，被告经核准登记成立，法定代表人徐某某，注册资本 50 万元，公司类型有限责任公司（自然人投资或控股），经营范围餐饮管理及咨询，公司股东为三自然人，其中徐某某出资 35 万元，占 70%。2013 年 7 月 23 日，北京市中信公证处应原告申请，登录被告的网站 www.qingfengcanyin.com 进行证据保全，出具了（2013）京中信内经证字 18419 号公证书。上述公证书记载，被告网站设有"走进庆丰""庆丰文化""庆丰精彩""庆丰新闻"等栏目，自 2009 年 7 月 15 日至 2012 年 8 月 26 日，被告开办了吉利餐厅等 8 家企业内设餐厅。2010 年 6 月 4 日，济南吉利汽车有限公司餐厅开业，被告打出"庆丰餐饮全体员工欢迎您"横幅。

本院认为，在中国传统商业文化中，商家喜欢选择使用带有喜庆祥和含义的词汇作为企业的字号或者商标。而从字号或商标的商业标识性权利属性来看，这类字号或者商标的自有显著性并不明显，有赖于商家后天的使用和维护，以赋予其特定的含义，并与商家建立特定的联系。本案原告起诉被告的侵权行为包括两类：一、被告注册并使用"济南庆丰餐饮管理有限公司"企业名称侵犯原告的注册商标专用权；二、被告在其网站设立""走进庆丰"等栏目，在经营场所打出"庆丰餐饮全体员工欢迎您"横幅侵犯原告的注册商标专用权。对于原告起诉的第二类侵权行为，因被告使用"庆丰"二字时与其使用环境一致，并未从字体、大小和颜色等方面突出使用，是对企业名称简称或字号的合理使用。故本案的焦点在于原告起诉的第一类侵权行为是否成立，即被告注册并使用"济南庆丰餐饮管理有限公司"企业名称是否侵犯原告的注册商标专用权。商标是区分商品或服务来源的商业标识，由文字、图形等组成要素构成，注册商标由国家工商行政管理总局商标局核准，注册商标专用权的效力及于全国。企业名称是区别市场主体的标志，依次由企业所在地的行政区划、字号、行业或者经营特点、组织形式等四部分组成。其中字号是区别不同企业的主要标志。企业对其企业名称和字号的专用权受限于其企业名称核准的行政区划和行业或者经营特点。基于注册商标与企业名称核准主体和核准程序的不同，注册商标中的文字与企业名称中的字号产生冲突在所难免，这种冲突是否合法，须依法具体判断。就本案而言，被告注册并使用"济南庆丰餐饮管理有限公司"企业名称始于 2009 年 6 月 24 日，其经营地域为济南。两涉案商标分别核准于 1998 年 1 月 28 日和 2003 年 7 月 21 日，原告受让两涉案商标的时间分别为 2008 年 8 月 14 日和 2008 年 11 月 13 日，原告无证据证明在被告注册并使用被诉企业名称时，其经营地域和商誉已经涉及或影响到济南和山东，亦无证据证明被告注册并使用被诉企业名称有假借原告商标商誉的可能。同时，原告提供的现有证据也不能证明相关公众已将原、被告误认或存在误认的可能。故被告注册并使用"济南庆丰餐饮管理有限公司"企业名称具有合理性，并未侵犯原告的注册商标专用权。依照《中华人民共和国商标法》第 51 条，《最高人民法院关于民事诉讼证据的若干规定》第 2 条，《企业名称登记管理规定》第 3 条的规定，判决如下：

驳回原告北京庆丰包子铺的诉讼请求。

案件受理费 9 700 元，由原告北京庆丰包子铺负担。

如不服本判决，可在判决书送达之日起 15 日内，向本院递交上诉状，并按对方当事人的人数提出副本，上诉于山东省高级人民法院。

审　判　长　王俊河

审　判　员　武守宪

代理审判员　王　超

二〇一三年十一月十四日

书　记　员　马绪乾

■ **推介文书**：（2014）济民三初字第 337 号原告山东普瑞聚能达科技发展有限公司与被告济南瑞德聚氨酯有限公司、张某某侵犯商业秘密纠纷民事判决书。

■ **推介理由**：商业秘密侵权民事纠纷案件与商业秘密行政管理、刑事侦查活动在证据、定性等方面的冲突与协调。

山东省济南市中级人民法院
民 事 判 决 书

（2014）济民三初字第 337 号

原告：山东普瑞聚能达科技发展有限公司，住所地：济南市槐荫区新沙北路 20 号。

法定代表人：马某某，该公司董事长。

委托代理人：韩某某，山东国盾律师事务所律师。

被告：济南瑞德聚氨酯有限公司，住所地：济南市平阴县榆山街道胡庄村东。

法定代表人：刘某某，该公司经理。

被告：张某甲，男，1980 年 2 月 7 日出生，汉族，住所地：济南市平阴县东阿镇仁和村。

上述二被告共同委托代理人：张某乙，山东国曜律师事务所律师。

上述二被告共同委托代理人：贾某某，山东鸿祥律师事务所律师。

原告山东普瑞聚能达科技发展有限公司（以下简称普瑞聚能达公司）与被告济南瑞德聚氨酯有限公司（以下简称瑞德公司）、张某甲侵犯商业秘密纠纷一案，本院受理后，依法组成合议庭，不公开开庭进行审理。原告普瑞聚能达公司法定代表人马某某、委托代理人韩某某，被告瑞德公司和张某甲的共同委托代理人张某乙到庭参加诉讼。本案现已审理终结。

原告普瑞聚能达公司诉称，聚氨酯轮胎生产工艺流程技术是原告的商业秘密，被告张某甲在原告处工作期间掌握了上述商业秘密。被告张某甲于 2010 年 5 月从原告处辞职，2011 年 5 月与他人合伙成立被告瑞德公司，非法使用原告的上述商业秘密生产、销售聚氨酯轮胎。为此，原告于 2012 年 6 月请求济南市工商行政管理局查处被告的违法行为，济南市工商行政管理局平阴分局于 2013 年 12 月 12 日作出济平工商检处字【2012】259 号行政处罚决定书，认定被告侵犯原告的商业秘密，责令被告停止侵犯原告商业秘密的行为，并处 15 万元罚款。请求判令两被告立即停止侵犯原告的商业秘密的行为；判令两被告赔偿原告经济损失 120 万元和原告就本案维权的合理支出费用 2 万元。

被告瑞德公司和张某甲共同辩称，被告已经就济南市工商行政管理局平阴分局作出的济平工商检处字【2012】259 号行政处罚决定提起行政诉讼，该案尚在审理中；原告所主张的商业秘密不成立，被告张某甲也无保密义务；被告瑞德公司生产聚氨酯轮胎有合法技术来源。请求驳回原告的诉讼请求。

原告普瑞聚能达公司为证明其诉讼请求提交下列证据：

第一组，以证明原告的涉案商业秘密：证据 1. 一车间实心轮胎操作工艺流程指导书；证据 2. 实心轮胎生产工艺流程图；证据 3. 实心轮胎浇注工艺流程图。两被告对该组证据的真实性无异议，但认为其内容不属于商业秘密。本院对该证据予以采信，至于其内容是否属于商业秘密，本院将在说理部分予以评述。

第二组，以证明原告对其涉案商业秘密采取合理的保密措施，被告张某甲对其负有保密义务：证据 4. 原告关于保密岗位的通知、关于保密工艺控制点的通知和公司保密管理制度；证据 5. 原告与被告张某甲签订的劳动合同、保密合同、张某甲出具的承诺书和保证；证据 6. 领料单、轮胎浇注记录表和两釜浇注机计量记录表；两被告对证据 5~6 的真实性没有异议，本院予以采信。两被告对证据 4 提出异议，本院经审查认为，证据 4 为原告制作的通知和管理制度，原告无证据证明其真实性，亦无证据证明该通知和管理制度已送达或告知被告张某甲，该证据缺乏客观性和关联性，故本院对证据 4 不予采信。

第三组，以证明两被告侵犯原告的涉案商业秘密：证据 7. 济南市工商行政管理局平阴分局济平工商检处字【2012】259 号行政处罚决定书及调查笔录、现场笔录；证据 8. 工业品买卖合同、加工合同、记账凭证、主营业务收入明细账、增值税专用发票。两被告对证据 7~8 的真实性没有异议，本院予以采信。

第四组，以证明原告的赔偿损失请求：证据 9. 技术开发（合作）合同。两被告对该证据的关联性提出异议，本院经审查认为，该合同系原告就"聚氨酯实心轮胎的研发"与案外人签订的技术开发合同，该合同与涉案商业秘密具有关联性，故本院对该证据予以采信。

被告瑞德公司和张某甲为证明其抗辩意见提交了下列证据：

证据 1. 平阴县公安局平公不立字（2013）00003 号不予立案通知书；

证据 2. 平阴县人民法院（2014）平行初字第 15 号受理案件通知书及行政裁定书；

证据 3. 中国聚氨酯工业协会弹性体专业委员会 2009 年年会论文《大型聚氨酯弹性体实心轮生产工艺和设备》。

原告对证据 1~2 没有异议，本院予以采信。原告对证据 3 提出异议，认为该证据不是公开出版物，被告亦不能证明该证据的公开时间。本院经审查认为，原告的异议成立，被告不能证明证据 3 的公开时间，该证据不能成为被告所主张的被诉技术来源，故本院对该证据不予采信。

根据上述认证，本院确认下列事实：

原告于 2000 年成立，主要从事高分子材料的研发、加工和浇注、电子工业专用设备的研发、生产；金属合成部件、集合件、弹力和硬性合成材料的生产；销售本公司生产的产品；高分子材料浇注操作方面的咨询；相关技术转让。原告的主要产品包括工矿聚氨酯实心轮胎系列产品及其他矿用产品，其工矿聚氨酯实心轮胎系列产品技术主要记载于一车间实心轮胎操作工艺流程指导书、实心轮胎生产工艺流程图和实心轮胎浇注工艺流程图。

被告张某甲于 2006 年 5 月到原告处工作，2007 年 1 月 10 日原告与张某甲签订一份劳动合同，2007 年 1 月 15 日原告与张某甲签订一份保密合同，张某甲出具一份承诺书。2006 年 6 月至 2008 年 8 月，被告张某甲在原告多份领料单上作为领用人签字。2009 年 12 月，被告张某甲在原告多份两釜浇注机计量记录表和轮胎浇注记录表上作为记录者签字。2010 年 5 月 29 日，被告张某甲从原告处辞职并出具保证，保证在离职五年内不从事与聚氨酯制品相关的工作（如公司产品风筒、密封件、填充轮胎、实心轮胎等制品）。2011 年 5 月 16 日，被告瑞德公司成立，经营范围为聚氨酯产品等的生产销售，该公司法定代表人刘某某为被告张某甲的妻子，二人均为该公司的股东。2011 年 11 月 1 日，瑞德公司与陕西省府谷县鸿宇矿业技术服务有限公司签订一份工业品买卖合同，瑞德公司销售聚氨酯轮胎货值 55.8 万元。2011 年 11 月 16 日，瑞德公司与榆林金探建筑安装工程有限责任公司签订一份工业品买卖合同，瑞德公司销售聚氨酯轮胎货值 38.4 万元。2012 年 5 月 8 日，瑞德公司与北京盛迪科创技术有限公司签订一份工业品买卖合同，瑞德公司销售实心轮胎货值 24.6 万元。2012 年 6 月 26 日，瑞德公司与王某签订一份工业品买卖合同，瑞德公司销售聚氨酯轮胎货值 9.9 万元。

2012 年 7 月 3 日，张某甲在接受济南市工商行政管理局平阴分局调查时陈述，其在普瑞聚能达公司工作时干过生产聚氨酯实心轮胎，了解生产流程，全部掌握了生产聚氨酯实心轮胎的生产工艺、流程，担任生产部长时通过普瑞聚能达公司总经理得到生产实心轮胎的配方。2012 年 11 月 9 日，张某甲在接受济南市工商行政管理局平阴分局调查时陈述，瑞德公司生产聚氨酯轮胎的生产工艺、流程都是其在普瑞聚能达公司工作时获得的，瑞德公司生产聚氨酯轮胎的营业额 220 多万元。2012 年 12 月 4 日，瑞德公司的股东闫某某在接受济南市工商行政管理局平阴分局调查时陈述，瑞德公司成立时股东内部签订了一份合伙协议，注明张某甲以综合技术和现金方式出资，综合技术就是张某甲以前在普瑞聚能达公司工作所掌握的有关生产聚氨酯轮胎的技术，没有张某甲瑞德公司生产不了轮胎。2013 年 5 月 17 日，被告张某甲在接受平阴县公安局调查时陈述，瑞德公司生产聚氨酯轮胎的工艺和流程与原告一样，其将在普瑞聚能达公司掌握的技术用于瑞德公司的生产，普瑞聚能达公司曾对其做过保密要求。

2013 年 5 月 17 日，平阴县公安局针对济南市工商行政管理局平阴分局移送瑞德公司侵犯商业秘密一案作出平公不立字（2013）00003 号不予立案通知书，决定不予立案。2013 年 12 月 12 日，济南市工商行政管理局平阴分局作出济平工商检处字【2012】259 号行政处罚决定书，该行政处罚决定书认定，张某甲利用在普瑞聚能达公司工作期间掌握了普瑞聚能达公司生产聚氨酯轮胎的工艺、流程、技术；张某甲在离开普瑞聚能达公司后与他人合作成立瑞德公司，在普瑞聚能达公司不知情的情况下生产与该公司产品同样类型的聚氨酯轮胎；截至立案，瑞德公司生产聚氨酯轮胎经营额达 220 多万元。该行政处罚决定书责令瑞德公司停止侵犯普瑞聚能达公司的商业秘密，并处 15 万元罚款，上缴国库。瑞德公司已就上述行政处罚决定提起行政诉讼，该案目前正在审理中。

本院认为，本案的争议焦点为：（一）原告普瑞聚能达公司涉案技术信息是否属于商业秘密；（二）被告张某甲和瑞德公司是否侵犯原告的商业秘密。分别评述如下：

（一）原告普瑞聚能达公司涉案技术信息是否属于商业秘密。依照《中华人民共和国反不正当竞争法》第 10 条第 3 款的规定，商业秘密是指不为公众所知悉、能为权利人带来经济利益、具有实用性并经权利人采取保密措施的技术信息和经营信息。原告普瑞聚能达公司涉案技术信息要获得法律保护，须同时具有上述法律规定所要求的特征。原告普瑞聚能达公司涉案技术信息为生产聚氨酯轮胎工艺和流程，该技术信息记载于相应的技术文件且为原告正在实施，具有确定性和实用性。被告张某甲在劳动合同、保密合同、承诺书和保证中，均有对原告的商业秘密负有保密义务的意思表示，被告张某甲在接受平阴县公安局调查时陈述原告曾对其做过保密要求，上述事实表明原告对其涉案技术信息采取了合理的保密措施。被告张某甲和瑞德公司在诉讼中亦未提供相应的证据证明原告的涉案技术信息已为公众所知悉，不具有秘密性，故本院确认原告的涉案技术信息为商业秘密，依法予以保护。

（二）被告张某甲和瑞德公司是否侵犯原告的商业秘密。依照《中华人民共和国反不正当竞争法》第 10 条第 1 款第（3）项、第 2 款的规定，非法披露、获取和使用他人的商业秘密的行为属于侵犯商业秘密。被告张某甲在接受济南市工商行政管理局平阴分局和平阴县公安局调查时的陈述内容，以及被告瑞德公司股东闫某某在接受济南市工商行政管理局平阴分局调查时的陈述内容均表明，被告张某甲在原告处工作时掌握了原告的商业秘密，后非法披露给被告瑞德公司使用，被告张某甲和瑞德公司共同侵犯了原告的商业秘密。被告张某甲和瑞德公司在诉讼中抗辩其被诉技术有合法来源，但其所提交的证据不成立，故本院对其抗辩主张不予采纳。

依照《中华人民共和国反不正当竞争法》第 16 条和第 20 条第 2 款的规定，县级以上监督检查部门对不正当竞争行为，可以进行监督检查；被侵害的经营者的合法权益受到不正当竞争行为损害的，可以向人民法院提起诉讼。原告普瑞聚能达公司就被告张某甲和瑞德公司的不正当竞争行为向本院提起民事诉讼，本院依法予以受理并作出裁决。依照《中华人民共和国反不正当竞争法》第20条第1款的规定，经营者违反本法规定，给被侵害的经营者造成损害的，应当承担损害赔偿责任，被侵害的经营者的损失难以计算的，赔偿额为侵权人在侵权期间因侵权所获得的利润；并应当承担被侵害的经营者因调查该经营者侵害其合法权益的不正当竞争行为所支付的合理费用。原告要求两被告立即停止侵犯其商业秘密的行为，本院予以支持。原告要求两被告赔偿原告经济损失120万元和原告就本案维权的合理支出费用2万元，但对此举证不足，本院将考量下列因素综合酌定两被告的赔偿责任：（一）原告涉案商业秘密的技术创新度和市场竞争优势；（二）被告张某甲在接受工商部门调查时自认使用涉案商业秘密生产聚氨酯轮胎的经营额和本院已经查明的被告瑞德公司销售聚氨酯轮胎的情况；（三）原告委托律师参与诉讼。依照《中华人民共和国民法通则》第118条，《中华人民共和国反不正当竞争法》第10条第1款第（3）项、第2款、第3款，第20条第1款，《中华人民共和国民事诉讼法》第134条第2款的规定，判决如下：

一、被告济南瑞德聚氨酯有限公司和张某某立即停止侵犯山东普瑞聚能达科技发展有限公司的商业秘密；

二、被告济南瑞德聚氨酯有限公司和张某某于本判决生效之日起10日内赔偿原告山东普瑞聚能达科技发展有限公司经济损失和维权费用合计10万元。

如果未按本判决指定的期间履行给付金钱义务，应当依照《中华人民共和国民事诉讼法》第253条之规定，加倍支付迟延履行期间的债务利息。

案件受理费15 780元，由原告山东普瑞聚能达科技发展有限公司负担5 780元，由被告济南瑞德聚氨酯有限公司和张某某负担10 000元。

如不服本判决，可在判决书送达之日起15日内，向本院递交上诉状和副本7份，并预交上诉案件受理费【收款单位：财政票款分离（济南市中级法院）开户行：农业银行济南市大观园支行账号：15154101011830338】，上诉于山东省高级人民法院。

审　判　长　王俊河

审　判　员　武守宪

代理审判员　王　超

二〇一五年七月二十九日

书　记　员　马绪乾

■**推介文书：**（2014）济民三初字第952号原告奥托恩姆科技有限公司与被告山东天业恒基股份有限公司侵犯计算机软件著作权纠纷民事判决书。

■**推介理由：**本案涉及权利作品的审查以及在理论和实务界对利用Telnet技术远程检测被控作品存在争议的情况下，结合被告的其他诉讼行为对被控作品进行审查判断。

山东省济南市中级人民法院
民 事 判 决 书

（2014）济民三初字第952号

原告：奥托恩姆科技有限公司（ALT－N Technologies Ltd），住所地：美利坚合众国得克萨斯州葡萄藤市360州立公路4550号100座（4550 SH 360，Suite 100 Grapevine City TX State USA）。

法定代表人：杰瑞·唐纳德（Jerry Donaid），普通合伙人。

委托代理人：段某某，山东文楷律师事务所律师。

委托代理人：卢某，山东文楷律师事务所实习律师。

被告：山东天业恒基股份有限公司，住所地：中华人民共和国山东省济南市高新区新宇南路1号济南国际会展中心A区。

法定代表人：曾某某，该公司董事长。

委托代理人：王某某，山东众英律师事务所律师。

委托代理人：范某某，山东众英律师事务所律师。

原告奥托恩姆科技有限公司（以下简称奥托恩姆公司）与被告山东天业恒基股份有限公司（以下简称天业恒基公司）侵犯计算机软件著作权纠纷一案，本院于2014年12月23日受理后，依法组成合议庭，于2015年3月16日公开开庭进行审理。原告奥托恩姆公司的委托代理人段某某、卢某，被告天业恒基公司的委托代理人王某某、范某某到庭参加诉讼。本案现已审理终结。

原告奥托恩姆公司诉称：原告是在美国得克萨斯州注册的一家有限合伙企业，原告拥有MDaemon系列邮件服务系统软件著作权，该系列软件已经成为世界上最为流行的邮件服务器软件之一。被告天业恒基公司未经原告授权许可，擅自复制并商业使用原告的MDaemon6.8.5软件（以下简称涉案软件），侵犯了原告的计算机软件著作权。请求判令被告立即停止使用并卸载在其网站上使用的涉案软件；判令被告赔偿原告经济损失及原告为制止侵权行为所支付的合理费用共计15万元。

被告天业恒基公司辩称，一、被告未复制和使用原告的涉案软件。尽管原告在起诉状中诉称是被告的公司网站（网址：www.tyanhome.com.cn）上使用了涉案软件，但在其提交的上海市徐汇公证处（2013）沪徐证经字第1237号公证书（以下简称1237号公证书）又指向是被告的"mail.tyanhome.com.cn"主机域名使用了涉案软件。被告未设立和使用企业电子邮箱服务系统，不存在侵权行为，理由如下：

（一）被告的公司网站是委托济南围天人科技有限公司（以下简称围天人公司）建设并维护的，被告委托围天人公司建设公司网站项目中不包括企业电子邮箱服务，但围天人公司作为提供网站建设服务的专业公司，按工作习惯为被告申请了"tyanhome.com.cn"域名，并在该域名下解析了几个常用的主机域名，如"www.tyanhome.com.cn（IP：218.57.142.183）""mail.tyanhome.com.cn（IP：218.57.142.184）"等以供备用。"mail.tyanhome.com.cn"主机名的解析从未实际使用，被告公司网站域名一直由围天人公司管理，直至2015年1月8日围天人公司才将网站域名管理权转给被告。

（二）1237号公证书并不能证明被告"mail.tyanhome.com.cn"主机域名关联了涉案软件。1237号公证书中第10~11页的电脑桌面截图所体现的信息内容，只能说明"mail.tyanhome.com.cn"主机域名正确解析到了"218.57.142.184"这个IP地址上，而"218.57.142.184"这个IP地址上运行着原告的涉案软件；但不能证明在涉案软件下为"mail.tyanhome.com.cn"主机域名设立了邮箱，也不能证明涉案软件为"mail.tyanhome.com.cn"主机域名提供了任何服务。而"218.57.142.184"这个IP地址属围天人公司的服务器地址。

另外，1237号公证书中第10~11页电脑桌面截图中体现的使用涉案软件的信息关联的是"webteam.cn"域名，而不是关联了"mail.tyanhome.com.cn"主机域名，而"webteam.cn"域名是围天人公司的域名。因此，该电脑桌面截图所体现的涉案软件使用信息并不能证明被告"mail.tyanhome.com.cn"主机域名关联了原告的涉案软件。

（三）被告已提出鉴定申请，申请对围天人公司存放在山东省畜牧局机房内的"218.57.142.184"服务器停止运行前（2014年4月）的包括安装运行涉案软件的情况及"mail.tyanhome.com.cn"域名是否使用原告的涉案软件提供了电子邮箱服务的情况进行专业技术鉴定。

二、本案中对涉案软件进行实际使用的是围天人公司，如围天人公司使用原告涉案软件的行为构成侵权，则围天人公司应是唯一的侵权行为人，应当由该公司承担侵权责任。

三、原告要求被告赔偿经济损失及原告为制止侵权行为而支出的合理费用共计 15 万元的诉讼请求不能成立，应依法予以驳回。

原告奥托恩姆公司为证明其诉讼请求，提交了下列证据：

证据 1. 上海市徐汇公证处（2012）沪徐证经字第 7104 号公证书，证明原告授予了上海国惠知识产权代理有限公司对在中国境内的任何侵权人就其侵犯原告知识产权的行为提起诉讼或参加其他任何司法程序以及转委托等权利，原告对 MDaemon 系列软件进行了版权登记和商标注册。

证据 2. 上海市长宁公证处（2014）沪长证经字第 499 号公证书及其翻译文本，证明原告对涉案软件进行版权登记，涉案软件的发布时间为 2003 年 9 月 12 日。

证据 3. 涉案软件光盘一份和上海软众信息科技有限公司出具的证明，证明涉案软件光盘的来源。

证据 4. 上海市浦东新区人民法院（2014）浦民三（知）初字第 66 号民事判决书和上海市第一中级人民法院（2014）沪一中民五（知）终字第 188 号民事判决书，证明涉案软件已为生效判决认定。

证据 5. 人民邮电出版社出版《非常网管——企业网络安全实战指南》（2009 年 1 月第 1 版），证明 MDaemon 系列软件的特点、功能、安装及有关概念和术语。

证据 6. 中国铁道出版社出版《网络服务器配置与管理（Windows Server 2003 版）》（2010 年 3 月第 1 版），证明使用 MDaemon 系列软件搭建邮件服务器的安装、配置、使用与邮箱管理。

证据 7. 清华大学出版社出版《Windows Server 2003 系统管理》（2010 年 4 月第 3 版），证明使用 Nslookup、Telnet 测试服务的内容。

证据 8. 机械工业出版社出版《网络操作系统教程——Windows Server 2003 管理与配置》（2011 年 2 月第 1 版），证明使用 Nslookup、Telnet 测试服务的内容。

证据 9. 上海市徐汇区公证处（2013）沪徐证经字第 1237 号公证书，证明被告的侵权行为。

证据 10. 2009 年 12 月 10 日北京比特瑞旺电脑有限公司与上海软众信息科技有限公司签订的软件订货合同，证明 MDaemon Pro Unlimited User 10.0 版本邮件服务器软件及防病毒插件（2 年升级）的交易价格为 259 000 元。

证据 11. 上海市徐汇区公证处（2013）沪徐证经字第 1130 号公证书，证明 2012 年 12 月 17 日上海软众信息科技有限公司出售给北京毕普创新科技有限公司的 MDaemon Pro（含 2 年产品升级）软件的价格为 180 000 元。

证据 12. 上海软众信息科技有限公司提供的软件报价单，证明上海软众信息科技有限公司 MDaemon 正版软件的最低售价为 128 000 元。

被告对原告提交的上述证据的客观性和合法性无异议，对其关联性提出异议，认为证据1~4不足以证明涉案软件内容，证据9不能证明侵权内容，证据5~8和证据10~12与案件没有关联性。本院经审查认为，证据10~12的交易信息和销售价格均未涉及涉案软件，被告的异议成立，本院对证据10~12不予采信。证据5~8为公开出版物，系案件所涉专业知识，本院予以采信。本院对证据1~4和9予以采信，对于被告对上述证据的异议，本院将在本判决说理部分予以评述。

被告天业恒基公司提交下列证据：

证据1. 被告与围天人公司签订的网站建设项目合同书及被告支付给围天人公司网站建设费和网站咨询、维护费凭证，证明涉案网站是被告委托围天人公司建设和维护的，被告委托围天人公司建设公司网站项目中不包括企业电子邮箱服务，被告也未开设企业电子邮箱服务。

证据2. 围天人公司出具的情况说明，证明围天人公司为被告申请了"tyanhome. com. cn"域名并在该域名下解析了"mail. tyanhome. com. cn（IP：218. 57. 142. 184）"主机域名以供备用，"mail. tyanhome. com. cn"主机域名的解析从未实际使用，围天人公司也未告知被告为其做了"mail. tyanhome. com. cn"主机域名的解析。

原告对被告提交的上述证据1的客观性和合法性无异议，对其关联性提出异议。本院对该证据予以采信，对于原告对该证据的异议，本院将在本判决说理部分予以评述。原告对被告的上述证据2提出异议，认为证据2系案外人的单方陈述。本院经审查认为，该证据由围天人公司法定代表人王某签名，属于单位证言，该作证单位与被告有利害关系且未派人出庭作证，在原告提出异议的情况下，本院对该证据不予采信。

根据上述认证，本院确认下列事实：

原告是在美国得克萨斯州注册的一家有限合伙企业，该公司于2004年11月16日在美国专利商标局注册"MDAEMON"商标，用于电子邮件应用的计算机邮件服务器软件，该公司开发了MDaemon系列邮件服务器软件。涉案软件由原告于2003年9月11完成，于2003年9月12日公开。上海软众信息科技有限公司是原告在中国的独家授权总代理，负责在中国营销、促销、分销以及销售原告的产品，该公司提交的涉案软件包装即光盘盒正面左上角标有"alt‐ntechnologies"，中间有"MDaemon"；光盘盒背面下方标有"www. altn. com""Copyright Alt‐NTechnologies, LtdAllRightsReserved"。打开光盘盒，光盘下方标有"http：//www. altn. com""Copyright Alt‐NTechnologies, LtdAllRightsReserved"。该光盘安装过程中显示含有原告的英文名称、版本号、发布时间。2014年8月20日，上海市浦东新区人民法院就奥托恩姆公司与上海远和进出口有限公司侵害计算机软件著作权纠纷一案作出（2014）浦民三（知）初字第66号民事判决，该判决认定奥托恩姆公司系MDaemon6. 8. 5软件（即本案涉案软件）的著作权人，上海软众信息科技有限公司提供的光盘为 MDaemon6.8.5 软件保护内容的载体。2014 年 12 月 9 日，上海市第一中级人民法院作出（2014）沪一中民五（知）终字第 188 号民事判决，维持前述判决。

2013 年 2 月 16 日，上海市徐汇公证处应上海国惠知识产权代理有限公司的申请，使用该公证处的计算机连接互联网，进行证据保全行为。上海市徐汇公证处出具 1237 号公证书，该公证书记载：1. ICP/IP 地址／域名信息备案管理系统显示 www.tyanhome.com.cn 为山东天业恒基股份有限公司网址，tyanhome.com.cn 为网站域名，备案／许可证号：鲁 ICP 备 09105024，审核通过时间 2012 年 7 月 20 日，网址负责人王某。2. Copyright2012 山东天业恒基股份有限公司版权所有 制作维护：济南围天人科技有限公司 e子邮件：support@ webteam.cn。3. 在"运行（R）"程序中输入"cmd"命令，屏幕显示"cmd.exe"程序窗口，在该窗口分别输入"nslookup""set q = mx""tyanhome.com.cn"命令，屏幕显示上述命令检测结果分别为 address：210.5.153.250，tyanhome.com.cn.MX preference = 10.mail exchange = mail.tyanhome.com.cn。4. 在"运行（R）"程序中输入"telnetmail.tyanhome.com.cn25"和"telnetmail.tyanhome.com.cn110"命令，屏幕显示上述命令检测结果分别为 220 webteam.cn ESMTP MDaemon 6.8.5；Sat，16 Feb 2013 18：40：42 和 OK webteam.cn POP MDaemon6.8.5；MDAEMON.2013 02161841。Telnet 是常用的远程登录服务器并进行管理的命令。机械工业出版社出版的《网络操作系统教程——Windows Server 2003 管理与配置》（2011 年 2 月第 1 版）第 157、165、166 页介绍，Nslcokup（name server lookup）和 set type = mx 是用来查询域名信息的，MX（mail exchange 邮件交换记录）的作用是指向邮件服务器的地址。清华大学出版社出版的《Windows Server 2003 系统管理》（2010 年 4 月第 3 版）第 400 页介绍，Telnet 是常用的远程登录服务器并进行管理的命令，其提供的安全性非常低。人民邮电出版社出版的《非常网管——企业网络安全实战指南》（2009 年 1 月第 1 版）第 3 页介绍，25 端口是为 SMTP（简单邮件传输协议，Simple mail transfer protocol）开放的用于发送邮件的端口，110 端口是为 POP3（Post Office Protocol Version 3，邮局协议3）开放的用于接收邮件的端口。

2008 年 4 月 29 日，被告与围天人公司签订一份天业恒基网站建设项目合同书，被告委托围天人公司建设公司网站，包括页面设计、信息发布后台程序、网站域名和网站空间、网站推广。合同金额 12 900 元。从 2008 年 4 月 30 日至 2013 年 11 月 25 日，被告先后向围天人公司支付网站制作费、维护费和域名管理费。围天人公司持有 webteam.cn 域名。

诉讼中，被告于 2015 年 2 月 9 日向本院提出追加被告申请，请求追加围天人公司作为被告参加诉讼，其理由为：被告从未添加和使用"mail.tyanhome.com.cn"域名，而是由于围天人公司未将网站域名管理权转到被告名下，擅自利用网站域名管理权添加上述域名，在利用该域名进行电子邮件软件系统测试中使用了原告的涉案软件。2015 年 3 月 10 日，被告向本院提出鉴定申请，请求对围天人公司存放于山东省畜牧局机房内的服务器进行鉴定，以确定围天人公司的服务器是否安装运行涉案软件及 mail. tyanhome. com. cn 主机域名是否使用涉案软件提供电子邮箱服务。

本院认为，依照《中华人民共和国著作权法》第 2 条第 2 款的规定，外国人、无国籍人的作品根据其作者所属国或者经常居住地国同中国签订的协议或者共同参加的国际条约享有的著作权，受中国法律保护。鉴于中国与美国均为《保护文学艺术作品伯尔尼公约》的成员国，原告可以就其涉案软件申请中国法律保护。依照《计算机软件保护条例》第 2 条和第 3 条的规定，计算机软件是指计算机程序及其有关文档，计算机程序是指为了得到某种结果而可以由计算机等具有信息处理能力的装置执行的代码化指令序列，或者可以被自动转换成代码化指令序列的符号化指令序列或者符号化语句序列。文档是指用来描述程序的内容、组成、设计、功能规格、开发情况、测试结果及使用方法的文字资料和图表等。故完整的侵害计算机软件纠纷案件审查判断的内容应包括三部分：（一）权利软件及其内容，原告是否为权利软件的著作权人或利害关系人；（二）被诉软件及其内容，被诉软件是否为权利软件的复制件或与权利软件无实质性差异；（三）被告是否复制或商业使用被诉软件，被告复制或商业使用被诉软件是否有合法依据。而本案争议焦点在于：（一）原告的涉案软件及其内容是否能够确认；（二）被诉软件及其内容是否能够确认；（三）被诉行为的责任归属。分别评述如下：

（1）原告的涉案软件及其内容是否能够确认。原告作为侵害计算机软件著作权纠纷案件的发起人，提供证据证明权利软件及涉案软件及其内容是其首要的举证义务。依照《最高人民法院关于审理著作权民事纠纷案件适用法律若干问题的解释》第 7 条的规定，当事人提供的涉及著作权的底稿、原件、合法出版物、著作权登记证书、认证机构出具的证明、取得权利的合同等，可以作为证据。在作品或者制品上署名的自然人、法人或其他组织视为著作权、与著作权有关权益的权利人，但有相反证明的除外。依照《计算机软件保护条例》第 9 条的规定，软件著作权属于软件开发者，如无相反证明，在软件上署名的自然人、法人、或者其他组织为开发者。原告证明涉案软件及其内容的证据为证据 1~3，而证据 1~2 仅对涉案软件完成时间、公开时间和所使用的商标进行了公证和认证，未对涉案软件的内容或其载体进行公证和认证，证据 3 为原告在中国的独家授权总代理上海软众信息科技有限公司提供的涉案软件的复制件，非软件原件或合法出版物。上述证据虽然存在前述瑕疵，但是基于原告及其 MDaemon 系列软件在相关领域的市场影响，已经形成优势证据，而且该优势证据所对应的事实已为证据 4 即上海市浦东新区人民法院（2014）浦民三（知）初字第 66 号民事判决书和上海市第一中级人民法院（2014）沪一中民五（知）终字第 188 号民事判决书所确认，依照《最高人民法院关于适用〈中华人民共和国民事诉讼法〉的解释》第 93 条第 1 款第（5）项的规定，已为人民法院发生法律效力的裁判所确认的事实，当事人无须举证证明。故本院确认原告是涉案软件即 MDaemon6. 8. 5

软件的著作权人，上海软众信息科技有限公司提供的涉案软件光盘所记载的计算机程序即是本案涉案软件的保护内容。

（2）被诉软件及其内容是否能够确认。原告提供证据固定被诉软件及其内容是证明被诉行为的必要举证义务，原告证明被诉行为的证据为证据9即1237号公证书。该公证书表明，原告利用Telnet技术远程检测mail. tyanhome. com. cn用于发送和接收邮件的端口，其检测结果出现MDaemon6.8.5字符，表明mail. tyanhome. com. cn使用涉案软件具有较大的可能性，鉴于网络环境的易变性和Telnet技术的安全性低等特点，检测结果出现MDae-mon6.8.5字符与mail. tyanhome. com. cn使用涉案软件这一待证事实不具有必然的确定性。而被告针对mail. tyanhome. com. cn是否使用涉案软件这一争议事实在诉讼中有过不同的陈述，2015年2月9日被告向本院提出追加被告申请，其理由中已经自认利用mail. tyanhome. com. cn进行电子邮件软件系统测试中使用了原告的涉案软件；2015年3月10日被告向本院提出鉴定申请，否认mail. tyanhome. com. cn使用涉案软件，请求对匡天人公司存放于山东省畜牧局机房内的服务器进行鉴定。首先，基于网络环境的自有特点，被告所提出的鉴定申请已难以还原原告公证取证时的客观现状。其次，被告就争议事实做出了前后不同甚至相反的陈述，应采信对被告不利的陈述，这样才符合公平原则，也更易于接近客观真实。最后，依照《最高人民法院关于适用〈中华人民共和国民事诉讼法〉的解释》第92条第1款的规定，一方当事人在法庭审理中，或者在起诉状、答辩状、代理词等书面材料中，对于己不利的事实明确表示承认的，另一方当事人无须举证证明。故本院确认mail. tyanhome. com. cn使用涉案软件，即被诉软件为涉案软件的复制件，其内容相同。

（3）被诉行为的责任归属。www. tyanhome. com. cn为被告公司网站，tyanhome. com. cn、mail. tyanhome. com. cn域名属于被告所有，上述网站或域名的对外显示的信息指向被告，基于上述域名所发生的民事行为，其民事责任归属于被告。即使被诉网站和域名为案外人管理和维护，也不影响原告单独就被诉行为起诉被告。被告在对被诉行为承担民事责任后，可依据合同关系另行向案外人主张权利。

依照《中华人民共和国著作权法》第10条第1款第（5）项、第2款和《计算机软件保护条例》第8条第1款第（4）项、第2款的规定，计算机软件著作权人对其作品享有复制权和许可他人使用并获得报酬权。被告天业恒基公司未经原告许可，复制并使用原告的计算机软件，侵犯了原告的计算机软件著作权，应承担停止侵权和赔偿损失的民事责任。原告请求判令被告停止侵犯其计算机软件著作权的行为，本院予以支持。原告要求被告卸载侵权软件，应属于停止侵权行为的具体执行内容，本院不再另行判决。依照《中华人民共和国著作权法》第49条的规定，侵犯著作权或者与著作权有关的权利的，侵权人应当按照权利人的实际损失给予赔偿；实际损失难以计算的，可以按照侵权人的违法所得给予赔偿。赔偿数额还应当包括权利人为制止侵权行为所支付的合理开支。权利人的实际损失或者侵权人的违法所得不能确定的，由人民法院根据侵权行为的情节，判决给予50万元以下的赔偿。原告要求被告赔偿经济损失及原告为制止侵权行为所支付的合理费用15万元，但对此举证不足。为此，本院将结合下列因素予以综合酌定：（1）原告及其涉案计算机软件在相关领域市场影响较大；（2）原告所举证证明的被告侵权行为时间和规模（3）原告为提起本案诉讼而进行了证据保全公证和委托律师诉讼。依照《中华人民共和国著作权法》第2条第2款，第10条第1款第（5）项、第2款，第48条第（1）项，第49条，《计算机软件保护条例》第8条第1款第（4）项、第2款，第24条第1款第（1）项的规定，判决如下：

1. 被告山东天业恒基股份有限公司立即停止侵犯原告奥托恩姆科技有限公司 MDae-mon6.8.5 计算机软件著作权的行为；

2. 被告山东天业恒基股份有限公司于本判决生效之日起10日内赔偿原告奥托恩姆科技有限公司经济损失和因制止侵权行为而支付的合理费用共计5万元。

如果未按本判决指定的期间履行给付金钱义务，应当依照《中华人民共和国民事诉讼法》第253条之规定，加倍支付迟延履行期间的债务利息。

案件受理费3300元，由原告奥托恩姆科技有限公司负担1300元，由被告山东天业恒基股份有限公司负担2000元。

如不服本判决，原告奥托恩姆科技有限公司可在判决书送达之日起30日内，被告山东天业恒基股份有限公司可在判决书送达之日起15日内向本院递交上诉状并提交副本6份，上诉于中华人民共和国山东省高级人民法院。

审　判　长　王俊河
代理审判员　庄辛晓
代理审判员　王　超

二○一五年五月五日
书　记　员　马绪乾

■ **推介文书**：（2015）济民三初字第 208 号原告烟台欣和味达美食品有限公司与被告滕州市鼎盛酿造有限责任公司侵犯注册商标专用权及不正当竞争纠纷民事判决书。

■ **推介理由**：与（1998）济知初字第 54 号原告广西黑五类食品集团公司与被告枣庄市劳技经济发展公司食品厂侵犯外观设计专利权纠纷民事判决书相比，审判物质条件的变化可以帮助提高裁判文书的可视性和可信度。

山东省济南市中级人民法院
民 事 判 决 书

（2015）济民三初字第 208 号

原告：烟台欣和味达美食品有限公司，住所地：烟台开发区长江路 169 号。

法定代表人：孙某某，该公司董事长。

委托代理人：上官某某，山东博睿律师事务所律师。

委托代理人：高某，山东圣义律师事务所律师。

被告：滕州市鼎盛酿造有限责任公司，住所地：滕州经济开发区春藤西路 589 号。

法定代表人：朱某，经理。

委托代理人：徐某，山东滕达律师事务所律师。

原告烟台欣和味达美食品有限公司（以下简称欣和味达美公司）与被告滕州市鼎盛酿造有限责任公司（以下简称鼎盛公司）侵犯注册商标专用权及不正当竞争纠纷一案，本院于 2015 年 2 月 9 日受理后，依法组成合议庭，于 2015 年 4 月 7 日公开开庭进行审理。原告欣和味达美公司的委托代理人上官某某，被告鼎盛公司的委托代理人徐某到庭参加诉讼。本案现已审理终结。

原告欣和味达美公司诉称，欣和控股有限公司是第 3026209 号"味达美"商标的注册人，其许可原告在中国大陆地区使用上述商标，并授权原告有权对侵犯商标权的行为向有关部门投诉、起诉。长期以来，原告投入了大量的财力、物力进行产品研发、宣传和推广，使"味达美"味极鲜酱油等产品成为调味品中的杰出代表，"味达美"商标的知名度日益提高。同时，"味达美"味极鲜酱油也成为国内具有较高知名度的知名商品，其包装装潢也成为知名商品特有的包装装潢。原告经调查发现，被告在其"味鲜美"味极鲜酱油标贴的显著位置突出使用与原告注册商标相近似的"味鲜美"标识，侵害了原告的注册商标专用权。同时，被告的"味鲜美"味极鲜酱油使用了与原告"味达美"味极鲜酱油相近似的包装装潢，构成不正当竞争。请求判令被告立即停止侵害原告注册商标专用权及不正当竞争行为，赔偿原告经济损失及因制止侵权行为所支付的合理开支共20万元。

被告鼎盛公司辩称，被告成立于1998年，是一家生产调味品的民营企业，拥有自己的注册商标和产品，在当地亦有一定的名气，原告所提供的被诉商品并不是被告生产、销售；被诉商品上的标识和装潢与原告涉案商标和装潢也不相近似，未构成商标侵权和不正当竞争；原告的诉讼请求没有法律依据，请求予以驳回。

原告欣和味达美公司为证明其诉讼请求提供了下列证据：

第一组，以证明涉案注册商标及原告对其拥有诉权：证据1.商标注册证、核准商标转让证明、核准续展注册证明；证据2.授权书。被告对该组证据没有异议，本院予以采信。

第二组，以证明涉案装潢及原告对其拥有诉权：证据3.外观设计专利证书及授权公告文本；证据4.证明；证据5.原告"味达美"味极鲜酱油产品实物。被告对该组证据没有异议，本院经审查认为，证据3和4所证明的外观设计与证据5所证明的装潢不同，即证据3和4与待证事实没有关联性，故本院对证据3和4不予采信。本院对证据5予以采信，涉案装潢以原告"味达美"味极鲜酱油产品实物瓶贴为准。

第三组，以证明涉案商标、涉案商品和装潢的知名度：证据6.荣誉证书22件；证据7.广告合同及广告画面19份；证据8.销售合同33份。被告对该组证据中的部分证据的真实性和关联性提出异议，本院对该组证据中与涉案商标、涉案商品和装潢有直接关联关系的予以采信，对与涉案商标、涉案商品和装潢没有直接关联关系的不予采信。

第四组，以证明被告侵犯注册商标权和不正当竞争行为：证据9.被诉商品；证据10.发票、购物小票及银联签购单。被告对该组证据的合法性和客观性无异议，对其关联性提出异议，认为不足以证明被诉商品由被告生产。本院经审查认为，原告在起诉时列被诉商品的销售者济南龙宝商场有限公司为被告，该被告亦到庭应诉，该被告提交了被告鼎盛公司的营业执照副本、组织机构代码证副本、税务登记证副本、生产许可证副本和检验报告，并指认被诉商品由被告鼎盛公司生产，原告遂撤回了对被告济南龙宝商场有限公司的起诉，但上述证据相互印证，能够证明被诉商品由被告鼎盛公司生产，故本院对该组证据予以采信。

第五组，以证明原告的经济损失和维权支出：证据11.被告的工商登记信息；证据12.代理费2万元的发票，原告在本案中主张1万元。被告对该组证据没有异议，本院予以采信。

被告鼎盛公司未提供证据。

根据上述认证，本院认定下列事实：

2003 年 2 月 7 日，孙某某在国家工商行政管理总局商标局注册登记"味达美"文字及图形组合商标，注册号第 3026209 号，核定使用商品第 30 类调味酱、调味品、酱油等，核定标识为"味达美 WEIDAMEI"文字及方形图形，为镂空字体，颜色排列顺序为蓝色、红色、绿色（详见图 1），有限期限自 2003 年 2 月 7 日至 2013 年 2 月 6 日止。2009 年 5 月 7 日，上述商标经国家工商行政管理总局商标局核准转让给欣和控股有限公司。2011 年 3 月 5 日，欣和控股有限公司许可原告使用上述商标，许可期限自 2009 年 11 月 20 日至 2019 年 11 月 19 日，并授权原告可以以自己的名义就侵犯上述商标的行为提起民事诉讼。2012 年 11 月 20 日，上述商标经核准续展有效期至 2013 年 2 月 6 日。原告涉案产品味达美味极鲜酱油瓶贴装潢内容为：底色为上黄下红，图案上为商标标识、口为"味极鲜酱油"、下为笑脸标识（详见图 2）。

图 1   图 2

2002 年 9 月 6 日，原告欣和味达美公司荣获山东省食品工业协会、山东省消费者协会 2002 年度山东调味品行业（酱油）"十大品牌"荣誉证书。2005 年 8 月 31 日，原告荣获"央视上榜品牌"荣誉称号。2006 年 5 月 28 日，原告生产的味达美极鲜酱油被山东省烹饪协会列为"2006 山东酒店采购十大推荐产品"。2007 年 11 月，原告生产的味达美极鲜荣获中国调味品协会"2007 中国国际调味品及食品配料博览会金奖。2007 年 12 月 18 日，原告入选山东省食品工业协会、山东省食品工业办公室组织的"2007 年度山东省食品行业综合实力（食品制造）二十强企业"。2008 年 10 月 23 日，原告荣获山东省食品工业协会、山东省消费者协会、山东省质量评价协会"第五届山东食品行业（调味品）十佳品牌"荣誉证书。2009 年 12 月，原告生产的味达酱油等产品被山东省名牌战略推进委员会、山东省质量技术监督局认定为"山东名牌"产品。2010 年 5 月，原告荣获山东省食品工业协会"2010～2011 年度山东省食品行业龙头企业"证书。2010 年 11 月，原告被山东省食品工业办公室、山东省食品工业协会确认为"山东省调味品行业十大品牌企业"。2013 年 1 月，原告生产的味达酱油等产品被山东省名牌战略推进委员会认定为"山东名牌"产品。原告欣和味达美公司对其企业和产品进行下列宣传和推广活动：2007 年在东营，2008 年 7 月在泰安、日照公交车上通过车体、路牌广告，2009 年 4 月在济南候车厅灯箱对"味达美"产品进行广告宣传。2007 年 10 月、2008 年 3 月、5 月分别在北京锦绣大地批发市场发布户外广告。2008 年 5 月和 2009 年 5~8 月及 2010 年，在山东卫视、齐鲁电视台、山东影视、潍坊电视台、淄博电视台发布广告。2008 年 5~6 月，在辽宁电视台都市频道、影视娱乐频道发布广告。2009 年 5~7 月，在青岛新闻频道、生活服务频道发布广告。2011 年 6 月至 9 月在《大连晚报》上刊发广告对"味达美"进行宣传。2011 年 3、12 月、2012 年 2、4、8、9 月在杂志《名厨》刊发广告对"味达美"产品进行广告宣传。2013 年 2 月在济南电视台新闻综合频道发布欣和企业系列品牌电视广告。原告的产品销往济南、枣庄、博山、即墨、临沂、济宁、青岛市市南区、黄岛开发区、胶南、胶州、邹城、东阿等地区。

2014 年 12 月 31 日，原告欣和味达美公司在济南龙宝商场有限公司经营的龙宝商场内购得"味鲜美"味极鲜酱油一瓶，金额 10.8 元，该产品标注的生产商为被告鼎盛公司。该产品瓶贴装潢内容为：底色为上黄下红，图案上为"味鲜美"、中为"味极鲜酱油"、下为笑脸标识（见图 2）。被告鼎盛公司成立于 1998 年 8 月 22 日，经营范围生产酱油、食醋、酱等，注册资本 61.2 万元。

原告欣和味达美公司为委托律师参与诉讼而支付律师代理费 1 万元。

本院认为，涉案第 3026209 号"味达美"注册商标合法有效，应依法予以保护，原告作为该注册商标专有权的利害关系人可以以自己的名义就涉嫌侵权行为提起诉讼。依照《中华人民共和国商标法》第 56 条的规定，注册商标的专用权以核准注册的商标和核定使用的商品为限。第 3026209 号"味达美"注册商标专用权的保护范围为在第 30 类调味酱、调味品、酱油等商品上独占使用"味达美 WEIDAMEI"文字图形组合商标。依照《中华人民共和国商标法实施条例》第 76 条的规定，在同一种商品或者类似商品上将与他人注册商标相同或者近似的标志作为商品名称或者商品装潢使用，误导公众的，属于侵犯注册商标专用权的行为。被告鼎盛公司在其味极鲜酱油瓶贴上使用"味鲜美 WEIJIXIAN"文字图形组合标志，该标志的文字、图形及其组合与涉案商标近似，足以误导公众，属于在同一种商品上将与他人注册商标近似的标志作为商品名称或者商品装潢使用的侵权行为，被告鼎盛公司应承担停止侵权和赔偿损失的民事责任。

依照《中华人民共和国反不正当竞争法》第 5 条第（2）项的规定，经营者擅自使用知名商品特有的名称、包装、装潢，或者使用与知名商品近似的名称、包装、装潢，造成和他人的知名商品相混淆，使购买者误认为是该知名商品，该行为构成不正当竞争。知名商品是指在市场上具有一定知名度，为相关公众所知悉的商品。原告欣和味达美公司及其味极鲜酱油生产时间较长，先后获得各种奖项和荣誉，在同行业和同类产品中拥有较好声誉，原告的味极鲜酱油可以认定为知名商品。知名商品的特有装潢是指不为相关商品所通用，并具有显著区别性特征，为识别与美化商品而在商品或者其包装上附加的文字、图案、色彩及其排列组合。原告使用在味极鲜酱油瓶贴上的装潢，其文字、图案色彩及其排列组合具有显著性，能够美化商品并起到识别作用，被告亦未提供证据否定原告上述装潢的特有性，故该装潢可以认定为原告使用在知名商品上的特有装潢。被告鼎盛公司使用在味极鲜酱油瓶贴上的装潢，其文字、图案色彩及其排列组合与原告近似，足以造成与原告的商品混淆，使购买者误认为原告的商品，被告的行为构成不正当竞争。被告应承担停止不正当竞争行为和赔偿损失的民事责任。

综上，原告要求被告停止侵害注册商标专用权和不正当竞争行为，本院予以支持。原告要求被告赔偿经济损失及因制止侵权行为所支付的合理开支共20万元，但举证不足，本院将结合下列因素予以综合酌定：（一）原告及其涉案商品的知名度和市场影响；（二）涉案商标及装潢对识别商品、美化商品的贡献；（三）被告企业规模和生产能力；（四）原告为提起诉讼而支付了合理的费用。依照《中华人民共和国商标法》第56条、第63条第3款，《中华人民共和国商标法实施条例》第76条，《中华人民共和国反不正当竞争法》第5条第（2）项、第20条第1款的规定，判决如下：

1. 被告滕州市鼎盛酿造有限责任公司立即停止侵害第3026209号"味达美"注册商标专用权的行为；

2. 被告滕州市鼎盛酿造有限责任公司立即停止不正当竞争行为，即立即停止在其味极鲜酱油瓶贴上仿冒原告烟台欣和味达美食品有限公司的装潢；

3. 被告滕州市鼎盛酿造有限责任公司于本判决生效之日起10日内赔偿原告烟台欣和味达美食品有限公司经济损失及因制止侵权行为所支付的合理开支共10万元。

如果被告未按本判决指定的期间履行给付金钱义务，应当依照《中华人民共和国民事诉讼法》第253条之规定，加倍支付迟延履行期间的债务利息。

案件受理费4 300元，由原告烟台欣和味达美食品有限公司负担1 300元，由被告滕州市鼎盛酿造有限责任公司负担3 000元。

如不服本判决，可在判决书送达之日起15日内，向本院递交上诉状和副本5份，上诉于山东省高级人民法院。

审　判　长　王俊河

审　判　员　武守宪

代理审判员　王　超

二〇一五年五月二十八日

书　记　员　马绪乾

■ **推介文书**：（2016）鲁01民初1656号原告泰诺健公司与被告山东天展健身器材有限公司侵害外观设计专利权纠纷民事判决书。

■ **推介理由**：该判决是作者的最后一份判决书，向20年的知识产权法官生涯致敬！

山东省济南市中级人民法院
民 事 判 决 书

（2016）鲁01民初1656号

原告：泰诺健公司（Technogym S. P. A.），住所地：意大利弗利－切塞纳省甘贝托拉（Via Calcinaro 2861 47521 Cesena，Italy）。

法定代表人：朱塞佩·波诺罗（Giuseppe Bonollo），该公司知识产权董事长。

委托诉讼代理人：侯某某，北京市集佳律师事务所律师。

委托诉讼代理人：刘某，北京市集佳律师事务所律师。

被告：山东天展健身器材有限公司，住所地：中华人民共和国山东省宁津县经济技术开发区。

法定代表人：赵某某，该公司总经理。

委托诉讼代理人：赵建某，北京宣言律师事务所律师。

委托诉讼代理人：孔某，北京宣言律师事务所实习律师。

原告泰诺健公司与被告山东天展健身器材有限公司（以下简称天展公司）侵害外观设计专利权纠纷一案，本院于2016年8月5日受理后，依法适用普通程序，于2016年10月14日公开开庭进行审理。原告的委托诉讼代理人侯某某、刘某，被告的委托诉讼代理人赵建某、孔某到庭参加诉讼。本案现已审理终结。

原告泰诺健公司向本院提出诉讼请求：1. 判令被告停止侵权行为，即停止制造、许诺销售、销售侵犯原告ZL201130268092.9号外观设计专利权的涉案侵权产品；2. 判令被告销毁库存中的涉案侵权产品，以及制造涉案侵权产品的专用设备、模具；3. 赔偿原告实际损失100万元；4. 赔偿原告为制止侵权行为所支付的合理开支20万元。事实与理由：原告泰诺健公司于2011年8月9日就"健身器材"向国家知识产权局提出外观设计专利申请，于 2013 年 2 月 27 日获准授权公告，专利号 ZL201130268092.9，本专利目前仍为有效状态。原告在本专利中要求保护的即为一款名叫"Run ARTIS"的跑步机，该跑步机经原告多年设计、开发最终推向商用，是原告的主打产品之一。原告不仅在海外享有盛誉，已成为多届奥运会的运动器材赞助方，多年来原告在国内也形成良好的品牌效应，其产品常见于各大健身会所等，其独特的外观设计是吸引消费者购买的非常重要的原因之一。被告天展公司大量制造 TZ－7000 系列涉案侵权产品，并通过其官方网站、阿里巴巴网站、宣传广告册等多种方式许诺销售、销售上述涉案侵权产品，该侵权行为已严重侵害原告的合法权益。

被告天展公司辩称，被告已就原告的涉案专利向国家知识产权局专利复审委员会提出无效宣告请求，故申请本案中止诉讼；被告涉案产品与原告的专利存在多处区别，不构成侵权；原告请求销毁库存和专用设备，赔偿 100 万元及合理费用 20 万元，没有证据支持。请求驳回原告的诉讼请求。

本院对双方当事人无异议的证据予以采信并存卷佐证，对双方当事人无异议的证据所证明的事实确认如下：

2011 年 8 月 9 日，原告泰诺健公司就"健身器材"向国家知识产权局提出外观设计专利申请，于 2013 年 2 月 27 日获得授权并予以公告，专利号 ZL201130263092.9。该专利公开了该健身器材的主视图、左视图、右视图、俯视图、仰视图、后视图和立体图（见图1）。该专利简要说明记载：1. 本外观设计产品的名称为健身器材；2. 本外观设计产品用于运动；3. 本外观设计产品的设计要点在于该健身器材的整体形状；4. 本外观设计指定立体图为代表图。本专利目前仍为有效状态。

立体图

图1　涉案外观设计专利

图2　被诉产品外观设计

2014 年 9 月 19 日，国家知识产权局就原告涉案专利出具一份外观设计专利权评价报告，该评价报告使用了 10 份对比文献，该评价报告认为，从检索到的现有设计状况可以发现，健身器材类产品中大多包含传送带、支架、扶手和显示面板等的设计，但整体及各部分的形状、表面图案等则有较大的变化，这些变化会对整体视觉效果产生影响，本专利与现有设计比较表明二者在上述整体及具体的形状和图案上存在明显区别，对于健身器材类产品的一般消费者来说，该差别对外观设计的整体视觉效果产生了显著影响，因此，本专利与对比设计相比具有显著差异，未发现本专利存在其他不符合专利法有关外观设计授权条件的缺陷。

2016年3月22日，北京市中信公证处应原告代理人的申请进行保全证据公证，出具了北京市中信公证处（2016）京中信内经证字26298号公证书。该公证书记载：www. tz2222. com为德州天展健身器材有限公司的官方网站，该网站展示并许诺销售TZ－7000系列跑步机（该产品外观设计见图2）。2016年3月31日，北京市中信公证处应原告代理人的申请进行保全证据公证，出具了北京市中信公证处（2016）京中信内经证字26299号公证书。该公证书记载：阿里巴巴网上商城（http：//dztz. en. alibaba. com）的经营者为被告天展公司，其在该网上商城展示并许诺销售TZ－7000系列跑步机（该产品外观设计见图2）。2016年5月16日，北京市中信公证处应原告代理人的申请进行保全证据公证，出具了北京市中信公证处（2016）京中信内经证字48312号公证书。该公证书记载：2016年5月17日，公证员及原告委托代理人来到被告的经营场所，购买取得TZ－7000跑步机一台（该产品外观设计见图2），支付9 200元，取得收据、发票、价格单和产品宣传材料，对被告厂区和现场组装产品进行拍照。公证员对购买取得的TZ－7000跑步机进行封存。诉讼中，各方认可上述产品实物的外观设计与宣传材料上和网站上产品的外观设计一致，同意以宣传材料上和网站上产品照片所记载的的外观设计作为被诉产品的外观设计。被告产品宣传材料记载：天展公司成立于2005年，占地面积76 000平方米，建筑面积60 000平方米，产品已出口到100多个国家和地区，国内业务遍及所有省、自治区、直辖市。

被告天展公司成立于2008年3月27日，2014年5月27日由德州天展健身器材有限公司变更为现名。应原告的申请，本院到济南海关调取被告自2008年3月27日至2016年8月5日出口跑步机产品的数据。济南海关出具了被告2012年至2016年8月出口商品数量及货值情况表，该表显示：2012年出口跑步机34件，货值人民币399 293元；2013年出口跑步机34件，货值人民币478 177元；2014年出口跑步机45件，货值人民币425 040元；2015年出口跑步机563件，货值人民币3 026 093元；2016年1~8月出口跑步机631件，货值人民币3 944 814元。以上合计出口1 307件，货值人民币8 273 417元。

原告提交了一组单据，以证明其为提起诉讼而支付的费用包括：咨询费12 000元，调查费13 850元，翻译费3 707元，差旅费5 457元，公证费10 800元，服务费11 610元，制作费344.90元，律师费131 360.20元，合计189 129.20元。被告对上述证据的关联性提出异议，本院按照上述费用是否与本案具有关联性、是否具有合理性予以审查。

本院认为，原告泰诺健公司的ZL201130268092.9"健身器材"外观设计专利权合法有效，应予以保护。本案争议焦点为：（一）本案是否需要中止诉讼；（二）被诉侵权产品是否落入原告外观设计专利的保护范围。分别评述如下：

（一）本案是否需要中止诉讼。依照《最高人民法院关于审理专利纠纷案件适用法律问题的若干规定》（法释〔2015〕4号）第9条第（1）项、第（3）项的规定，人民法院受理的侵犯外观设计专利权纠纷案件，被告请求宣告该项专利权无效，原告出具的专利权评价报告未发现导致外观设计专利权无效的事由的，或被告请求宣告该项专利权无效所提供的证据或者依据的理由明显不充分的，可以不中止诉讼。2014年9月19日，国家知识产权局就原告涉案专利出具的外观设计专利权评价报告表明，本专利与对比设计相比具有显著差异，未发现本专利存在其他不符合专利法有关外观设计授权条件的缺陷。被告请求宣告原告专利权无效所使用的对比设计与国家知识产权局在外观设计专利权评价报告中使用的对比设计相同，故本案无须中止诉讼。

（二）被诉侵权产品是否落入原告外观设计专利的保护范围。依照《中华人民共和国专利法》第59条第2款的规定，外观设计专利权的保护范围以表示在图片或者照片中的该外观设计专利产品为准。健身器材类产品中大多包含传送带、支架、扶手和显示面板等设计，但整体及各部分的形状、表面图案等则有较大的变化，这些变化会对整体视觉效果产生影响。而本案原告外观设计专利权的保护范围以传送带、支架、扶手和显示面板等部件的位置搭配关系以及其特有的线条设计形成的整体设计方案为准。依照《最高人民法院关于审理侵犯专利权纠纷案件应用法律若干问题的解释》（法释〔2009〕21号）第10条、第11条的规定，人民法院应当以外观设计专利产品的一般消费者的知识水平和认知能力，判断外观设计是否相同或者近似；人民法院认定外观设计是否相同或者近似时，应当根据授权外观设计、被诉侵权设计的设计特征，以外观设计的整体视觉效果进行综合判断；被诉侵权设计与授权外观设计在整体视觉效果上无差异的，人民法院应当认定两者相同；在整体视觉效果上无实质性差异的，应当认定两者近似。原告使用涉案外观设计专利的产品与被诉产品均为跑步机，二者均有传送带、支架、扶手和显示面板等部件，且其位置搭配关系和线条设计相同，即使显示面板的图案、各构件大小比例有差异，也不足以影响整体视觉效果的形成，二者在整体视觉效果上无实质性差异的，应当认定两者近似，被诉侵权产品的外观设计落入了原告涉案外观设计专利权的保护范围。被告未经专利权人许可，擅自制造、许诺销售、销售侵犯原告专利权的产品，构成侵权，应承担停止侵权、赔偿损失的民事责任。

综上：原告要求被告停止侵权行为，合理有据，本院予以支持。原告要求被告销毁库存侵权产品、制造侵权产品的专用设备、模具，应属于停止侵权行为的执行内容，本院不再另行判决支持。原告要求被告赔偿经济损失100万元，结合被告仅在2015年和2016年1~6月销售侵权产品近1 200件、货值近700万元的事实，本院认为，原告主张的赔偿数额合理，予以支持。原告要求被告赔偿其为制止侵权行为所支付的合理开支20万元，本院结合本案为涉外案件、原告为诉讼而进行保全证据公证和委托律师诉讼等因素，酌情予以部分支持。依照《中华人民共和国专利法》第 11 条第 2 款、第 59 条第 2 款、第 65 条，《最高人民法院关于审理侵犯专利权纠纷案件应用法律若干问题的解释》（法释〔2009〕21 号）第 10 条、第 11 条的规定，判决如下：

一、被告山东天展健身器材有限公司立即停止侵犯原告泰诺健公司的 ZL2011 30268092.9 "健身器材" 外观设计专利权的行为，即停止制造、许诺销售、销售侵权产品；

二、被告山东天展健身器材有限公司于本判决生效之日起 10 日内赔偿原告泰诺健公司经济损失 100 万元；

三、被告山东天展健身器材有限公司于本判决生效之日起 10 日内赔偿原告泰诺健公司为制止侵权行为所支付的合理开支 10 万元。

如果未按本判决指定的期间履行给付金钱义务，应当依照《中华人民共和国民事诉讼法》第 253 条之规定，加倍支付迟延履行期间的债务利息。

案件受理费 15 600 元，由原告泰诺健公司负担 3 600 元，由被告山东天展健身器材有限公司负担 12 000 元。

如不服本判决，原告泰诺健公司可在判决书送达之日起 30 日内，被告山东天展健身器材有限公司可在判决书送达之日起 15 日内，向本院递交上诉状和副本 6 份，并预交上诉案件受理费【收款单位：财政票款分离（济南市中级法院）开户行：农业银行济南市大观园支行账号：15154101011830338】，上诉于中华人民共和国山东省高级人民法院。

审　判　长　隋洪明

审　判　员　武守宪

代理审判员　王俊河

二〇一七年一月十八日

书　记　员　张　蕾

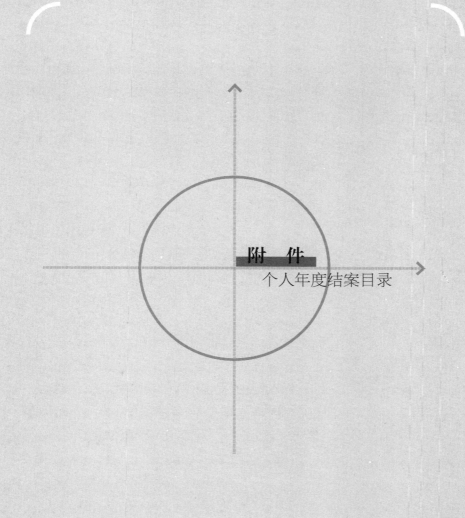

附 件

个人年度结案目录

1994 年结案目录（8 件）

1.（1994）济南中法经终字第 46 号济南市天桥区建筑安装工程公司与陈某某加工合同民事调解书

2.（1994）济南中法经终字第 47 号南昌市东湖区墩子塘街道办事处与济南市华润毛巾厂购销合同民事判决书

3.（1994）济南中法经初字第 71 号孙某某与济宁任城柳行食品机械厂专利侵权民事调解书

4.（1994）济南中法经初字第 40 号山东汽车销售集团总公司与香港福丰年国际贸易工程公司购销合同民事调解书

5.（1994）济南中法经初字第 228 号山东地矿装饰工程部与香港大伟装饰工程公司、潍坊北海度假村有限公司装修联营合同民事判决书

6.（1992）济南中法经初字第 29 号中国长城工业公司山东分公司与意大利莎尔格进出口贸易有限公司买卖合同民事判决书

7.（1993）济南中法经初字第 178 号济南自动化仪表厂与肥城市磷铵厂承揽合同民事判决书

8.（1994）济南中法经初字第 53 号济南市第二建筑工程公司与济南自动化仪表厂建筑工程合同撤诉裁定书

1996 年结案目录（12 件）

1.（1996）济中经初字第 32 号济南第一建筑工程公司与济南客车厂建筑工程合同民事判决书

2.（1996）济中经初字第 176 号中国人民银行济南分行与济南汽车低温起动装置厂借款合同民事判决书

3.（1996）济中经初字第 249 号中国重型汽车财务公司与湛江水利水电机械施工公司、湛江水利机电工程公司融资租赁合同民事调解书

4.（1996）济中经初字第 280 号济南东方化工厂与山东机械设备进出口集团济南公司企业转让合同民事判决书

5.（1996）济中经初字第 382 号济南钢铁集团总公司与章丘市八达物资贸易公司、章丘市经济技术开发投资总公司返还票据撤诉裁定书

6.（1996）济中经初字第 434 号中国投资银行济南分行与烟台海翔塑胶制品有限公司、烟台住房储蓄银行海阳市支行担保借款合同民事判决书

7.（1996）济中经初字第 479 号山东中美捷通有限公司与济南市工艺品特艺品进出口公司借款合同民事调解书

8.（1996）济中经初字第 510 号济南钢铁集团总公司与鲁南水泥厂购销合同撤诉裁定书

9.（1996）济中经初字第 513 号中国重型汽车财务公司与田林县黄金开发总公司、广西百色黄金工业总公司、南宁田野工贸有限责任公司融资租赁民事调解书

10.（1996）济中经初字第 446 号济南华氟化工有限责任公司与济南天发房地产总公司房屋预售合同民事调解书

11.（1996）济中经初字第 317 号长清县粮食局直属粮库与绥化市乡镇企业管理委员会购销合同民事判决书

12.（1996）济中经初字第 558 号济南市顺天市政工程有限公司与山东省东方建筑安装工程总公司工程承包合同民事调解书

1997 年结案目录（11 件）

1.（1996）济中经初字第 551 号中国投资银行济南分行与荣成物资总公司、荣成机电设备公司担保借款民事判决书

2.（1996）济中经初字第 305 号济南抽纱品进出口公司与济南历城华山镇政府欠款民事判决书

3.（1996）济中经初字第 444 号章丘第二建筑工程公司与济南回民中学建筑工程合同民事判决书

4.（1996）济中经初字第 518 号平阴国营商业综合公司与平阴腾达建筑安装有限责任公司、平阴浩大水泥有限责任公司建筑安装民事调解书

5.（1996）济中经初字第 492 号济南建筑工程招标投标咨询经营服务部与济南消声器厂房屋租赁撤诉裁定书

6 ~ 7.（1996）济中经初字第 107/108 号济南城市合作银行市中分行与山东凯帝实业发展有限公司担保借款民事判决书

8.（1996）济中经初字第 92 号济南宇新巾被有限公司与济南飞亚达制衣有限公司加工承揽民事判决书

9.（1996）济中经初字第 353 号济南自动化仪表厂与哈尔滨松江电炉厂购销欠款民事判决书

10.（1996）济中经初字第 145 号山东华泰建筑安装集团总公司与济南天桥北园水屯村委会建筑工程本诉及反诉民事判决书

11.（1997）济中经初字第 359 号济南一建集团总公司与山东润华化工有限公司建筑工程民事判决书

1998 年结案目录（35 件）

1.（1998）济知初字第 2 号彭某某、林某某、夏某某与烟台居正金属制品有限公司速冻设备厂实用新型专利侵权民事调解书

2.（1998）济知初字第 3 号舒某某与济宁环保锅炉厂实用新型专利侵权撤诉裁定书

3.（1998）济知初字第 5 号徐某某与青岛华青铸造机械股份有限公司技术合同民事调解书

4.（1998）济知初字第 6 号山东师范大学与山东绿野集团公司专利权属民事判决书

5.（1998）济知初字第 7 号张某某与山东《都市生活潮》编辑部、马某某著作权侵权民事调解书

6.（1998）济知初字第 8 号山东画报出版社与《经济日报》出版社著作权侵权撤诉裁定书

7.（1998）济知初字第 9 号济宁五金机械厂与滨州滨城农具制修厂外观设计专利侵权撤诉裁定书

8.（1998）济知初字第 12 号广西黑五类食品集团公司与枣庄劳动局技校食品厂外观设计专利侵权民事调解书

9.（1998）济知初字第 13 号广西黑五类食品集团公司与薛城智力食品厂外观设计专利侵权民事调解书

10.（1998）济知初字第 14 号阎某某与淄博开发区华源物资供应站实用新型专利侵权民事判决书

11.（1998）济知初字第 16 号潘某某与济宁中兴保健品有限责任公司实用新型专利侵权民事调解书

12.（1998）济知初字第 18 号管某某与济南腾龙实业总公司实用新型专利侵权撤诉裁定书

13～20.（1998）济知初字第 21－28 号赵某某、文登侯家宝丰金属制造厂与宫某某/孙某某/潘某某/鞠某某/刘某某/于某某/张某/张某某外观设计专利侵权撤诉裁定书

21.（1998）济知初字第 29 号张某某与巨野东风手扶拖拉机厂专利权属驳回裁定书

22～26.（1998）济知初字第 33－37 号珠海华丰食品工业（集团）股份有限公司与济宁华御方便食品厂/济宁市中山丰方便面厂/济宁市中大成方便食品厂/山东鲁宝食品集团

公司/中国人民解放军第9067工厂外观设计专利侵权撤诉裁定书

27.（1998）济知初字第38号广西黑五类食品集团公司与枣庄市中天然食品厂外观设计专利侵权民事调解书

28.（1998）济知初字第42号济南爱书人音像图书有限责任公司与辽宁爱书人俱乐部、光明日报社商标侵权撤诉裁定书

29.（1998）济知初字第43号济南泉城微量元素生命研究所与济南高新开发区活力元素开发中心、汤某某商业秘密侵权撤诉裁定书

30.（1998）济知初字第44号淄博中元工程有限公司与齐某某专利权属民事判决书

31～32.（1998）济知初字第50－51号王某某与王某某/蒙阴恒业安装有限公司实用新型专利侵权撤诉裁定书

33.（1998）济知初字第52号广西黑五类食品集团公司与枣庄市中天然食品厂外观设计专利侵权撤诉裁定书

34.（1998）济知初字第63号阎某某与淄博临淄柳店节能炉具厂实用新型专利侵权撤诉裁定书

35.（1998）济知初字第19号龙口舒乐与韩某某实用新型专利侵权撤诉裁定书

1999 年结案目录（29 件）

1～3.（1998）济知初字第 48/54/56 号广西黑五类食品集团公司与荣成汇源食品厂/枣庄市劳动局技校食品厂/枣庄旺丰食品厂外观设计专利侵权撤诉裁定书

4.（1998）济知初字第 68 号王某某与山东人民出版社著作权侵权民事判决书

5.（1999）济知初字第 1 号山东蓝洋实业有限公司与淄博金刚实业有限公司技术合同民事判决书

6.（1998）济知初字第 67 号王某某与山东博昌农业机械股份有限公司实用新型专利侵权民事判决书

7.（1998）济知初字第 49 号高某某与山东建筑科学研究院发明专利侵权撤诉裁定书

8.（1998）济知初字第 4 号山东电力中心医院与山东医疗器械研究所专利权属民事判决书

9.（1999）济知初字第 4 号广西黑五类食品集团公司与张某某外观设计专利侵权民事判决书

10.（1998）济知初字第 47 号蓬莱家具锁厂与龙口东江大脉第一彩印厂、龙口制锁厂外观设计专利、商标侵权撤诉裁定书

11.（1999）济知初字第 5 号广西黑五类食品集团公司与枣庄市中天然食品厂外观设计专利侵权撤诉裁定书

12.（1998）济知初字第 64 号阎某某与张某实用新型专利侵权民事判决书

13.（1998）济知初字第 10 号濮阳恒生电机有限公司与东营车用发动机厂、山东巨力股份有限公司实用新型专利侵权撤诉裁定书

14.（1998）济知初字第 11 号濮阳恒生电机有限公司与潍坊美岚电器有限公司、山东巨力股份有限公司实用新型专利侵权撤诉裁定书

15.（1999）济知初字第 16 号舒某某与济宁无压锅炉厂实用新型专利侵权民事判决书

16～17.（1999）济知初字第 9/10 号杨某某与诸城汉通机械有限公司/山东永胜集团公司铸造机械厂实用新型专利侵权民事判决书

18.（1999）济知初字第 6 号广西黑五类食品集团公司与枣庄市中维乐食品厂外观设计专利侵权撤诉裁定书

19.（1999）济知初字第 24 号济南鲁青园艺研究所与北京西达农业工程设备厂、农业

部规划设计研究院发明专利侵权撤诉裁定书

20.（1999）济知初字第 31 号河南高空飞车艺术团与沈阳高空钢缆表演艺术团实用新型专利侵权民事判决书

21.（1999）济知初字第 34 号赵某某与烟台沙发总厂专利权属民事判决书

22.（1999）济知初字第 25 号济南鲁青园艺研究所与农业部规划设计研究院、张某某技术合同民事判决书

23.（1999）济知初字第 28 号泰安泰山区机械加工厂与泰安农机研究所、泰安泰山机电设备厂实用新型专利侵权民事判决书

24.（1999）济知初字第 36 号山东画报出版社与中国城市出版社著作权侵权撤诉裁定书

25.（1999）济知初字第 23 号广西黑五类食品集团公司与王某某外观设计专利侵权撤诉裁定书

26.（1999）济知初字第 27 号泰安农机研究所与泰安泰山区机械加工厂、国某某专利申请权权属民事判决书

27.（1999）济知初字第 38 号山东力源集团公司与山东沂水大仓集团得力豆奶粉厂、山东沂水大仓粮油食品（集团）有限公司外观设计专利侵权民事判决书

28.（1999）济知初字第 43 号山东铝业公司与淄博鲁公铝业有限公司外观设计专利侵权民事判决书

29.（1999）济知初字第 35 号陈某某与丁某某、商丘常设技术市场第一科研所发明计专利侵权民事判决书

2000 年结案目录（25 件）

1.（1999）济知初字第 44 号河南高空飞车艺术团与江西小飞天神童高空走钢丝飞车绝技表演团、济南大明湖公园管理处实用新型专利侵权民事判决书

2.（1999）济知初字第 52 号烟台皮革机械厂与乳山乳嘉造锁设备有限公司实用新型专利侵权撤诉裁定书

3.（1999）济知初字第 64 号刘某某与潍坊中狮制药有限公司实用新型专利侵权民事判决书

4.（1999）济知初字第 50 号济南时慧科技发展有限公司与中国人民解放军山东省军区修械所专利权属民事判决书

5.（1999）济知初字第 60 号鱼台县环保节能设备厂与肥城水处理设备厂发明专利侵权民事调解书

6～7.（2000）济知初字第 3/4 号山东硅酸盐研究设计院与山东昆仑集团钢丝工业陶瓷厂/淄博淄川盛华陶瓷厂实用新型专利侵权民事判决书

8.（2000）济知初字第 7 号姬某某与枣庄人民公园、徐某某实用新型专利侵权民事判决书

9.（2000）济知初字第 9 号阎某某与鲍某某实用新型专利侵权撤诉裁定书

10～14.（2000）济知初字第 8/14/15/16/17 号阎乃京与郭某某/赵某某/郭某某/郭某某/李某某、聊城节能环保设备厂实用新型专利侵权民事判决书

15.（1998）济知初字第 4 号山东电力中心医院与山东医疗器械研究所实用新型专利侵权民事调解书

16.（2000）济知初字第 24 号济南瑞泉塑料制品厂与马某某外观设计专利侵权民事调解书

17.（2000）济知初字第 30 号杜某某与淄博山川医用器材有限公司实用新型专利侵权撤诉裁定书

18.（2000）济知初字第 27 号宋某某与山东沂水大仓集团得力豆奶粉厂、山东沂水大仓粮油食品（集团）有限公司外观设计专利侵权民事判决书

19.（2000）济知初字第 26 号苏州立邦涂料有限公司与济宁鸿业化工有限公司外观设计专利侵权民事判决书

20.（1998）济知初字第 15 号威海康威电子通信集团公司与成都四方信息技术开发公司发明专利侵权撤诉裁定书

21.（1999）济知初字第 46 号济南高新开发区天恒生物工程中心与山东福瑞达精细化工有限公司、山东生物药物研究所、山东正大福瑞达制药有限公司侵犯科技成果权民事判决书

22.（2000）济知初字第 25 号山东银河酒业（集团）总厂与鞠某某、山东景芝酒厂外观设计专利侵权撤诉裁定书

23.（1998）济知初字第 1 号孙某某、威海塑料一厂与威海达旺塑料制品有限公司实用新型专利侵权民事判决书

24.（2000）济知初字第 32 号济阳机械厂与济阳合力液压机械有限公司、艾某、张某某、温某某不正当竞争民事判决书

25.（2000）济知终字第 4 号孙某某与杨某某技术合同民事判决书

2001 年结案目录（23 件）

1.（2000）济知初字第 43 号济南惠民传人中医诊所、刘某某与山东龙鼎医疗保健科研开发有限公司、山东中医药研究所第三门诊部不正当竞争撤诉裁定书

2.（2000）济知初字第 44 号王某某与广饶轻工机械厂、祁某某、高某、山东农机集团周村区公司实用新型专利侵权民事判决书

3.（2000）济知终字第 2 号济南高新开发区实达电子有限公司与侯某某商业秘密侵权民事判决书

4.（1999）济知初字第 56 号中石化胜利油田河口采油厂与济南北园锅炉厂、胜利油田大明石油开发有限责任公司实用新型专利侵权撤诉裁定书

5.（2000）济知初字第 19 号山东硅酸盐研究设计院与淄博华光陶瓷股份有限公司、骨质瓷分公司发明专利侵权民事判决书

6.（2000）济知初字第 37 号济南开发区梦幻多媒体网络技术开发公司与上海东方网络股份有限公司著作权侵权撤诉裁定书

7.（2001）济知终字第 1 号济南环保陶瓷除尘技术研究所与张某某专利实施许可合同民事判决书

8.（1998）济知初字第 46 号邓某某与山东高唐时风机械集团总公司实用新型专利侵权民事判决书

9.（1999）济知初字第 54 号淄川洪山特殊耐火材料厂与淄博拓达耐火材料有限公司发明专利侵权民事判决书

10.（2001）济知初字第 5 号时某与解放军山东省军区修械所、韩某某、朱某某、孟某某专利设计人署名权民事判决书

11.（2001）济知初字第 24 号济南瑞泉塑料制品厂与章丘相公小康橡塑模具厂外观设计专利侵权民事调解书

12.（2001）济知初字第 17 号李某某与崔某某、董某某实用新型专利侵权民事判决书

13.（2001）济知初字第 26 号郇某某与沂源天资塑焊器材厂实用新型专利侵权民事判决书

14.（2001）济知初字第 18 号董某某与王某某、张某某、王某某专利设计人署名权、专利权属民事判决书

15.（1999）济知初字第 11 号淄博新华化工股份有限公司与淄博淄川杨寨镇政府、淄博兴辉化工有限公司发明专利侵权撤诉裁定书

16.（1999）济知初字第 12 号淄博新华化工股份有限公司与淄博淄川华汇化工厂发明专利侵权撤诉裁定书

17.（1999）济知初字第 13 号淄博新华化工股份有限公司与淄博淄川福利化工原料厂发明专利侵权撤诉裁定书

18.（2001）济知初字第 29 号刘某某与济南开发区鑫环能锅炉研究所、济南新正能源设备有限公司实用新型专利侵权民事判决书

19.（2000）济知初字第 48 号济南市雕塑创作室与刘某某、山东正方环艺工程有限公司著作权侵权民事判决书

20.（2001）济知初字第 31 号陕西金方药业有限公司与济南三友利生物技术有限责任公司发明专利、著作权和不正当竞争民事判决书

21.（1999）济知初字第 29 号张某某与梁某某实用新型专利侵权撤诉裁定书

22.（2001）济知终字第 6 号李某与山东广播电视发展公司、山东电影电视剧制作中心著作署名权民事判决书

23.（2001）济知初字第 30 号杨某某与诸城汉通机械有限公司实用新型专利侵权撤诉裁定书

2002 年结案目录（24 件）

1.（2001）济民终字第 2328 号章丘宁家埠大桑树村民委员会与梁某某土地使用权撤诉裁定书

2.（2001）济民终字第 2393 号孙某某与肖某某民间借贷民事判决书

3.（2001）济民终字第 2327 号曹某某与李某某买卖欠款民事判决书

4.（2001）济民终字第 2297 号彭某某与项某某追索修理费民事判决书

5.（2001）济民终字第 2299 号山东建筑工程学院与于健劳动合同民事判决书

6.（2001）济民终字第 2298 号赵某某与山东师范大学附属中学印刷厂劳动合同、工伤保险民事调解书

7~8.（2001）济知初字第 36/37 号山东铝业公司与程世江、四会市铝合金型材厂/李某某外观设计专利侵权民事判决书

9~10.（2001）济知初字第 35/38 号山东铝业公司与南海小塘镇建设铜铝材厂、吴某某/临朐广华铝业有限公司外观设计专利侵权撤诉裁定书

11.（2001）济知初字第 34 号隋某某与五莲锦红工艺品有限公司、山东瑞信有限公司外观设计专利侵权撤诉裁定书

12.（1996）济中经二初字第 82 号深圳火王燃气具公司与江苏光芒集团公司实用新型专利侵权撤诉裁定书

13.（1995）济中经初字第 65 号青岛金华汽车修理厂与栖霞电子设备厂实用新型专利侵权撤诉裁定书

14.（1998）济知初字第 58 号时某某与胜利石油管理局黄河钻井总公司农副业公司实用新型专利侵权撤诉裁定书

15.（2001）济知初字第 40 号宋某某与临淄环境保护设备厂、陈某某发明专利侵权民事调解书

16.（2002）济民三初字第 36 号临沂市汽车齿轮厂与刘某某、平邑县通用机械厂、北京华纳齿轮有限公司专利权属撤诉裁定书

17.（2002）济民三初字第 43 号正东唱片有限公司与济南昆仑创业商贸有限公司、茂名市（水东）佳和科技发展公司、河北音像出版社著作权侵权撤诉裁定书

18.（2002）济民三初字第 10 号莱芜口镇铸造公司车桥厂与五莲减振器有限公司、五

莲同俗铸造厂实用新型专利侵权民事判决书

19.（2002）济民三终字第 11 号张某某与杜某某、杜某某人身损害赔偿民事判决书

20.（2002）济民三终字第 19 号李某某与贾某某人身损害赔偿民事判决书

21.（2002）济民三行初字第 52 号平邑蒙阳水泥添加剂厂与临沂专利管理局、张某某专利行政判决书

22.（2002）济民三初字第 60 号赵某某与潍坊华美标准件厂专利驳回起诉裁定书

23.（2002）济民三终字第 33 号石某某与山东皮肤病性病防治研究所医疗事故损害赔偿民事判决书

24.（2002）济民三终字第 60 号林某某与李某某、李某某道路交通事故人身损害赔偿民事判决书

2003 年结案目录（42 件）

1.（2002）济民三初字第 122 号陵县同力建材有限公司与邓某某实用新型专利侵权撤诉裁定书

2.（2002）济民三初字第 125 号李某某与山东科技出版社、徐某某著作权侵权撤诉裁定书

3.（2003）济民三初字第 1 号黄某某与三联集团济南家电商城、青岛海尔店内有限公司实用新型专利侵权撤诉裁定书

4.（2002）济民三初字第 76 号烟台驰凯润滑油有限公司与威海澳孚润滑油有限公司发明专利侵权民事判决书

5.（2002）济民三终字第 61 号广东华某某影视传播有限公司与昊某、电影文学杂志社著作权合同民事判决书

6.（2003）济民三终字第 28 号韩某某与柏某某人身损害赔偿民事裁定书

7.（2003）济民三终字第 1 号孙某与田某某人身损害赔偿民事判决书

8.（2003）济民三终字第 2 号章丘环境卫生管理处与王某某、贾某某人身损害赔偿民事判决书

9.（2002）济民三初字第 90 号赵某某与潍坊华美标准件有限公司外观设计专利侵权民事判决书

10.（2003）济民三初字第 21 号牛某某与莱芜宏达机械厂实用新型专利侵权民事调解书

11.（2003）济民三初字第 23 号刘某某与威海博威毛绒有限公司、崔某某发明专利侵权民事调解书

12.（2002）济知行初字第 127 号济南历下汇洁新型烟管厂与济南知识产权局、山东鲁标工程建设技术发展中心专利行政撤诉裁定书

13.（2003）济民三终字第 37 号史某某与杨某某人身损害赔偿民事判决书

14.（2002）济民三初字第 18 号刘某某与淄博友诚毛绒制品有限公司发明专利侵权民事判决书

15.（2002）济民三初字第 69 号甘肃银光化学工业公司泡沫塑料厂与泰安清泉污水治理研究所、泰安碧清污水治理有限责任公司专利权属民事判决书

16.（2003）济民三终字第20号济南鹤王实业有限公司与平阴东大阿胶制品厂、山东福胶集团东方保健品公司著作权和不正当竞争民事判决书

17.（2003）济民三行初字第29号淄博科鲁能源动力有限公司与山东知识产权局、清华煤燃烧工程研究中心宜兴耐火材料山东鲁标工程建设技术发展中心专利行政撤诉裁定书

18.（2003）济民三初字第79号德州市德城区一轻供销公司广川饭店与德州市广川饭店商标侵权撤诉裁定书

19.（2003）济民三初字第68号四川省郫县先锋酿造厂与郭某某、郭某某商标侵权撤诉裁定书

20.（2003）济民三初字第24号李某某与山东科技出版社、徐光某著作署名标民事判决书

21.（2003）济民三终字第42号高某某与杨某某人身损害赔偿民事判决书

22.（2003）济民三终字第41号刘某、李某某、张某甲与张某乙人身损害赔偿民事裁定书

23.（2003）济民三初字第72号张某某与北京东星环科技发展有限公司发明专利侵权民事调解书

24.（2003）济民三初字第71号龙口塑胶新技术研究所与淄博张店汇森聚苯乙烯保温材料厂专利侵权撤诉裁定书

25.（2003）济民三初字第94号北京美好景象图片有限公司与山东猎豹汽车销售有限公司著作权侵权民事调解书

26.（2003）济民三终字第69号济南长清粮食管理所与刘某某人身损害赔偿民事调解书

27.（2003）济民三终字第62号郑某某与陈某、济南青龙街小学人身损害赔偿民事裁定书

28.（2003）济民三初字第92号北京美好景象图片有限公司与济南海诺伟业科贸有限公司著作权侵权撤诉裁定书

29～31.（2003）济民三初字第90/91/95号北京美好景象图片有限公司与山东匡山房地产开发有限公司/山东商报社/山东阶梯文化传播有限公司著作权侵权民事调解书

32～36.（2003）济民三初字第58-62号林某某与德州豪克家具有限公司外观设计专利侵权民事判决书

37.（2003）济民三终字第83号杭州娃哈哈集团有限公司与济南兄弟印务有限公司著作权侵权民事调解书

38.（2003）济民三初字第93号北京美好景象图片有限公司与山东信通广告有限公司著作权侵权民事调解书

39.（2002）济民三初字第 68 号威海澳孚润滑油有限公司与济宁山推驰凯润滑油有限公司发明专利侵权民事判决书

40.（2003）济民三初字第 113 号济南九阳电器有限公司与济南正铭商贸有限公司、北京利仁科技有限责任公司外观设计专利侵权民事判决书

41.（2003）济民三初字第 114 号济南九阳小家电有限公司与济南正铭商贸有限公司、宁波海菱电器有限公司、上海海菱电器有限公司发明专利侵权民事判决书

42.（2003）济民三初字第 54 号中国建筑材料工业地质勘查中心山东总队与莱芜钢城金矿、莱芜市钢城区艾山街道办事处技术合同民事判决书

2004 年结案目录（44 件）

1.（2003）济民三初字第 89 号北京美好景象图片有限公司与山东中创房地产开发有限公司著作权侵权民事调解书

2～3.（2003）济民三初字第 161/163 号杨某某、山东金铎农业科技有限公司与巨野华宇种业有限公司/山东祥丰种业有限公司植物新品种侵权民事调解书

4.（2004）济民三初字第 6 号济南趵突泉酿酒有限责任公司与程某某仿冒知名商品特有名称、包装、装潢撤诉裁定书

5.（2003）济民三初字第 173 号济南趵突泉酿酒有限责任公司与辛某某仿冒知名商品特有名称、包装、装潢民事调解书

6.（2003）济民三初字第 171 号青州青联汽车制动器有限公司与刘某某专利申请权民事调解书

7.（2004）济民三初字第 3 号福尼斯文教开发（德州）有限公司与济南世纪汇嘉教育培训中心著作权侵权民事调解书

8.（2001）济知初字第 12 号纳幕尔杜邦公司与山东胜邦绿野化学有限公司发明专利侵权撤诉裁定书

9.（2004）济民三初字第 14 号济南百脉酿酒有限公司与李某某仿冒知名商品特有名称、包装、装潢民事调解书

10～11.（2003）济民三初字第 34/35 号淄博玉泰公路设施有限公司与淄博周村华洋交通器材有限公司/山东交通装饰工程公司外观设计专利侵权撤诉裁定书

12.（2000）济知初字第 33 号王某某与山东农业机械集团周村公司、山东博昌农业机械股份有限公司实用新型专利侵权撤诉裁定书

13.（2004）济民三初字第 13 号济南百脉酿酒有限公司与程某某仿冒知名商品特有名称、包装、装潢民事调解书

14.（2002）济民三初字第 31 号平邑通用机械厂与临沂汽车齿轮厂实用新型专利侵权民事判决书

15.（2003）济民三初字第 18 号广州贝氏药业有限公司与山东大学技术合同民事判决书

16.（2003）济民三初字第 81 号淄博共迈科技发展有限公司与淄博知识产权局、淄博

公聚诚工贸有限公司专利行政判决书

17.（2003）济民三初字第 174 号济南趵突泉酿酒有限责任公司与济南金趵泉酿酒有限公司仿冒知名商品特有名称、包装、装潢民事判决书

18.（2003）济民三初字第 186 号中国人民解放军第 6455 工厂与东阿中亚半挂车改装有限公司企业名称权、商标侵权民事判决书

19.（2002）济民三初字第 86 号青岛亿丰达设备工程有限公司与泰安清泉污水治理研究所、泰安碧清污水治理有限责任公司、甘肃银光化学工业公司泡沫塑料厂专利合同民事调解书

20.（2004）济民三初字第 24 号刘某某与济南天祥特种胶管有限公司实用新型专利侵权撤诉裁定书

21～23.（2004）济民三初字第 59－61 号泰安加高经贸有限公司与创联万网国际信息技术（北京）有限公司技术合同民事调解书

24.（2004）济民三终字第 1 号韩某某与济南华鼎科技发展有限责任公司返还企业名称使用费民事判决书

25.（2004）济民三初字第 19 号济南种子公司与济南历城兴业良种销售中心植物新品种侵权撤诉裁定书

26～28.（2004）济民三初字第 67－69 号济南种子公司与山东洲元种业股份有限公司/聊城种子公司/兖州种子公司植物新品种侵权撤诉裁定书

29.（2003）济民三初字第 4 号欧洲传播管理顾问公司与山东电视台著作权侵权民事判决书

30.（2003）济民三初字第 80 号史某某与山东教育出版社、张某某著作权侵权民事判决书

31.（2003）济民三初字第 178 号山东微山湖鱼馆与德州鑫泰实业有限公司商标侵权民事判决书

32.（2004）济民三初字第 104 号王某某与中石化现河采油厂实用新型专利侵权撤诉裁定书

33.（2003）济民三初字第 191 号修某某与济南一把手有限公司专利合同民事判决书

34.（2004）济民三初字第 76 号济南趵突泉酿酒有限公司与程某某仿冒知名商品特有名称、包装、装潢民事判决书

35.（2004）济民三初字第 111 号刘某某与济南民天面粉有限责任公司商标侵权民事判决书

36.（2004）济民三初字第 118 号济南趵突泉酿酒有限公司与济南御泉酿酒有限公司仿冒知名商品特有名称、包装、装潢民事调解书

37.（2004）济民三初字第 18 号济南种子公司与辽宁东亚种业有限公司、程某某、辽宁东亚种业有限公司山东分公司植物新品种侵权民事判决书

38.（2003）济民三初字第 162 号杨某某、菏泽金铎农业科技有限公司与亘野麟州种业有限责任公司植物新品种侵权撤诉裁定书

39.（2003）济民三初字第 194 号济南巨星新型建材有限公司、邱某某与衡水益通金属制品有限责任公司、山东博通建筑设计有限公司、山东三箭建设工程股份有限公司实用新型专利侵权撤诉裁定书

40.（2004）济民三终字第 10 号济南科安电气有限公司与胜利油田阳光科贸有限责任公司技术合同裁定书

41~43.（2004）济民保字第 1/2/13 号申请人济南百脉泉酿酒有限公司与被申请人程某某/李某某/章丘市第二酒厂诉前证据保全民事裁定书

44.（2004）济民保字第 17 号申请人济南趵突泉酿酒有限公司与被申请人程某某诉前证据保全民事裁定书

2005 年结案目录（30 件）

1. （2001）济知初字第 23 号王某某与梁某某专利申请权撤诉裁定书

2. （1999）济知初字第 53 号济南豪达摩托车有限公司与山东摩托车制造总厂外观设计专利侵权撤诉裁定书

3. （2004）济民三初字第 185 号韩某某与济南格瑞恩园林绿化有限公司、山东人文艺术联合开发有限公司著作权侵权民事调解书

4. （2001）济知终字第 8 号青岛凯菲食品有限公司与山东大和投资管理有限公司商标侵权撤诉裁定书

5. （2005）济民三初字第 10 号济南趵突泉酿酒有限公司与梁某某仿冒知名商品特有名称、包装、装潢撤诉裁定书

6. （2005）济民三终字第 2 号北京亚都科技集团山东公司与北京美好景象图片有限公司著作权侵权民事调解书

7. （2005）济民三初字第 14 号广东巨星影业有限公司与济南电视台著作权侵权撤诉裁定书

8. （2005）济民三终字第 1 号江苏恒瑞医药股份有限公司与北京美好景象图片有限公司著作权侵权撤诉裁定书

9. （2005）济民三初字第 43 号山东博山制药有限公司与胡某某、苏州新兴保健品厂外观设计专利侵权民事调解书

10. （2004）济民三初字第 153 号王某某与博兴华源农具销售部、山东博昌机械股份有限公司实用新型专利侵权驳回裁定书

11. （2005）济民三初字第 67 号济南李斯特环保节能设备有限公司与淄博科瑞电子有限公司外观设计专利侵权民事调解书

12. （2005）济民三初字第 38 号山东冠丰种业科技有限公司与沂水种子公司植物新品种侵权撤诉裁定书

13. （2005）济民三初字第 71 号创世纪转基因技术有限公司与山东金秋种业有限公司发明专利侵权撤诉裁定书

14. （2004）济民三初字第 114 号许某某与山东北大高科华泰制药有限公司、威海市立医院发明专利侵权民事判决书

15.（2005）济民三初字第 31 号济南趵突泉酿酒有限公司与济南三元实业发展中心商标侵权民事判决书

16.（2005）济民三初字第 66 号青岛啤酒股份有限公司与山东青都啤酒有限公司外观设计专利侵权民事判决书

17.（2005）济民三初字第 28 号朱某某与孙某某、山东美术出版社著作权侵权民事判决书

18~20.（2000）济知初字第 51－53 号舒某某与济宁无压锅炉厂/济宁环保锅炉厂/淄博日升锅炉制造有限公司实用新型专利侵权驳回裁定书

21.（2005）济民三初字第 53 号孙某甲与孙某乙、周某某、张某某实用新型专利侵权撤诉裁定书

22.（2005）济民三初字第 146 号刘某某与山东人民出版社、山东新华书店、山东教学研究室著作权侵权撤诉裁定书

23.（2000）济知初字第 2 号陈某某与杨某某、北京捷通达科技开发有限责任公司发明专利侵权撤诉裁定书

24.（2005）济民三终字第 12 号苏某某与山东荣军医院人身伤害赔偿民事判决书

25.（2005）济民三终字第 13 号于某与济南历下第二人民医院、山东商报社医疗服务合同民事判决书

26.（2005）济民三终字第 31 号先某某与山东北辰集团有限公司技术合同民事判决书

27.（2005）济民保字第 2 号申请人济南趵突泉酿酒有限公司与被申请人济南金汇川经贸有限公司诉前停止侵权民事裁定书

28.（2005）济民保字第 12 号申请人张某某与被申请人莱芜钢铁股份有限公司诉前证据保全民事裁定书

29.（2005）济民保字第 25－1 号申请人山东鑫都置业有限公司、青岛迅利达机电工程有限公司与被申请人蒋某、山东姜仔鸭酒店管理有限公司诉前证据保全民事裁定书

30.（2005）济民保字第 18－1 号申请人王某某与被申请人滕州市喜力机床有限责任公司诉前证据保全民事裁定书

2006 结案目录（40 件）

1.（2005）济民三初字第 3 号广东大福摩托车有限公司与济南豪达摩托车有限公司、罗某某商标侵权撤诉裁定书

2.（2005）济民三初字第 134 号王某某与滕州喜力机床有限责任公司实用新型专利侵权撤诉裁定书

3.（2005）济民三初字第 147 号林某与胜利油田胜大超市外观设计专利侵权民事判决书

4.（2005）济民三初字第 117 号万杰集团有限责任公司与济南万杰眼镜行商标侵权民事判决书

5.（2005）济民三初字第 81 号广西万蕾影视文化有限公司、深圳视觉文化发展有限公司与济南电视台著作权侵权民事判决书

6.（2005）济民三初字第 132 号虎都（中国）服饰有限公司与广州虎都服装有限公司、池某某商标侵权、不正当竞争民事判决书

7.（2005）济民三初字第 192 号刘某某与莒县正合购物广场有限公司外观设计专利侵权民事调解书

8.（2005）济民三初字第 193 号刘某某与日照百货大楼有限公司外观设计专利侵权民事调解书

9～10.（2005）济民三初字第 181/182 号济南诚信互联科技发展有限公司与济南中频科技有限公司、曹某某、王某、赵某某著作权侵权撤诉裁定书

11.（2001）济民三初字第 10 号济南铸造锻压机械研究所与济南法因数控机械有限公司、刘某某、郭某某、管某、郭某某商业秘密侵权撤诉裁定书

12.（2005）济民三初字第 170 号北京张某某正脊医药科技研究所、国际三维正脊科技集团（香港）有限公司与济南华夏医院不正当竞争民事调解书

13.（1999）济知初字第 39 号王某某与山东手扶拖拉机制造厂实用新型专利侵权撤诉裁定书

14～16.（2004）济民三初字第 62－64 号王某某与烟台正泰化工公司招远五金工具销售处、招远鲁鑫工具厂/威海嘉诚工贸有限公司/威海东田设备有限公司实用新型专利侵权民事判决书

17.（2004）济民三初字第 105 号威海隆安机械制造有限公司与威海东田设备有限公司、威海嘉诚工贸有限公司实用新型专利侵权民事判决书

18.（2002）济民三初字第 48 号环球唱片有限公司与江西金科光盘有限公司著作权侵权民事判决书

19.（2005）济民三初字第 82 号淄博矿业集团有限责任公司埠村煤矿与上海杰事杰新材料股份有限公司技术合同民事判决书

20.（2004）济民三初字第 134 号淄川洪山特殊耐火材料厂与淄博东坪耐火材料有限责任公司发明专利侵权撤诉裁定书

21.（2005）济民三初字第 212 号山东博山制药有限公司与聊城华源药业有限公司、苏州珊亚日用化工有限公司实用新型专利侵权撤诉裁定书

22.（2006）济民三初字第 46 号山东冠丰种业科技有限公司与成武种子公司植物新品种侵权撤诉裁定书

23.（2005）济民三初字第 191 号刘某某与日照新世纪商厦有限公司外观设计专利侵权撤诉裁定书

24.（2006）济民三初字第 21 号泰安农星种业有限公司、张某某与汤阴农技综合服务部、山东农科院、莘县良种繁育中心植物新品种侵权撤诉裁定书

25.（2005）济民三初字第 209 号济南白兔信息有限公司与福州汇商计算机信息有限公司、福州汇商软件有限公司、福州汇商信息系统开发有限公司著作权侵权民事判决书

26.（2006）济民三初字第 1 号山东百脉泉酒业有限公司与章丘三联酒厂仿冒知名商品特有名称、包装和装潢民事判决书

27.（2005）济民三初字第 198 号贾某与山东鸿诚工艺礼品公司外观设计专利侵权撤诉裁定书

28.（2005）济民三初字第 120 号山东瑞阳制药有限公司与广州威尔曼药业有限公司确认不侵犯专利权撤诉民事裁定书

29.（2006）济民三初字第 32 号济南趵突泉酿酒有限责任公司与济南金趵泉酿酒有限责任公司仿冒知名商品特有名称、包装和装潢民事判决书

30.（2006）济民三终字第 12 号济南天辰佳禾机器有限公司与济南天辰德佳机器有限公司、贾某不正当竞争民事判决书

31.（2006）济民三终字第 218 号济南亚林台球用品有限公司与济南槐荫兴达工艺木制品厂著作权侵权民事调解书

32.（2006）济民三终字第 204 号巩某某与泰安鲁卫环卫设备有限公司、泰安市泰山区泰前街道岱道庵社区居民委员会专利权属撤诉民事裁定书

33.（2006）济民三终字第 116 号济南含章印务有限公司与济南世纪含章科技福州有限

公司商标侵权民事判决书

34.（2006）济民三初字第 154 号济南趵突泉酿酒有限责任公司与程某某仿冒知名商品特有名称、包装和装潢民事判决书

35.（2006）济民三初字第 99 号力诺集团有限责任公司与孙某某、山东大众报业（集团）有限责任公司商标侵权民事判决书

36.（2006）济民三初字第 121 号山东九阳小家电有限公司、王某某与济南正铭商贸有限公司、上海帅佳电子科技有限公司、慈溪西贝乐电器有限公司发明专利侵权民事判决书

37.（2006）济民三初字第 31 号青岛海化干燥工程江西有限公司与山东宝莫生物化工股份有限公司、辽宁国能集团铁岭精工机械有限公司实用新型专利侵权民事判决书

38.（2006）济民三初字第 134 号菏泽恒达智能控温有限公司与陈某某专利权属民事判决书

39.（2006）济民三初字第 136 号济南洗衣机厂与山东小鸭集团电工有限责任公司、中山凯思特电器有限公司商标侵权民事判决书

40.（2006）济民保字第 9 号申请人力诺集团公司与被申请人孙某某、大众报业集团公司诉前停止侵权民事裁定书

2007 年结案目录（44 件）

1.（2006）济民三初字第 238 号济南百脉泉酒业有限公司与李某某、高某某、博兴中天酒业有限公司仿冒知名商品特有名称、包装和装潢撤诉裁定书

2.（2006）济民三初字第 239 号张某某、临沂福圣天然保健品有限公司与济南海福康生物科技有限公司、济南利蒙制药有限公司外观设计专利侵权撤诉裁定书

3.（2007）济民三初字第 29 号滨州华城科工贸开发总公司与滨州宝泰织造有限公司、杨某某、滨州龙城饰品有限公司外观设计专利侵权撤诉裁定书

4.（2006）济民三初字第 194 号马某某与张某某实用新型专利侵权撤诉裁定书

5～6.（2006）济民三初字第 208/209 号上海缘创包装制品有限公司与何某某/济南益康食品厂有限公司、济南市中万隆超市著作权侵权民事判决书

7.（2006）济民三初字第 175 号山东凯盛生物化工有限公司与四川广汉运通化工厂、淄博三和化工染料有限公司、潍坊潍泰化工有限公司、刘某某发明专利侵权超市裁定书

8～9.（2006）济民三初字第 30/57 号泰安农星种业有限公司、张其某与曲阜良种场综合服务部、济南金穗农业发展有限公司/日照农业科学院、江苏灌云种子站、董某某植物新品种侵权超市裁定书

10.（2006）济民三初字第 83 号山东力诺瑞特新能源有限公司与高某某商标侵权超市裁定书

11.（2007）济民三初字第 32 号刘某某与王某某实用新型专利侵权趄市裁定书

12.（2007）济民三初字第 40 号驻马店王守义十三香调味品集团有限公司与高某某商标侵权民事调解书

13.（2006）济民三初字第 219 号青岛上岛咖啡食品有限公司与山东上岛皇家酒店管理有限公司商标侵权民事判决书

14.（2006）济民三初字第 220 号青岛上岛咖啡食品有限公司与董某某商标合同民事判决书

15.（2007）济民三初字第 54 号泰安农星种业有限公司、张某某与梁山农业技术推广中心、梁山农业技术推广中心农三新服务部、济南金穗农业发展有限公司植物新品和侵权超市裁定书

16.（2006）济民三初字第 198 号珠海华丰食品工业（集团）有限公司兖州分公司与

河南金龙面业有限公司仿冒知名商品特有名称、包装和装潢民事裁定书

17.（2007）济民三初字第70号江某某与山东神思电子技术有限公司实用新型专利侵权撤诉裁定书

18.（2006）济民三初字第49号北京埃特意商贸有限公司东营分公司、东营埃特意工贸有限责任公司与陈某某、北京合众鑫泰石油钻采技术咖啡有限公司专利权属民事判决书

19.（2007）济民三初字第56号北京德农种业有限公司与山东浩丰种业有限公司植物新品种侵权民事调解书

20～21.（2007）济民三初字第123/126号北京全景视拓图片有限公司与济南时报社、山东天业房地产开发有限公司、山东智盟时代营销策划有限公司/济南时报社、济南新世界阳光发展有限公司著作权侵权撤诉裁定书

22.（2007）济民三初字第97号大众日报社与同方知网（北京）技术有限公司、清华同方光盘股份有限公司、中国学术期刊（光盘版）电子杂志社、济南亚美装璜艺术开发中心著作权侵权民事调解书

23.（2007）济民三初字第113号海南养生堂保健品有限公司与李某商标侵权撤诉裁定书

24～25.（2007）济民三初字第129/132号北京全景视拓图片有限公司与济南时报社、济南房地产开发总公司、济南济亨房地产开发有限公司/济南商报社、时代东方男科医院著作权侵权撤诉裁定书

26.（2007）济民三初字第116号山东福田药业有限公司与张某文商标侵权民事调解书

27.（2006）济民三初字第161号青岛积成电子有限公司与董某某专利权属民事判决书（二审维持）

28.（2006）济民三重字第1号中国唱片深圳公司、赵某某与济南乐迪熊休闲娱乐有限公司著作权侵权民事判决书

29.（2007）济民三初字第88号河南金博士种业有限公司、河南农科院种业有限公司、河南农科院粮作所科技有限公司与山东种子总公司、济阳泉星种业有限公司植物新品种侵权民事判决书

30～31.（2007）济民三初字第263/265号张某与山东卓尔图书有限公司、延边人民出版社/尚某某、山东大学出版社著作权侵权撤诉裁定书

32.（2007）济民三初字第87号姜某与五莲市政工程公司、五莲市政工程公司水泥予件厂外观设计专利侵权民事判决书

33.（2007）济民三初字第193号山东华建铝业有限公司与荣成物资建材销售中心有限公司、山东阳信昱阳装饰材料有限公司外观设计专利侵权民事判决书

34.（2006）济民三初字第206号山东澳信数控设备有限公司与山东拓普精密技术产业

有限公司技术合同民事判决书

35.（2007）济民三初字第 179 号广东中凯文化发展有限公司与济南大众网通科技有限公司著作权侵权民事判决书

36.（2007）济民三初字第 190 号张某某与走向世界杂志社著作权侵权撤诉裁定书

37.（2005）济民三初字第 190 号山东鑫都置业有限公司与青岛迅利达机电工程有限公司、济南姜仔鸭酒店有限公司、山东姜仔鸭酒店管理有限公司、蒋某、胜利油田工益房地产开发有限责任公司商标侵权撤诉裁定书

38～39.（2007）济民三初字第 306/307 号济南建工总承包集团有限公司与赵庆友/中铁十局济南铁路工程有限公司实用新型专利侵权撤诉裁定书

40.（2007）济民三初字第 135 号北京全景视拓图片有限公司与山东商报社、济南雅诗装饰广场、济南干将莫邪企业形象设计有限公司著作权侵权撤诉裁定书

41.（2007）济民三初字第 290 号广东中凯文化发展有限公司与济南历城弘光网吧著作权侵权民事调解书

42.（2007）济民三初字第 199 号崔某某与普联软件（济南）有限公司著作权侵权民事判决书

43.（2007）济民保字第 65 号申请人广东易美图数码影像科技有限公司与被申请人王某诉前停止侵权民事裁定书

44.（2007）济民保字第 66 号申请人广东易美图数码影像科技有限公司与被申请人济南新康佳数码激光冲印图片社诉前停止侵权民事裁定书

2008 年结案目录（40 件）

1.（2007）济民三初字第 138 号北京全景视拓图片有限公司与齐鲁周刊社、山东金瀚投资集团有限公司著作权侵权撤诉裁定书

2.（2006）济民三初字第 174 号山东凯盛生物化工有限公司与江西电化高科有限公司、淄博三和化工染料有限公司、淄博达隆制药科技有限公司发明专利侵权民事调解书

3.（2007）济民三初字第 331 号佛山豹王滤芯制造有限公司与尚某某商标侵权撤诉裁定书

4～5.（2005）济民三初字第 108/109 号山东华兴机械集团有限责任公司与魏中坤/山东滨州鑫通机械有限公司实用新型专利侵权撤诉裁定书

6.（2007）济民三初字第 328 号佛山豹王滤芯制造有限公司与蒋某某商标侵权撤诉裁定书

7.（2007）济民三初字第 291 号广东中凯文化发展有限公司与济南欧迈科技发展有限公司著作权侵权民事调解书

8～9.（2007）济民三初字第 288/326 号广东中凯文化发展有限公司与济南爱书人超时速网络服务有限公司/济南万维网络工程发展有限公司著作权侵权撤诉裁定书

10.（2004）济民三初字第 133 号淄川洪山特殊耐火材料厂与淄博北工新特耐火材料有限公司发明专利侵权撤诉裁定书

11～14.（2007）济民三初字第 251/252/254/255 号北京中天文化发展有限公司与沃尔玛深国投百货有限公司、湛江华丽金音影碟有限公司、辽宁广播电视音像出版社著作权侵权民事判决书

15.（2007）济民三初字第 305 号济南建工总承包集团有限公司与江某发明专利侵权民事判决书

16.（2007）济民三初字第 67 号王某甲、王某乙、王某丙与山东文化音像出版社、广东粤东磁电公司著作权侵权民事判决书

17.（2007）济民三初字第 334 号佛山豹王滤芯制造有限公司与济南永信行汽配有限公司商标侵权撤诉裁定书

18.（2008）济民三初字第 32 号济南建工总承包集团有限公司与济南元鑫建材厂发明专利侵权撤诉裁定书

19～20.（2008）济民三初字第 25/26 号荆某某与宁波杉杉家用纺织品有限公司、日照百货大楼有限公司/江苏堂皇集团有限公司、山东大自然家纺有限公司、日照新世纪商厦有限公司外观设计专利侵权撤诉裁定书

21.（2007）济民三初字第 227 号泰安斯凯特网业有限公司与泰安松源网业有限公司实用新型专利侵权撤诉裁定书

22.（2002）济知初字第 50 号海南锦绣大地生物工程有限公司与山东科力农业科技有限责任公司商标侵权撤诉裁定书

23.（2008）济民三终字第 5 号山东九天绿商贸有限公司与北京三面向版权代理有限公司著作权侵权民事判决书（维持一审）

24.（2008）济民三初字第 62 号北京网尚文化传播有限公司与章丘广播电视局、章丘广电青鸟信息网络有限公司著作权侵权撤诉裁定书

25.（2008）济民三初字第 128 号合肥丰乐种业股份有限公司、北京德农种业有限公司、山西屯玉种业科技股份有限公司、河南太行玉米种业有限公司与山东临邑惠农种子有限公司植物新品种侵权撤诉裁定书

26.（2007）济民三初字第 239 号济南保密技术中心与北京和升达信息安全技术有限公司、北京和升达科技发展有限公司、济南新视觉验光配镜有限公司专利侵权撤诉裁定书

27.（2007）济民三初字第 43 号兰州交通大学与兖州天意新型建材机械有限公司实用新型专利侵权民事判决书（二审维持）

28～30.（2008）济民三初字第 131－133 号济南建工总承包集团有限公司与济南长兴建设集团有限公司/济南三箭建设工程股份有限公司/江苏南通三建集团有限公司济南分公司实用新型专利侵权撤诉裁定书

31.（2008）济民三初字第 120 号合肥丰乐种业股份有限公司、北京德农种业有限公司、山西屯玉种业科技股份有限公司、河南太行玉米种业有限公司与李某某、山东农科种业有限公司植物新品种侵权民事判决书

32～33.（2008）济民三初字第 145/146 号王某某与济南新华书店、中国唱片上海公司、上海联合光盘有限公司著作权侵权撤诉裁定书

34～35.（2008）济民三初字第 189/190 号济南红霖联合实业有限公司与德州傻小二康健食品有限公司、济南绿地商城/禹城乐美食业有限公司、济南新一佳商贸有限公司著作权侵权撤诉裁定书

36.（2008）济民三初字第 143 号王某某与济南新华书店、太平洋影音公司著作权侵权民事判决书

37.（2006）济民三初字第 213 号上海缘创包装制品有限公司与姚某某、济南段店实业有限公司著作权侵权民事判决书

38.（2008）济民三初字第 246 号济南红霖联合实业有限公司与张某某、济南易初莲花连锁超市有限公司、济南山水大润发商业有限公司著作权侵权撤诉裁定书

39.（2008）济民三初字第 121 号合肥丰乐种业股份有限公司、北京德农种业有限公司、山西屯玉种业科技股份有限公司、河南太行玉米种业有限公司与宋某某、山东聊城种子公司植物新品种侵权民事调解书

40.（2008）济民三初字第 24 号荆某某、江苏堂皇集团有限公司与青岛中亚工贸有限公司、临沂桃源超市（连锁）有限公司外观设计专利侵权撤诉裁定书

2009 年结案目录（49 件）

1.（2008）济民三初字第 299 号中影寰亚音像制品有限公司与济南电视台著作权侵权撤诉裁定书

2.（2008）济民三初字第 309 号临沂天元建材有限公司与河东区宏达新型建材厂实用新型专利侵权撤诉裁定书

3～4.（2008）济民三初字第 222/223 号山东新特电气有限公司与苏某某专利权属民事判决书

5.（2008）济民三初字第 314 号济南灯具厂有限公司与张某某、李某、济南智富商贸有限公司商业秘密侵权撤诉裁定书

6～8.（2008）济民三初字第 239－241 号上海派克笔有限公司与济南人民大润发商业有限公司/山东新闻培训中心/济南贵和皇冠假日酒店有限责任公司、张某某商标侵权民事判决书

9.（2008）济民三初字第 320 号沈阳华彩图装有限公司与宁津易达建筑设备制造厂实用新型专利侵权驳回裁定书

10.（2008）济民三初字第 308 号临沂天元建材有限公司与临沂锦广建材有限公司实用新型专利侵权撤诉裁定书

11～12.（2008）济民三初字第 97/99 号烟台信盟达建材有限公司与威海百货大楼集团股份有限公司、中建八局第二建设有限公司、淄博阳光轻质材料有限公司/威海西郊房地产开发有限公司、威海广林建设有限公司、淄博阳光轻质材料有限公司发明专利侵权撤诉裁定书

13～14.（2008）济民三初字第 280/283 号环球时报社与经济导报社著作权侵权撤诉裁定书

15.（2008）济民三初字第 78 号山东方明药业有限公司与西安高科陕西金方药业公司确认不侵犯发明专利权民事判决书（二审维持）

16.（2009）济民三初字第 49 号格某某与山东吕剧院、山东文化音像出版社著作权侵权撤诉裁定书

17～18.（2008）济民三初字第 98/100 号烟台信盟达建材有限公司与威海百货大楼集团股份有限公司、中建八局第二建设有限公司、淄博阳光轻质材料有限公司/威海西郊房

地产开发有限公司、威海广林建设有限公司、淄博阳光轻质材料有限公司发明发明专利侵权民事判决书

19.（2008）济民三初字第 265 号王某某、邱某与人民卫生出版社、罗某某、刘某、济南亚美装璜艺术开发中心中山医学书店著作权侵权民事判决书（二审调解）

20.（2008）济民三初字第 277 号九阳股份有限公司与大商集团股份有限公司大商电器济南人民商场、佛山顺德欧科电器有限公司发明专利侵权民事判决书（二审撤诉）

21.（2007）济民三初字第 119 号武汉裕和远东科技有限公司与德州百斯特化工科技有限公司、顺德鲁西化工股份有限公司实用新型专利侵权撤诉裁定书

22.（2004）济民三初字第 184 号济南历城黑峪林场与山东蟠龙山森林公园有限公司、济南蟠龙山旅游开发有限公司不正当竞争民事判决书

23.（2009）济民三初字第 31 号王某某与济南新华书店、广东音像出版社、佛山天艺音像制品有限公司、九洲音像出版公司著作权侵权民事判决书

24.（2009）济民三初字第 55 号中视影视制作有限公司与大众报业（集团）有限公司著作权侵权撤诉裁定书

25.（2009）济民三初字第 70 号网乐互联（北京）科技有限公司与山东艺术学院著作权侵权撤诉裁定书

26.（2008）济民三初字第 37 号山东中创软件工程股份有限公司与山东融仕软件有限公司、周某、刘某某计算机软件侵权民事判决书

27.（2006）济民三初字第 226 号河南金中皇珠宝股份有限公司与山东梦金园珠宝有限公司实用新型专利侵权民事判决书

28.（2007）济民三初字第 220 号王某某与威海嘉诚工贸有限公司、威海东田设备有限公司、大庆油田有限责任公司、大庆石油管理局实用新型专利侵权民事判决书

29～30.（2009）济民三初字第 105/108 号曲阜天博汽车零部件制造有限公司与韩某某/刘某某商标侵权撤诉裁定书

31～33.（2009）济民三初字第 160/161/163 号汪某某与山东意创文化产业发展研究中心、山东文化厅/山东大众健康管理服务有限公司/山东协和职业技术学院著作权侵权撤诉裁定书

34.（2009）济民三初字第 36 号济南灯具厂有限公司与张某某、李某、济南智富商贸有限公司商业秘密侵权民事判决书

35.（2009）济民三初字第 142 号王某某、河北伟达建筑设计有限公司与威海豪迈房地产开发有限公司专利侵权移送通知

36.（2006）济民三初字第 230 号王某某与招远鲁鑫工具厂实用新型专利侵权民事判决书

37.（2008）济民三初字第 136 号兖州量子科技有限责任公司与济宁矿安机电有限责任公司实用新型专利侵权撤诉裁定书

38.（2006）济民三初字第 243 号维苏维尤斯·克鲁斯布公司与济南新峨嵋实业有限公司发明专利侵权撤诉裁定书

39.（2009）济民三初字第 91 号株式会社京滨与福建友力化油器有限公司、重庆凯尔摩托车制造有限公司、李某某著作权侵权民事判决书

40.（2009）济民三初字第 251 号辽宁小背篓餐饮管理有限公司与王某某商标侵权撤诉裁定书

41.（2009）济民三初字第 80 号山东连胜种业有限公司与临淄敬仲镇农业技术综合服务站、淄博爱民种业有限公司、高青瑞丰种业有限公司、山东天诚种业有限公司、山东莱阳种子公司植物新品种侵权民事判决书

42～43.（2009）济民三初字第 250/252 号辽宁小背篓餐饮管理有限公司与陈某某/张某某商标侵权撤诉裁定书

44.（2009）济民三初字第 176 号浙江日发数码精密机械股份有限公司与胡某某商标侵权撤诉裁定书

45～46.（2009）济民三初字第 321/322 号科亿尔数码科技（上海）有限公司与济南龙延广告有限公司/济南三立顺彩广告有限公司著作权侵权撤诉裁定书

47.（2008）济民三初字第 137 号孟某某与济宁矿安机电有限责任公司专利侵权撤诉裁定书

48.（2008）济民三初字第 226 号天津成科传动机电技术股份有限公司与上海鼎世工业设备有限公司、国电菏泽发电有限责任公司专利侵权撤诉裁定书

49.（2009）济民保字第 30 号申请人吕某某与被申请人费县沂蒙机械厂、深圳市阿尔法变频技术有限公司诉前停止侵权民事裁定书

2010 年结案目录（56 件）

1. （2009）济民三重字第 1 号济南小峰轻质建材有限公司与泰安建筑工程集团有限公司、莱芜职业技术学院、衡水益通金属制品有限责任公司发明专利侵权民事判决书

2. （2009）济民三初字第 99 号北京飞天诚信科技有限公司与阿拉丁知识系统有限公司、深圳海之博大科技有限公司、济宁盛世光明软件技术有限公司专利侵权撤诉裁定书

3. （2009）济民三初字第 265 号肥城领航照明有限公司与朗特照明（山东）有限公司假冒他人专利民事判决书

4. （2009）济民三初字第 129 号舒某某与山东知识产权局专利代理纠纷民事判决书

5～6. （2009）济民三初字第 334/335 号上海虎啸电动工具有限公司与刘某某/济南国际五金机电城、济南国泰五金机电有限公司商标侵权民事判决书

7. （2010）济民三初字第 1 号张某与孙某某、团结出版社著作权侵权撤诉裁定书

8～9. （2009）济民三初字第 312/313 号临沂三禾永佳动力有限公司与徐某某、临沂华艺塑料制品有限公司专利侵权撤诉裁定书

10. （2010）济民三初字第 9 号滨州鹏旭新型建材有限公司与邹某经纬建材有限公司专利侵权撤诉裁定书

11～14. （2009）济民三初字第 300/302－304 号东阿阿胶股份有限公司与济阳润芳贸易有限公司/郑某某/商河如海超市/蔡某某不正当竞争撤诉裁定书

15～17. （2009）济民三初字第 221/224/227 号邱某某与山东鲁班建设集团总公司发明专利侵权民事判决书

18. （2010）济民三初字第 32 号福州蒙台梭利教育信息咨询有限公司与济南百花公园商标侵权超市裁定书

19～20. （2010）济民三初字第 42/43 号贾某与庞某某外观设计专利侵权超市裁定书

21. （2010）济民三初字第 83 号郑某某与山东城建工程集团公司实用新型专利侵权超市裁定书

22. （2009）济民三初字第 299 号东阿阿胶股份有限公司与商河宏盛购物广场有限公司、东阿生力源阿胶生物工程有限公司不正当竞争撤诉裁定书

23. （2010）济民三初字第 19 号滨州鹏旭新型建材有限公司与博兴天元房地产有限责任公司、东营亚圣新型建材有限责任公司专利侵权撤诉裁定书

24.（2010）济民三初字第 68 号科亿尔数码（上海）有限公司与济南山木电脑学校计算机软件著作权民事调解书

25.（2010）济民三终字第 1 号济南海得贝海洋生物工程有限公司与济宁恒通电气集团有限公司技术合同民事调解书

26.（2010）济民三初字第 57 号王某与陈某某实用新型专利侵权民事判决书

27.（2009）济民三初字第 301 号东阿阿胶股份有限公司与王某某、山东东阿东方阿胶生物工程有限公司、阳谷双圣堂胶业有限公司不正当竞争民事判决书

28.（2010）济民三初字第 60 号华盖创意（北京）山东神戎电子股份有限公司著作权侵权民事判决书

29.（2010）济民三初字第 6 号北京学而思教育科技有限公司与济南学而思教育培训学校商标侵权和不正当竞争民事判决书

30.（2010）济民三初字第 97 号滨州鹏旭新型建材有限公司与滨州华天房地产开发有限公司专利侵权撤诉裁定书

31.（2010）济民三初字第 128 号青岛高次团粒生态技术有限公司与济南华洋生态园林工程有限公司、任某某商标侵权民事调解书

32.（2007）济民三初字第 122 号浙江华光冶炼集团有限公司与山东金镍工贸有限公司发明专利侵权撤诉裁定书

33.（2010）济民三初字第 83 号施某某、湖北妇女联合会知音杂志社与经济导报社著作权侵权民事判决书

34.（2010）济民三初字第 98 号滨州鹏旭新型建材有限公司与滨州聚华益房地产开发有限公司、滨州亚泰置业有限公司、邹某第二建筑有限责任公司专利侵权民事判决书

35.（2009）济民三初字第 19 号郑州喜万年食品有限公司与金乡龙昊大蒜包装有限公司外观设计专利侵权民事判决书

36.（2010）济民三初字第 137 号福州蒙台梭利教育信息咨询有限公司与金镍国舜儿童之家教育信息咨询有限公司商标侵权和不正当竞争民事判决书

37～38.（2010）济民三初字第 75/76 号绍兴圣诺超高温晶体纤维材料有限公司、山东大学与济南大学专利申请权权属民事判决书

39.（2010）济民三初字第 195 号济南趵突泉酿酒有限责任公司与济南金趵泉酿酒有限责任公司不正当竞争民事调解书

40.（2010）济民三初字第 107 号济南天都数控机械有限公司与曲某某、济南天旭数控机械有限公司商业秘密侵权撤诉裁定书

41～42.（2010）济民三初字第 255/258 号北京联创种业有限公司与常某/曾某苿商标侵权撤诉裁定书

43.（2010）济民三初字第 121 号乔某某与济南中船设备有限公司发明专利侵权民事判决书

44.（2010）济民三初字第 229 号雷某某、湖北妇女联合会知音杂志社与经济导报社著作权侵权民事判决书

45.（2010）济民三初字第 182 号周某某与济宁健达医疗器械科技有限公司实用新型专利侵权民事判决书

46～47.（2010）济民三初字第 210/216 号沈阳优乐餐饮管理有限公司与济南百汇餐饮管理有限公司、崔某某外观设计专利、商标侵权民事判决书

48.（2010）济民三初字第 170 号黑龙江海轮王农机制造有限公司与河北农哈哈机械集团有限公司、山东平原农机公司实用新型专利侵权撤诉裁定书

49.（2010）济民三初字第 165 号济南高新开发区赛信机械有限公司、张某某与济南赛信膨化机械有限公司商标合同民事判决书

50.（2010）济民三初字第 162 号乐视网信息技术（北京）股份有限公司与山东工艺美术学院著作权侵权民事调解书

51～52.（2010）济民三初字第 327/328 号福建七匹狼实业股份有限公司与济阳润芳贸易有限公司/济阳开元信誉商厦有限公司、济南兴明商贸中心商标侵权民事调解书

53～54.（2010）济民三初字第 342/353 号中石化山东济南石油分公司与济阳崔寨福兴加油站/章丘刁镇旧北加油站商标侵权撤诉裁定书

55.（2010）济民保字第 5 号申请人科亿尔数码科技（上海）有限公司与被申请人济南山木电脑学校诉前证据保全民事裁定书

56.（2010）济民保字第 15 号申请人山东嘉友软件有限公司与被申请人济南百思为科信息工程有限公司诉前证据保全民事裁定书

2011 年结案目录（61 件）

1. （2010）济民三初字第 276 号王某与山东广播电视报社著作权侵权事判决书

2. （2010）济民三初字第 448 号上海奉全文化传播有限公司与山东东顺纸业有限公司、山东东顺集团有限公司著作权侵权撤诉裁定书

3. （2010）济民三初字第 140 号康跃科技股份有限公司与菏泽康跃工业品有限公司商标侵权驳回裁定书

4. （2009）济民三初字第 14 号深圳万虹科技发展有限公司与济南嘉美文化拓展有限公司、新诺亚舟科技（深圳）有限公司、创新诺亚舟电子（深圳）有限公司实用新型专利侵权撤诉裁定书

5～9. （2010）济民三初字第 372/375/378/383/386 号上海步升大风音乐文化传播有限公司与济南广播电视台、济南广电嘉和数字电视有限责任公司著作权侵权撤诉裁定书

10～11. （2010）济民三初字第 446/449 号郑某某与济南黄河路桥工程公司/保利建设开发总公司专利侵权撤诉裁定书

12. （2009）济民三初字第 348 号吕某某与赵某某、深圳阿尔法变频技术有限公司发明专利侵权撤诉裁定书

13～14. （2011）济民三初字第 20/23 号浙江中南卡通股份有限公司与济南历城孙村供销合作社、嘉和购物超市/平阴心连心超市有限公司专利侵权撤诉裁定书

15. （2010）济民三初字第 445 号郑某某与烟建集团有限公司济南分公司实用新型专利侵权民事判决书

16. （2010）济民三初字第 273 号山东嘉友软件有限公司与济南百思为科信息工程有限公司、沧州房改资金管理结算中心计算机软件侵权撤诉裁定书

17. （2010）济民三初字第 358 号广东易美图数码影像科技有限公司与济南新康佳数码激光冲印图片社专利侵权民事判决书（二审维持）

18. （2010）济民三初字第 324 号成都倍特药业有限公司与山东诚创医药技术开发有限公司技术合同移送管辖裁定书

19. （2010）济民三初字第 371 号袁某某与冯某某专利侵权撤诉裁定书

20. （2011）济民三初字第 17 号浙江中南卡通股份有限公司与济阳开元信誉商厦有限公司著作权侵权撤诉裁定书

21. （2011）济民三初字第 428 号无锡康明斯涡轮增压技术有限公司与张某某商标侵权民事判决书

22. （2010）济民三初字第 298 号周某与中国金币总公司、深圳国宝造币有限公司、山东齐泉纪念币有限公司、彩石大方（北京）艺术设计有限公司著作权侵权民事判决书（未生效）

23. （2009）济民三初字第 102 号三联商社股份有限公司与山东三联集团有限责任公司商标合同民事判决书

24. （2011）济民三初字第 15 号济南开思科技有限公司与济南博林自动化设备有限公司、魏某商业秘密侵权民事判决书

25. （2011）济民三初字第 61 号韩某某与孔某某外观设计专利侵权民事判决书

26. （2011）济民三初字第 124 号卢某某与山东鲁能物资集团有限公司、湖南富丽真金家纺有限公司实用新型专利侵权民事判决书

27. （2010）济民三初字第 368 号上海喜世多汉英厨具有限公司与济南银座北园购物广场有限公司、济南伟光商贸有限公司、浙江金威实业有限公司、胡金高、浙江增益科技开发有限公司、中德厨具制造有限公司商标侵权民事判决书

28. （2011）济民三初字第 105 号九阳股份有限公司与东莞步步高家用电器有限公司专利侵权撤诉裁定书

29. （2011）济民三初字第 161 号竹林园饮食文化传播（北京）有限公司与梁某著作权侵权、不正当竞争民事判决书

30. （2011）济民三初字第 179 号郑某某与中国新兴建设开发总公司实用新型专利侵权民事调解书

31. （2011）济民三初字第 220 号张某、内蒙古美好食品有限责任公司与茌平汇丰面粉有限公司外观设计专利侵权民事调解书

32. （2010）济民三初字第 213 号沈阳优乐餐饮管理有限公司与济南百汇餐饮管理有限公司、崔某某专利侵权撤诉裁定书

33. （2011）济民三初字第 87 号坦萨科技有限公司、坦萨土工合成材料（中国）有限公司与泰安佳瑞建材有限公司发明专利侵权民事判决书

34. （2005）济民三初字第 57 号伊莱利利与哈尔滨誉衡药业有限公司、宁波天衡制药有限公司、威海职工医院发明专利侵权撤诉裁定书

35. （2010）济民三初字第 246 号时某某与夏津瑞鑫轴承保持器发明专利侵权民事调解书

36. （2011）济民三初字第 194 号浪莎针织有限公司与李某某商标侵权民事判决书

37. （2011）济民三初字第 58 号邯郸金狮棉机有限公司与山东天鹅棉业机械股份有限

公司专利侵权撤诉裁定书

38. （2010）济民三初字第 84 号张某某与雷某某、赵某、山东爱书人音像图书有限公司著作权侵权民事判决书

39. （2011）济民三初字第 317 号济南玛雅房屋中介有限公司与章丘盛康源投资咨询有限公司商标侵权、不正当竞争撤诉裁定书

40~41. （2011）济民三初字第 211/214 号马某某与张某某/崔某某实用新型专利侵权民事判决书

42. （2011）济民三初字第 136 号九阳股份有限公司与三联商社股份有限公司济南家电分公司、广东美的精品电器制造有限公司实用新型专利侵权民事判决书

43~44. （2011）济民三初字第 284/285 号郑某某与南通德胜建筑安装工程有限公司/济南长兴建设集团有限公司实用新型专利侵权民事判决书

45~46. （2011）济民三初字第 212/218 号马某某与黄某某/相某某实用新型专利侵权民事判决书

47~49. （2011）济民三初字第 390/393/423 号浙江苏泊尔股份有限公司与党某某/刘某某/付某某商标侵权撤诉裁定书

50~51. （2011）济民三初字第 215/217 号马某某与高某/陈某某实用新型专利侵权民事判决书

52~53. （2011）济民三初字第 345/348 号蔡某某与杜某某、王某某/陈某某、王某某外观设计专利侵权撤诉裁定书

54~57. （2011）济民三初字第 384/387/434/450 号浙江苏泊尔股份有限公司与李某某/张某/长清春雨家电有限公司/于清莲商标侵权撤诉裁定书

58. （2011）济民保字第 4 号申请人济南开思科技有限公司与被申请人济南博林自动化设备有限公司诉前证据保全民事裁定书

59~61. （2011）济民保字第 14-16 号申请人济南铸造锻压机械研究所有限公司与被申请人济南捷成数控设备有限公司、莱州新亚通金属制造有限公司诉前证据保全民事裁定书

2012 年结案目录（84 件）

1 ~ 2.（2011）济民三初字第 461/462 号潍柴动力股份有限公司与济南华沃汽配销售有限公司/王增商标侵权撤诉裁定书

3.（2011）济民三初字第 360 号济南铸造锻压机械研究所有限公司与济南捷成数控设备有限公司专利侵权撤诉裁定书

4.（2011）济民三终字第 11 号济南德佳玻璃机器有限公司与上海优森德产品检测技术有限公司技术合同民事判决书

5.（2010）济民三初字第 425 号陈某某与刘某、河北创力车业有限公司外观设计专利侵权民事判决书

6.（2011）济民三终字第 10 号济南一建集团有限公司与渠某某、济南城市管理局著作权侵权裁定书

7.（2011）济民三初字第 84 号米其林集团总公司与张某某、冯某某商标侵权、不正当竞争民事判决书

8.（2012）济民三初字第 4 号袁某某与苏某某专利侵权驳回裁定书

9.（2011）济民三初字第 443 号中山好生活电器有限公司与刘某某商标侵权民事判决书

10.（2011）济民三初字第 282 号济南力豪托盘有限公司与济南博恩包装制品有限公司商业秘密侵权城市裁定书

11 ~ 13.（2012）济民三初字第 48 - 50 号贾某与王某某/崔某某/张某某外观设计专利侵权民事判决书

14.（2011）济民三初字第 135 号九阳股份有限公司与三联商社股份有限公司济南家电分公司、广东美的生活电器制造有限公司实用新型专利侵权撤诉裁定书

15.（2012）济民三初字第 106 号张某某与董某某、徐某某实用新型专利侵权撤诉裁定书

16.（2011）济民三初字第 483 号米其林集团总公司与金钢标侵权民事判决书

17.（2011）济民三初字第 146 号吕某某与赵某某、深圳阿尔法变频技术有限公司发明专利侵权民事判决书

18.（2011）济民三初字第 254 号葛某某与宋某某实用新型专利侵权民事判决书

19.（2012）济民三初字第 3 号浙江自力工贸有限公司与永康晋康杯业有限公司、叶某某实用新型专利侵权撤诉裁定书

20.（2012）济民三初字第 35 号济南趵突泉酿酒有限责任公司与济南恒龙酒业有限公司不正当竞争民事判决书

21.（2012）济民三初字第 90 号山东登海先锋种业有限公司与菏泽菏丰种业有限公司植物新品种侵权民事判决书

22 ~ 23.（2010）济民三初字第 423/424 号陈某某与彭某某、河北小不点车业有限公司、邢台天宏自行车零件有限公司外观设计专利侵权民事判决书

24 ~ 25.（2012）济民三初字第 1 号浙/2 江自力工贸有限公司与浙江康福海工贸有限公司、周某某/浙江邦达工贸有限公司、张某实用新型专利侵权民事判决书

26 ~ 27.（2012）济民三初字第 53/54 号浙江自力工贸有限公司与浙江邦达工贸有限公司、陈某某/永康宇能工贸有限公司、姜某实用新型专利侵权撤诉裁定书

28 ~ 29.（2012）济民三初字第 151/275 号广东久量光电科技有限公司、卓某某与陈某甲、陈某甲/陈某乙外观设计专利侵权撤诉裁定书

30.（2012）济民三初字第 172 号郑州恒昊玻璃技术有限公司与李某某专利侵权撤诉裁定书

31.（2012）济民三初字第 240 号张某某与席某某专利侵权撤诉裁定书

32 ~ 33.（2012）济民三初字第 265/267 号广东久量光电科技有限公司、卓某某与陈某某、汕头鹏嘉电器有限公司外观设计专利侵权撤诉裁定书

34 ~ 35.（2012）济民三初字第 170/171 号郑州恒昊玻璃技术有限公司与朱某某外观设计专利侵权民事判决书

36.（2011）济民三初字第 86 号坦萨土工合成材料（中国）有限公司与河北宝源工程橡塑有限公司发明专利侵权民事判决书

37.（2012）济民三初字第 173 号郑州恒昊玻璃技术有限公司与傅某某外观设计专利侵权撤诉裁定书

38.（2012）济民三初字第 174 号上海恒昊玻璃技术有限公司与傅某某外观设计专利侵权撤诉裁定书

39.（2009）济民三初字第 189 号肥城暴雪制冷设备科技开发有限公司与济南中恒实业有限责任公司、滨州鑫萌制冷设备有限公司外观设计专利侵权民事判决书

40.（2012）济民三初字第 375 号中国文字著作权协会与姜某著作权侵权撤诉裁定书

41 ~ 42.（2012）济民三初字第 337/338 号广东奥飞动漫文化股份有限公司与枣庄山亭山兴商场外观设计专利侵权撤诉裁定书

43 ~ 44.（2012）济民三初字第 340/341 号广东奥飞动漫文化股份有限公司与倪某某外

观设计专利侵权民事判决书

45～46.（2012）济民三初字第 346/347 号广东奥飞动漫文化股份有限公司与李某某外观设计专利侵权民事判决书

47.（2012）济民三初字第 248 号王某某与张某某、王某外观设计专利侵权民事判决书

48.（2012）济民三初字第 334 号广东奥飞动漫文化股份有限公司与王某某外观设计专利侵权撤诉裁定书

49.（2011）济民三初字第 351 号蔡某某与解某某外观设计专利侵权民事判决书

50.（2012）济民三初字第 104 号张某某与茌平星奥铝业有限公司、张某某外观设计专利侵权民事判决书

51.（2012）济民三初字第 422 号红豆集团有限公司与乔某某商标侵权民事判决书

52～54.（2012）济民三初字第 378/381/384 号中国文字著作权协会与李某/靳某某/石某某、李某某著作权侵权驳回裁定书

55.（2012）济民三初字第 274 号广东久量光电科技有限公司、卓某某与艾某某、朱某某外观设计专利侵权撤诉裁定书

56～57.（2012）济民三初字第 237/473 号王某某与陈某某著作权侵权撤诉裁定书

58～60.（2012）济民三初字第 252－254 号微软公司与济南大唐科技有限公司著作权侵权民事判决书

61～63.（2012）济民三初字第 135－137 号修某某与济南一把手有限公司、郭某某、李某某、杨某某发明专利侵权民事判决书

64～65.（2012）济民三初字第 145/147 号广东久量光电科技有限公司、卓某某与朱某某、朱某某外观设计专利侵权民事判决书

66～67.（2012）济民三初字第 444/445 号广东东箭汽车用品制造有限公司与刘化龙外观设计专利侵权民事判决书

68～70.（2012）济民三初字第 604/607/616 号湖南恒安纸业有限公司与张某某/韩某某/高某某商标侵权撤诉裁定书

71～72.（2012）济民三初字第 566/567 号广东奥飞动漫文化股份有限公司与沂南铜井供销社钰泉超市外观设计专利侵权撤诉裁定书

73.（2012）济民三初字第 570 号广东奥飞动漫文化股份有限公司与费县百姓超市有限公司外观设计专利侵权撤诉裁定书

74.（2012）济民三初字第 610 号湖南恒安纸业有限公司与岳某某商标侵权撤诉裁定书

75～76.（2012）济民三初字第 555/556 号广东奥飞动漫文化股份有限公司与文登恒源商贸有限公司中心超市、文登恒源商贸有限公司外观设计专利侵权撤诉裁定书

77.（2010）济民三初字第 232 号扬州润明轻工机械有限公司与乳山曙光啤酒有限公司

实用新型专利侵权民事判决书

78 ~ 79.（2012）济民三初字第 228/498 号王某某与济南历城天天向上歌城、赵某著作权侵权民事判决书

80 ~ 81.（2012）济民三初字第 231/490 号王某某与翟某著作权侵权民事判决书

82 ~ 83.（2012）济民三初字第 234/495 号王某甲与王某乙著作权侵权民事判决书

84.（2012）济民三初字第 619 号湖南恒安纸业有限公司与丁某商标侵权撤诉裁定书

2013 年结案目录（114 件）

1.（2012）济民三初字第 658 号芬德乐器有限公司与济南建科科技有限公司网络域名侵权撤诉裁定书

2.（2012）济民三终字第 5 号漓江出版社有限公司与鲁某某、济南新华书店著作权侵权撤诉裁定书

3~4.（2012）济民三初字第 601/613 号湖南恒安纸业有限公司与赵某某/王某某商标侵权撤诉裁定书

5.（2010）济民三初字第 297 号周某与中国金币总公司、深圳国宝造币有限公司、山东齐泉纪念币有限公司、彩石大方（北京）艺术设计有限公司著作权侵权民事判决书

6.（2013）济民三初字第 716 号北京庆丰包子铺与济南庆丰餐饮管理有限公司商标侵权民事判决书

7.（2011）济民三初字第 363 号济南铸造锻压机械研究所有限公司与济南捷成数控商标有限公司专利侵权撤诉裁定书

8.（2013）济民三初字第 14 号朱某某与韩某某外观设计专利侵权民事调解书

9.（2013）济民三初字第 18 号陈某某与全某某外观设计专利侵权撤诉裁定书

10.（2013）济民三初字第 51 号浙江苏泊尔股份有限公司与姚某某、济南中恒实业有限责任公司商标侵权撤诉裁定书

11.（2011）济民三初字第 279 号 inve 技术股份有限公司与山东友发水产有限公司发明专利侵权民事判决书

12~13.（2012）济民三初字第 651/652 号微软公司与济南创佰数码科技有限公司著作权侵权民事判决书

14.（2012）济民三初字第 514 号万向集团公司与聊城万向汽车零部件有限公司商标侵权、不正当竞争民事判决书

15.（2012）济民三初字第 645 号王某某与徐某某、王晓某、明某某外观设计专利侵权民事判决书

16.（2013）济民三初字第 84 号广东星外星文化传播有限公司与济南新华书店东图书店著作权侵权撤诉裁定书

17~18.（2013）济民三初字第 66/91 号广东星外星文化传播有限公司与银座集团股份

有限公司济南银座无影山购物广场著作权侵权撤诉裁定书

19.（2013）济民三初字第26号深圳腾讯计算机系统有限公司与济阳开元信誉商厦有限公司著作权侵权撤诉裁定书

20.（2013）济民三初字第211号王某甲与王某乙商业秘密侵权撤诉裁定书

21.（2013）济民三初字第72号广东星外星文化传播有限公司与济南绿地商城著作权侵权撤诉裁定书

22.（2012）济民三初字第273号山东新华医疗器械股份有限公司与连云港千樱医疗设备有限公司实用新型专利侵权驳回裁定书

23.（2013）济民三初字第44号华盖创意（北京）图像技术有限公司与济南日报报业集团著作权侵权撤诉裁定书

24.（2013）济民三初字第78号广东星外星文化传播有限公司与特易购商业（山东）有限公司著作权侵权撤诉裁定书

25.（2013）济民三初字第63号沈阳治图文化传媒有限公司与刘某某、湖北佳佳食品有限公司著作权侵权民事判决书

26.（2013）济民三初字第103号济南德佳机器有限公司与济南雷德数控机械有限公司实用新型专利侵权民事判决书

27.（2013）济民三初字第33号刘某某与孙某某外观设计专利侵权民事判决书

28.（2013）济民三初字第110号深圳博悦生活用品有限公司、罗某某与刘某某、汕头澄海喜木塑胶玩具有限公司外观设计专利侵权民事判决书

29～30.（2013）济民三初字第229/230号广东雅洁五金有限公司与蒋某、浙江增利五金有限公司、张某某/陈某某、林某某外观设计专利侵权民事判决书

31.（2010）济民三初字第261号舒某某与济南环保锅炉厂发明专利侵权民事判决书

32.（2013）济民三终字第6号渠某某与济南城市管理局、济南一建集团总公司著作权侵权民事判决书

33.（2013）济民三初字第218号浙江苏泊尔股份有限公司与夏某某、佛山苏泊乐电器有限公司商标侵权、不正当竞争民事判决书

34.（2013）济民三初字第399号联华恒越集团有限公司与于某某、武汉四方文化用品有限公司著作权侵权撤诉裁定书

35.（2012）济民三初字第636号谢某与济南健朗生物技术有限公司特许经营合同民事判决书

36.（2013）济民三初字第375号刘某某与邓某某外观设计专利侵权撤诉裁定书

37～45.（2013）济民三初字第144～152号滚石国际音乐股份有限公司与济南广播电视台、济南广电嘉和宽带网络有限公司著作权侵权民事调解书

46～47.（2011）济民三初字第 472/475 号九阳股份有限公司与山东苏宁电器有限公司、广东美的精品电器制造有限公司实用新型专利侵权撤诉裁定书

48～51.（2013）济民三初字第 379/382/386/393 号吉利集团有限公司与济南思迈尔汽车配件有限公司商标侵权撤诉裁定书

52.（2013）济民三初字第 638 号长春一东离合器股份有限公司与刘某某商标侵权民事调解书

53.（2013）济民三初字第 320 号浙江吉利控股集团有限公司与张某某商标侵权撤诉裁定书

54.（2013）济民三初字第 302 号福建七匹狼实业股份有限公司与潘某某商标侵权撤诉裁定书

55.（2013）济民三初字第 349 号广东星外星文化传播有限公司与济南人民大润发商业有限公司历城店商标侵权民事判决书

56～58.（2013）济民三初字第 226－228 号广东雅洁五金有限公司与朱某、浙江瑞泰五金有限公司/蒋某、浙江瑞泰五金有限公司/孙某某、林某某外观设计专利侵权民事判决书

59.（2013）济民三初字第 422 号北京全景视觉网络科技有限公司与济南第五人民医院著作权侵权撤诉裁定书

60～61.（2013）济民三初字第 417/419 号北京全景视觉网络科技有限公司与济南日报报业集团著作权侵权撤诉裁定书

62.（2013）济民三初字第 311 号吉利集团有限公司与余某某商标侵权民事判决书

63～81.（2013）济民三初字第 477－495 号闫某某与走向世界杂志社著作权侵权民事判决书

82～91.（2013）济民三初字第 795－804 号北京帝豪星辰文化传媒有限责任公司与张某某著作权侵权民事判决书

92～101.（2013）济民三初字第 646－656 号北京帝豪星辰文化传媒有限责任公司与济南东方之韵餐饮娱乐有限公司著作权侵权民事判决书

102.（2013）济民三初字第 327 号金利来（中国）有限公司与济南益康百姓连锁超市有限公司、平阴东关分店商标侵权民事判决书

103.（2011）济民三初字第 59 号济南洗衣机厂与中山小鸭家电有限公司商标侵权撤诉裁定书

104.（2011）济民三初字第 132 号济南洗衣机厂与山东小鸭集团有限责任公司、中山小鸭家电有限公司确认商标许可无效撤诉裁定书

105～106.（2013）济民三初字第 253/254 号七天酒店（深圳）有限公司与济宁运河明

珠酒店管理有限公司商标侵权民事判决书

107～108.（2013）济民三初字第 255/256 号七天酒店（深圳）有限公司与济宁星月明珠酒店管理有限公司商标侵权民事判决书

109～110.（2013）济民三初字第 257/258 号七天酒店（深圳）有限公司与董某某商标侵权民事判决书

111.（2013）济民三初字第 309 号福建七匹狼实业股份有限公司与济南益康百姓连锁超市有限公司、国棉四厂店商标侵权民事判决书

112.（2013）济民保字第 1 号申请人临沭县东方锅炉有限公司与被申请人临沭县教师进修学校等诉前证据保全民事裁定书

113.（2013）济民保字第 12 号申请人福建省建阳市汽车锻压件厂与被申请人济南鑫优汽车零部件有限公司诉前证据保全民事裁定书

114.（2013）济民保字第 23 号申请人尹某某与被申请人威海智德真空科技有限公司诉前证据保全民事裁定书

2014 年结案目录（122 件）

1.（2013）济民三初字第 451 号山东大众传媒股份有限公司与济南鲁秀广告传媒有限公司著作权侵权撤诉裁定书

2～14.（2013）济民三初字第 984－996 号闫某某与走向世界杂志社著作权侵权民事调解书

15.（2013）济民三终字第 20 号济南人民大润发商业有限公司与广东星外星文化传播有限公司著作权侵权撤诉裁定书

16～20.（2013）济民三初字第 805－809 号北京帝豪星辰文化传媒有限责任公司与杜某某著作权侵权民事判决书

21～23.（2013）济民三初字第 875－877 号北京帝豪星辰文化传媒有限责任公司与李某著作权侵权民事判决书

24.（2011）济民三初字第 85 号郑州中实赛尔科技有限公司与聊城日新电子科技有限公司、山西兆丰铝业有限公司发明专利侵权驳回裁定书

25.（2013）济民三初字第 471 号施耐德电气公司、施耐德电气（中国）有限公司与崔某某商标侵权撤诉裁定书

26.（2014）济民三初字第 13 号安庆帝伯格茨活塞环有限公司与肖某某商标侵权撤诉裁定书

27.（2013）济民三初字第 334 号济南智和弘盛光电科技有限公司与济南晶众光电科技有限公司、杨某某商业秘密侵权撤诉裁定书

28.（2014）济民三终字第 1 号吉林摄影出版社有限责任公司与朱某某、吉林意林杂志社有限公司著作权侵权撤诉裁定书

29.（2013）济民三初字第 980 号林某某与秦某某、山东华苑企业集团总公司外观设计专利侵权民事调解书

30.（2014）济民三初字第 88 号贾某与崔某某外观设计专利侵权撤诉裁定书

31.（2013）济民三初字第 924 号广东奥飞动漫文化股份有限公司与莱芜护驾泉商贸有限公司专利侵权撤诉裁定书

32.（2013）济民三初字第 957 号广东雪莱特光电科技有限公司与田某某商标侵权民事判决书

33. （2014）济民三初字第 304 号北京全景视拓图片有限公司与山东人民出版社有限公司著作权侵权撤诉裁定书

34. （2014）济民三初字第 331 号刘某某与临沂桃源超市（连锁）有限公司、金坛店外观设计专利侵权超市裁定书

35. （2014）济民三初字第 518 号戚某某与章丘东辰机器制造有限公司专利转让合同撤诉裁定书

36. （2013）济民三初字第 415 号济南坚构建筑技术有限公司与肥城恒标工贸有限公司不正当竞争民事判决书

37. （2013）济民三初字第 917 号欧特克公司与山东法因数控机械股份有限公司计算机软件侵权民事判决书（二审维持）

38. （2013）济民三初字第 642 号哥伦比亚运动服装公司与王某商标侵权民事判决书

39. （2014）济民三初字第 32 号哥伦比亚运动服装公司与阎某商标侵权民事判决书

40. （2014）济民三初字第 49 号福建七匹狼实业股份有限公司与康界民商标侵权撤诉裁定书

41. （2014）济民三初字第 359 号上海恒昊玻璃技术有限公司与徐某某专利侵权撤诉裁定书

42. （2014）济民三初字第 354 号深圳腾讯计算机系统有限公司与济南心连心超市有限公司著作权侵权撤诉裁定书

43~44. （2014）济民三初字第 47/48 号福建七匹狼实业股份有限公司与济南益康百姓连锁超市有限公司、平阴公园店/济南益康百姓连锁超市有限公司、平玥龙华店商标侵权撤诉裁定书

45. （2014）济民三初字第 562 号曹某某与济南和讯信息科技有限公司、山东拓易信息技术有限公司著作权侵权撤诉裁定书

46. （2014）济民三初字第 366 号吴某某与刘某专利侵权撤诉裁定书

47. （2014）济民三初字第 35 号浙江华谊兄弟影业投资有限公司与山东电视台著作权合同撤诉裁定书

48~49. （2014）济民三初字第 303/305 号北京全景视拓图片有限公司与济南尚美装饰材料有限公司/山东齐鲁书社出版有限公司著作权侵权撤诉裁定书

50. （2014）济民三初字第 67 号张某某与滨州华富商贸有限公司、李某甲、李某乙实用新型专利侵权民事判决书

51. （2013）济民三初字第 421 号北京全景视觉网络科技有限公司与浙江世友木业有限公司著作权侵权撤诉裁定书

52. （2014）济民三初字第 293 号浙江富隆电气有限公司与江苏永玐电气有限公司、济

南凯捷电器有限公司实用新型专利侵权民事判决书

53.（2014）济民三初字第 607 号烟台欣和味达美食品有限公司与广州广味源食品有限公司、李某某不正当竞争撤诉裁定书

54.（2013）济民三初字第 41 号米其林集团总公司与淄博顺泰物资有限公司商标侵权、不正当竞争民事判决书

55.（2014）济民三初字第 17 号阮某某与高某某专利转让合同民事判决书

56～57.（2014）济民三初字第 564/565 号曹某某与山东总工会、山东工人报社著作权侵权撤诉裁定书

58～60.（2014）济民三初字第 618－620 号周某某/张某某/张某某与济南乾豪科技发展有限公司特许经营合同民事判决书

61.（2014）济民三初字第 661 号山东呈祥电工电气有限公司与莱芜市政公用事业管理局专利侵权撤诉裁定书

62.（2014）济民三终字第 4 号秦某某与冯某某特许经营合同民事调解书

63.（2014）济民三初字第 77 号时某某与夏津东绪保持器厂、张某某发明专利侵权民事判决书（二审撤诉）

64.（2013）济民三初字第 973 号乐陵美亿天食品有限公司与夏某某专利侵权撤诉裁定书

65.（2014）济民三初字第 614 号山东金色童年有限责任公司与张某某特许经营合同撤诉裁定书

66.（2014）济民三初字第 654 号武某某与崔某某专利侵权撤诉裁定书

67.（2014）济民三终字第 6 号山东通明低碳新能源科技开发有限公司与房林技术转让合同民事判决书（维持一审）

68～87.（2014）济民三初字第 197－213/217/831/832 号中国音像著作权集体管理协会与山东完美新娘结婚服务有限公司、济南娱乐分公司著作权侵权撤诉裁定书

88.（2014）济民三初字第 639 号浙江光华塑业有限公司与青岛崂山管业科技有限公司、威海华泉贸易有限公司、威海乐源置业有限公司发明专利侵权民事判决书

89.（2014）济民三初字第 379 号深圳凯虹移动通信有限公司与山东汇工实业有限公司、刘某某商标侵权民事调解书

90.（2014）济民三初字第 380 号深圳凯虹移动通信有限公司与山东汇工实业有限公司、沈某商标侵权民事调解书

91～98.（2014）济民三初字第 388/389/392/393/396/399－401 号上海红双喜股份有限公司与康某某/康某甲/卢某某/瞿某某/朱某某/张某某/王某某/孙某某商标侵权撤诉裁定书

99~100.（2014）济民三初字第 761/762 号北京康达五洲医疗器械中心与马某某/张某某商标侵权民事调解书

101.（2014）济民三初字第 825 号临沂利方塑料制品有限公司与日照海纳商城有限公司专利侵权撤诉裁定书

102.（2014）济民三初字第 829 号山东福胶集体东阿镇阿胶有限公司与平阴神农大药店连锁有限公司、益康分店商标侵权撤诉裁定书

103~110.（2014）济民三初字第 390/391/394/395/397/398/402/403 号上海红双喜股份有限公司与常某某/何某某/刘某某/张某某/李某/孙某某/王某某/杨某商标侵权民事判决书

111.（2014）济民三初字第 669 号曹某某与石某实用新型专利侵权民事判决书

112.（2014）济民三初字第 741 号徐某某与孟某某专利侵权撤诉裁定书

113.（2014）济民三初字第 858 号孙某与山东新华书店集团有限公司济南分公司、中国青年出版社著作权侵权民事调解书

114.（2014）济民三初字第 862 号山东财源和信节能工程有限公司与山东绿环动力设备有限公司技术合同民事调解书

115.（2014）济民三初字第 681 号山东星宇手套有限公司与张某某商标侵权撤诉裁定书

116.（2014）济民三初字第 342 号匡某与济南健朗生物科技有限公司特许经营合同民事判决书

117.（2013）济民三初字第 1116 号周某某与济南商科工艺艺术设计开发有限公司特许经营合同民事判决书

118.（2012）济民三初字第 667 号日照瑞春工贸有限公司与庄某某实用新型专利侵权撤诉裁定书

119.（2014）济民三初字第 544 号许某某与王某某外观设计专利侵权驳回裁定书

120.（2011）济民三初字第 361 号济南铸造锻压机械研究所有限公司与济南捷成数控设备有限公司实用新型专利侵权民事判决书（二审撤诉）

121.（2014）济民保字第 45 号申请人章丘市宇龙机械有限公司与被申请人山东昶升建设工程机械有限公司诉前证据保全民事裁定书

122.（2014）济民保字第 69 号申请人台州飞跃双星成衣机械有限公司与被申请人山东海之杰纺织有限公司诉前证据保全民事裁定书

2015 年结案目录（119 件）

1. （2014）济民三初字第 746 号辽宁博联过滤有限公司与宁津飞亚纺织机械有限责任公司实用新型专利侵权民事判决书

2. （2014）济民三初字第 880 号徐某某与龚某专利申请权权属撤诉裁定书

3. （2014）济民三初字第 648 号济南澳科矿山工程技术有限公司与山东跃通矿山工程技术有限公司实用新型专利侵权民事判决书

4 ～ 5. （2014）济民三初字第 893/897 号安徽泾县徽京置业有限公司与单某/赵某某商标侵权民事判决书

6. （2014）济民三初字第 751 号武某某与王某某专利侵权撤诉裁定书

7. （2015）济民三初字第 27 号山东地震工程研究院与中国国电集团山东分公司技术合同撤诉裁定书

8. （2014）济民三初字第 355 号浙江康恩贝制药股份有限公司与济阳吉春大药店商标侵权民事判决书

9. （2015）济民三初字第 103 号富隆电气有限公司与上海上联实业集团有限公司、上海人民企业集团济南电器销售有限公司专利侵权撤诉裁定书

10. （2014）浐民三初字第 917 号贾某某、山东环科院环境工程有限公司与山东普民环保科技有限公司专利权属民事判决书

11. （2014）济民三初字第 945 号郎某某与山东中信建工集团有限公司实用新型专利侵权民事判决书

12. （2015）济民三初字第 329 号山东宝雅新能源汽车股份有限公司与济南宝雅工贸有限公司商标侵权民事调解书

13 ～ 14. （2014）济民三初字第 940/941 号山东春天建材科技有限公司与东阿中兴建筑工程有限公司/福建永富建设集团有限公司实用新型专利侵权民事判决书

15 ～ 17. （2014）济民三初字第 838 － 840 号路易威登马利蒂与山东银座泉城大酒店有限公司商标侵权民事判决书

18. （2015）济民三初字第 24 号贺某某与泰安金卡通家用纺织有限公司实用新型专利侵权民事判决书

19. （2015）济民三初字第 95 号厦门绿进食品有限公司与赵某某商标侵权民事判决书

20.（2014）济民三初字第 899 号瑞安瑞港机械有限公司与山东阳谷众泰机械工程有限公司发明专利侵权民事判决书

21.（2014）济民三初字第 925 号金某某与袁某某、栗某某、高某某实用新型专利侵权民事判决书

22～41.（2015）济民三初字第 150－189 号中国音像著作权集体管理协会与高某著作权侵权撤诉裁定书

42.（2014）济民三初字第 948 号顾某某与济南泰亨信息科技有限公司网络域名转让民事判决书

43.（2014）济民三初字第 673 号张某某与邵某特许经营民事判决书

44.（2015）济民三初字第 336 号李某与济南美食美客投资管理有限公司特许经营民事判决书

45～46.（2014）济民三初字第 951/952 号奥托恩姆科技有限公司与济南诺恩科技有限公司/济南天业恒基股份有限公司计算机软件侵权民事判决书

47.（2015）济民三初字第 140 号鞍钢集体工程技术有限公司与山东阳光天润化工设备有限公司、唐山荣义炼焦制气有限公司发明专利侵权民事判决书

48～52.（2015）济民三初字第 75－79 号中国音像著作权集体管理协会与济南世纪东方之韵饮食服务有限公司著作权侵权撤诉裁定书

53.（2015）济民三初字第 26 号深圳华强数字动漫有限公司与济南十八家家悦超市有限公司、蜡笔小新（福建）食品工业有限公司、威海蜡笔小新食品有限公司、福建福派园食品股份有限公司著作权侵权民事判决书

54.（2014）济民三初字第 874 号济南康众医药科技开发有限公司与太阳石（唐山）药业有限公司、赛诺菲（中国）投资有限公司、济南漱玉平民大药房有限公司发明专利侵权驳回裁定书

55.（2015）济民三初字第 359 号常州思康立生物科技有限公司与济南杏恩生物科技有限公司发明专利侵权撤诉裁定书

56.（2015）济民三初字第 29 号山东地震工程研究院与山东鲁通房地产开发有限公司技术合同民事判决书

57.（2015）济民三初字第 208 号烟台欣和味达美食品有限公司与滕州鼎盛酿造有限责任公司商标侵权、不正当竞争民事判决书

58.（2014）济民三初字第 617 号北京梦之城文化有限公司与山东千榕家纺有限公司、山东华润万家生活超市有限公司著作权侵权超市裁定书

59.（2015）济民三初字第 11 号格林豪泰酒店（中国）有限公司与济南嘉瑞浩华酒店管理咨询有限公司商标侵权民事判决书（二审维持）

60. （2015）济民三初字第 105 号山东同方防震技术有限公司与济南华府置业有限公司技术合同撤诉裁定书

61. （2012）济民三初字第 395 号坦萨科技有限公司、坦萨土工合成材料（中国）有限公司与泰安瑞亨建材有限公司、泰安现代塑料有限公司发明专利侵权民事判决书

62. （2012）济民三初字第 404 号坦萨科技有限公司、坦萨土工合成材料（中国）有限公司与东营盈丰工程项目管理有限公司、泰安重华土工材料有限公司发明专利侵权民事判决书

63 ~ 90. （2015）济民三初字第 495－522 号中国音像著作权集体管理协会与济南世纪东方之韵饮食服务有限公司著作权侵权撤诉裁定书

91. （2015）济民三初字第 365 号深圳华强数字动漫有限公司与济南儿童医院著作权侵权撤诉裁定书

92. （2014）济民三初字第 750 号埃克森美孚公司、美孚石油有限公司与济宁滑孚石化有限公司商标侵权、不正当竞争民事判决书

93. （2014）济民三初字第 26 号东阳野光影视策划有限公司与山东广播电视台著作权许可合同民事判决书

94. （2015）济民三初字第 376 号房某某与沈某某著作权侵权撤诉裁定书

95. （2014）济民三初字第 883 号青岛保税区依爱电子有限责任公司与上海石井畜牧设备有限公司、山东荣达农业发展有限公司实用新型专利侵权驳回裁定书

96. （2014）济民三初字第 884 号广州黑卡食品饮料有限公司与临沂鲁蒙万寿泉饮料有限公司、孙某专利侵权撤诉裁定书

97. （2014）济民三初字第 337 号山东普瑞聚能达科技发展有限公司与济南瑞德聚氨酯有限公司商业秘密侵权民事判决书

98. （2015）济民三初字第 355 号房某某与陕西蒲城尧山中学著作权侵权民事判决书

99. （2014）济民三初字第 922 号 emd 密理博公司与上海乐枫生物科技有限公司、济南格非生物技术有限公司发明专利侵权驳回裁定书

100. （2014）济民三初字第 850 号山东一村空调有限公司与济南捷琳益博咨询有限公司、朱某甲、朱某乙商标侵权民事判决书

101. （2015）济民三初字第 373 号泗水癫痫病医院与济南军都医院不正当竞争民事判决书

102. （2015）济民三初字第 375 号修某某与陈某某、潍坊凯德豪酒店设备用品有限公司发明专利侵权民事判决书

103. （2015）济民三初字第 99 号临沂利方塑料制品有限公司与临沭正大商贸有限公司外观设计专利侵权民事调解书

104.（2015）济民三初字第 148 号徐某某与临沂兰山繁科机械制造厂发明专利侵权民事判决书

105.（2015）济民三初字第 887 号青岛豪伟达玩具有限公司与济南槐荫王某某外观设计专利侵权撤诉裁定书

106.（2015）济民三初字第 918 号潍柴动力股份有限公司与济南振中重汽经贸有限公司商标侵权撤诉裁定书

107.（2015）济民三初字第 864 号艾影（上海）商贸有限公司与华润置地（山东）发展有限公司著作权侵权民事调解书

108.（2015）济民三初字第 899 号山东福胶集团东阿镇阿胶有限公司与浙江淘宝网络有限公司、郭某商标侵权撤诉裁定书

109.（2015）济民三初字第 908 号山东福胶集团东阿镇阿胶有限公司与浙江淘宝网络有限公司、王某某商标侵权撤诉裁定书

110～111.（2014）济民三初字第 539/542 号深圳时域科技有限公司与王某某/陈某某发明专利侵权民事判决书

112.（2015）济民三初字第 856 号济南高瞻远瞩视光学科技发展有限公司与禹城查尔斯顿眼镜旗舰店特许经营合同驳回裁定书

113.（2015）济民三初字第 946 号嘉祥萌山专用汽车有限公司与山东锣响汽车制造有限公司、山东郓城新亚挂车制造有限公司专利侵权撤诉裁定书

114.（2015）济民三初字第 975 号青岛海康水产发展有限公司与章丘明水常生源海产品店商标侵权撤诉裁定书

115.（2015）济民三初字第 955 号杨某某与济南新恒伟北奔商贸有限公司、山东老屯汽配城耀华汽配经营部专利侵权撤诉裁定书

116～117.（2015）济民三初字第 879/938 号厦门雅瑞光学有限公司与济南天桥鸿燕眼镜总汇/章丘明水白云路星源眼镜店商标侵权民事判决书

118.（2015）济民三初字第 927 号五常市大米协会与济南历城雪山粮油经销店、济南七里堡市场有限公司商标侵权民事判决书

119.（2014）济民三初字第 873 号山东水泊焊割设备制造有限公司与东阿中亚专用汽车有限公司、安徽肯达机械科技有限公司实用新型专利侵权民事判决书

2016 年结案目录（220 件）

1.（2014）济民三初字第 826 号山东天成生物科技有限公司与安徽国星生物化学有限公司、南京红太阳股份有限公司、山东鼎润植物保护有限公司发明专利侵权撤诉裁定书

2.（2015）济民三初字第 870 号马某某与贾某某著作权合同民事判决书

3.（2015）济民三初字第 209 号烟台欣和味达美食品有限公司与开平风顺调味品食品有限公司、沃尔玛（山东）百货有限公司济南阳光新路分店商标侵权、不正当竞争民事判决书

4.（2015）济民三初字第 983 号烟台欣和味达美食品有限公司与茂名味全食品工业有限公司、章丘东方冷库商贸有限公司不正当竞争民事判决书

5.（2015）济民三初字第 851 号中国重型汽车集团有限公司与济南扬远工程机械有限公司商标侵权民事判决书

6.（2015）济民三初字第 1099 号山东地震工程研究院与菏泽恒生房地产开发有限公司技术合同撤诉裁定书

7.（2015）济民三初字第 1038 号河北养元智汇饮品股份有限公司与德州德城区华松副食超市外观设计专利侵权撤诉裁定书

8.（2015）济民三初字第 1117 号牛某某与济南百芬爽餐饮管理咨询有限公司特许经营合同民事调解书

9～10.（2015）济民三初字第 1106/1110 号浙江天煌科技实业有限公司与济南吉庆电子科技有限公司实用新型专利侵权撤诉裁定书

11～14.（2015）济民三初字第 1002/1012/1030/1048 号河北养元智汇饮品股份有限公司与宁阳吉星商店/鄄城保存水果批发中心√济宁市中玉生商店/泗水济河办祥明超市外观设计专利侵权民事判决书

15～16.（2015）济民三初字第 1073/1074 号上海相宜本草化妆品股份有限公司与济南天桥好乐多超市/济南天桥朋然超市商标侵权民事判决书

17.（2016）鲁 01 民初 3 号山东天成生物科技有限公司与安徽国星生物化学有限公司、南京红太阳股份有限公司、山东鼎润植物保护有限公司发明专利侵权撤诉裁定书

18.（2016）鲁 01 行初 2 号王某某与菏泽知识产权局、菏泽鲁霸机械有限公司专利行政判决书

19.（2016）鲁 01 民初 33 号中国石化销售有限公司山东济南石油分公司与济南天桥新星加油站、米某某商标侵权超市裁定书

20.（2016）鲁 01 民初 13 号山东上正信息科技有限公司与济南皇佳软件技术有限公司计算机软件开发民事判决书

21.（2016）鲁 01 民初 47 号济南澳科矿山工程技术有限公司与肥城汇金铁路工程材料有限公司实用新型专利侵权民事判决书

22.（2015）济民三初字第 1096 号山东财源和信节能工程有限公司与东营海鑫石油装备有限公司技术合同超市裁定书

23.（2016）鲁 01 民初 416 号山东欣和食品工业有限公司与天津益东调味食品有限公司商标侵权、不正当竞争民事判决书

24~57.（2016）鲁 01 民初 174~207 号中国音像著作权集体管理协会与济南唐潮时代文化传媒有限公司著作权侵权撤诉裁定书

58.（2016）鲁 01 民初 23 号郑州天艺围栏模具有限公司、倪某某与粮油明星塑料制品有限公司外观设计专利侵权民事判决书

59.（2015）济民三初字第 1059 号深圳腾讯计算机系统有限公司与济南市中福缘珠宝行、中国黄金集体黄金珠宝有限公司著作权侵权撤诉裁定书

60.（2015）济民三初字第 325 号石家庄成功机电有限公司与长沙琦清机械设备有限公司、时代凯乐化工有限公司专利侵权撤诉裁定书

61.（2016）鲁 01 民初 25 号黄某与杨某某专利侵权撤诉裁定书

62.（2016）鲁 01 民初 18 号上海千鹤电动车有限公司与济南历城小鸟电动车行商标侵权撤诉裁定书

63.（2015）济民三初字第 1064 号向某、娄某某与肥城三英纤维工业有限公司、马某专利申请权权属民事调解书

64~66.（2016）鲁 01 民初 493/494/506 号河北养元智汇饮品股份有限公司与济宁市中可心便利店/济宁市中美德超市/茌平利群副食商店外观设计专利侵权撤诉裁定书

67.（2015）济民三初字第 1068 号赵某某与济南广发科技有限公司技术合同民事判决书

68.（2016）鲁 01 民初 700 号华劲贸易（珠海）有限公司与章丘供销超市水寨店食品部商标侵权超市裁定书

69.（2015）济民三初字第 1123 号沈某某与济南满尖香餐饮技术研发有限公司特许经营合同民事判决书

70~74.（2016）鲁 01 民初 486/488/497/502/503 号河北养元智汇饮品股份有限公司与东阿陈集桂香副食部/东阿刘集宏远百货购物广场/梁山拳铺供销合作社郭堂百货门市

部/茌平杜郎口建鑫副食部/茌平冯屯王老天赞超市外观设计专利侵权撤诉裁定书

75～84.（2016）鲁01民初487/489－491/495/496/500/501/504/505/号河北养元智汇饮品股份有限公司与东阿陈集方圆超市/济宁任城建营超市/济宁任城溢超超市/济宁市中光明百货副食商行/庆云瑞祥副食超市/梁山天天鲜超市/宁津杜集浩正百货超市/茌平新源超市农家店/茌平东风粮油店/茌平欣茹副食品店外观设计专利侵权民事判决书

85～88.（2016）鲁01民初697－699/701号华劲贸易（珠海）有限公司与济阳崔寨中商世纪华联食品店/商河好买得购物超市/商河长城购物商城/章丘文祖严国忠百货商店商标侵权民事判决书

89.（2016）鲁01民初849号青岛鲨鱼锯业实业有限公司与济南天桥北园兴鲁五交化供应站商标侵权撤诉裁定书

90.（2016）鲁01民初818号山东森德数控机械有限公司与上海联瑞知识产权代理有限公司商标合同民事调解书

91.（2016）鲁01民初776号沃尔沃商标控股有限公司与山东维动新能源汽车有限公司商标侵权、不正当竞争民事判决书

92～94.（2016）鲁01民初492/498/499号河北养元智汇饮品股份有限公司与济宁市中尊客超市/梁山全喜超市/梁山吕某某综合门市部外观设计专利侵权民事判决书

95.（2016）鲁01民初834号山东德广工贸有限公司与北京华联综合超市股份有限公司、济南分公司商标侵权超市裁定书

96.（2016）鲁01民初896号福建恒安集团有限公司与济阳东杰食品销售中心商标侵权撤诉裁定书

97～98.（2016）鲁01民初208/209号中国音像著作权集体管理协会与济南风华绽放餐饮娱乐有限公司著作权侵权民事判决书

99.（2016）鲁01民初842号小米科技有限责任公司与济南嘉华购物广场集团股份有限公司商标侵权民事判决书

100.（2015）济民三初字第723号邳州官湖新华铸造厂、马某某与杜某某、侯某某实用新型专利侵权民事判决书

101.（2016）鲁01民初899号福建恒安集团有限公司与济阳华旺纸业门市部商标侵权撤诉裁定书

102.（2015）济民三初字第831号济南麦迪格眼视光科技有限公司与金某某特许经营合同民事判决书

103～106.（2016）鲁01民初895/897/898/900号福建恒安集团有限公司与商河秀玲超市/商河绿源购物超市富东店/商河大槐树超市/商河绿源购物超市田园路店商标侵权民事判决书

107. （2016）鲁 01 民初 1192 号曹某某与济阳信息（新闻）中心著作权侵权撤诉裁定书

108. （2015）济民三初字第 984 号烟台欣和味达美食品有限公司与青岛美食杰食品有限公司、济阳曲堤好宜多超市不正当竞争民事判决书

109. （2016）鲁 01 民初 809 号华强方特（深圳）数字动漫有限公司与济阳开元信誉商贸有限公司著作权侵权撤诉裁定书

110～112. （2016）鲁 01 民初 1193－1195 号曹某某与山东舜网传媒股份有限公司著作权侵权撤诉裁定书

113～114. （2016）鲁 01 民初 1158/1159 号褚子良与枣庄亚太石榴酒有限公司/枣庄三川酒业有限公司外观设计专利侵权撤诉裁定书

115. （2016）鲁 01 民初 1185 号华强方特（深圳）数字动漫有限公司与济南高新开发区福润多超市著作权侵权撤诉裁定书

116. （2016）鲁 01 民初 1126 号许某某与任某某实用新型专利侵权民事判决书

117. （2016）鲁 01 民初 1016 号泰安泰山区更新汽修厂与徐某某技术合同纠纷民事判决书

118～122. （2016）鲁 01 民初 1021－1025 号青岛中兴达橡塑有限公司与王某某、山东华强企业集团总公司/陈某某、山东华强企业集团总公司/刘某、刘某某、山东华强企业集团总公司/张某某、山东华丰企业集团总公司/李某某、山东华丰企业集团总公司外观设计专利侵权撤诉裁定书

123～124 （2016）鲁 01 民初 1190/1191 号曹某某与山东互联网传媒集团股份有限公司著作权侵权撤诉裁定书

125. （2015）济民三初字第 1084 号山东呈祥电工电气有限公司与济南黄河路桥建设集团有限公司、山东鑫隆管业有限公司实用新型专利侵权驳回裁定书

126. （2016）鲁 01 民初 1136 号上海实业马利画材有限公司与章丘明水学士文具店商标权侵权撤诉裁定书

127. （2015）济民三初字第 1020 号河北养元智汇饮品股份有限公司与禹城希国副食店外观设计专利侵权民事判决书

128～141. （2016）鲁 01 民初 1585－1598 号明天出版社与湖南映山红文化传媒有限公司、浙江天猫网络有限公司著作权侵权撤诉裁定书

142. （2016）鲁 01 民初 1416 号北京三面向版权代理有限公司与山东法因数控机械股份有限公司著作权侵权撤诉裁定书

143. （2016）鲁 01 民初 893 号北京四环制药有限公司、通化济达医药有限公司发明专利侵权撤诉裁定书

144～146.（2016）鲁01民初1330－1332号中国音像著作权集体管理协会与长清花儿朵朵娱乐城著作权侵权民事判决书

147.（2016）鲁01民初1486号山东奥太电气与嘉祥亿泰、刘某某发明专利侵权调解书

148.（2016）鲁01民初1437号寿光悦力诺与博兴车之缘外观设计专利侵权判决书

149.（2016）鲁01民初1660号广东原创动力与银座振兴街购物中心、金龙珠宝著作权侵权撤诉裁定书

150～158（2016）鲁01民初1333－1341号中国音像著作权集体管理协会与平阴云海好声音、云海宾馆著作权侵权民事判决书

159.（2016）鲁01民初1778号脱普日化与济南时尚诚信商标侵权撤诉裁定

160.（2016）鲁01民初1449号华强方特（深圳）与济南三盛房地产著作权侵权撤诉裁定书

161.（2016）鲁01民初1633号济南历城九天造价咨询培训与山东一砖一瓦不正当竞争民事判决书

162.（2016）鲁01民初1649号山东鼎锋门业与山东金锣新福昌铝业外观设计专利侵权判决书

163.（2016）鲁01民初1683号浙江天煌与山东星科、临沭职业中专外观设计专利侵权撤诉裁定书

164～165（2016）鲁01民初1664/1665号济南鑫鲁泉与邢台仙豆子、济南幸福小子外观设计专利侵权判决书

166～167（2016）鲁01民初1675/1697号袁某某、孙某某与济南乐乐书店著作权侵权调解书

168.（2016）鲁01民初1638号山东七运与济南大久实用新型专利侵权判决书

169～171（2016）鲁01民初1446－1448号经济科学出版社与武汉荣昌仁和会计、洪家楼分公司著作权侵权调解书

172～173.（2016）鲁01民初1705/1706号金金利来、七匹狼与章丘辛寨嘉年华购物超市商标侵权判决书

174.（2016）鲁01民初1779号脱普日化与天桥英山世纪华联商标侵权撤诉裁定书

175.（2016）鲁01民初769号艾影与沃尔玛泉城路分店、长江少儿出版社版权侵权移送裁定书

176.（2016）鲁01民初1736号欧阳琼与济南九洲隆泰酒店管理特许经营合同撤诉裁定书

177～178.（2016）鲁01民初1750/1751号孔玮与中节能晶和照明、山东瑞华科技公

司外观设计专利侵权撤诉裁定书

179.（2016）鲁01民初1645号山东天地大建材与山东德睿节能、山东玉皇化工实用新型专利侵权撤诉裁定书

180～181.（2016）鲁01民初1777/1780号脱普化工与商河正阳、济阳富群商标侵权撤诉裁定书

182.（2016）鲁01民初1409号孔某与江苏瑞澜光电瑞华科技公司外观设计专利侵权判决书

183.（2016）鲁01民初1717号保定世臣癫痫病医院与济南军都医院不正当竞争判决书

184～186.（2016）鲁01民初1900－1902号青岛豪达与临沂庄某某、恒某、王某某外观设计专利撤诉裁定书

187～191.（2016）鲁01民初1759－1763田凤英等与山东唯美、古建军特许经营纠纷移送管辖书

192.（2016）鲁01民初2040号董某某、张某与先大餐饮特许经营合同纠纷撤诉裁定书

193.（2016）鲁01民初1002号泰安金塔化工与泰安泰昌专利事务所等专利代理合同纠纷民事判决书

194.（2016）鲁01民初1865号深圳盟世奇与济南华联版权侵权撤诉裁定书

195～198.（2016）鲁01民初1882－1885号上海联合光盘与山东新华书店山东书城分公司商标侵权撤诉裁定书

199.（2016）鲁01民初788号钱柜与济南钻石钱贵娱乐商标侵权及不正当竞争民事判决书

200.（2016）鲁01民初2031号佛山普拉迪与山东意辰数控商标侵权民事判决书

201.（2016）鲁01民初2069号无锡东大印刷与济南槐荫桂某、韩某商行著作权侵权撤诉裁定书

202～203.（2016）鲁01民初2126/2127号广东原创动力与天桥泰和超市、天桥鑫胜超市著作权侵权撤诉裁定书

204.（2016）鲁01民初1877号张某某与山东山润、济南爱鲁商标侵权民事判决书

205～206.（2016）鲁01行初610/611山东众信与济宁知产局、诸城蔚蓝专利行政中止裁定书

207.（2016）鲁01民初2049号高某某与济南瑞成特许经营合同撤诉裁定书

208.（2016）鲁01民初1656号泰诺健与山东天展外观设计专利侵权民事判决书

209.（2016）鲁01民初1747号青岛冠中与济南绿益商标侵权民事判决书

210.（2015）济民三初字第 963 号托普索与山东润银、上海科扬发明侵权驳回裁定书

211.（2016）鲁 01 民初 1693 号山东中宝新型建材与齐某某、山东民安实用新型专利许可合同民事判决书

212.（2016）鲁 01 民初 1853 号山东确信信息与山东建筑大学技术合作开发合同民事判决书

213～218.（2016）鲁 01 民初 2094/2095/2097/2098/2099/2100 号张某甲/李某/郭某/董某某/张某乙/谢某某等与山东广信峰通物流公司特许经营合同民事判决书

219.（2016）鲁 01 证保 3 号申请人济南微装游乐设备有限公司与被申请人济宁市鲁星工程机械有限责任公司诉前证据保全民事裁定书

220.（2016）鲁 01 证保 20 号申请人王某某与被申请人莒县兰梅塑料制品厂、南安市瑞兴机电设备有限公司诉前证据保全民事裁定书

后 记

从 1994 年承办第一件专利侵权纠纷案件，至今已经 20 多年。从 1997 年年底进入新成立的知识产权庭，也已经整整 20 周年。回想专门从事知识产权审判初始，我国有关知识产权的立法和司法文件少之又少，程永顺先生编写的《专利诉讼》和 1998 年《最高人民法院关于全国部分法院知识产权审判工作座谈会纪要》（业内简称吴县会议纪要），因可操作性强，成为少有的办案指南。随着我国经济社会发展和加入世界贸易组织，知识产权自身以及与之相关的立法、行政和司法均有了长足发展。最高人民法院从 2008 年开始，在每年的"4·26"世界知识产权日发布年度报告，公布典型案件及其裁判理由。本书第一部分精选上述年度报告及本人收集保存的最高人民法院在 2008 年以前公布的部分案件和裁判观点，按照相近主题进行编排，希望能够反映最高人民法院近年来的裁判理念和观点。

记得 2003 年参加"优秀审判长"竞选演讲时，笔者曾提出"庭审和裁判文书是法官的两张脸"。庭审是法官的法律素养和技能的即时动态展现，而裁判文书则是上述内容的固态永恒，二者构成法官原汁原味的司法活动载体。本书推介了笔者承办的 20 件案例的裁判文书，既有被最高人民法院公布为指导性案例的文书，也有被最高人民法院再审改判案件的文书。上述裁判文书是按照案件类型和承办年份来选择的。昌有《汉谟拉比法典》的"判决之外，法官无语"，但笔者还是忍不住附了推介理由，以方便读者查阅。

截至目前，笔者共办理各类知识产权案件 1190 件，其中诉前证据保全、禁令 32 件，各类实体案件 1158 件；1158 件实体案件包括专利 464 件、版权 385 件、商标 187 件、不正当竞争 47 件、特许经营 28 件、技术合同 26 件、植物新品种 21 件；464 件专利案件包括发明 76 件、实用新型 211 件、外观设计 177 件，含专利行政 7 件。上述案件涵盖了除垄断、集成电路布图设计和刑事案件以外全部知识产权案件类型。笔者将个人年度结案目录作为附件，是向过往法官生涯的致敬，也期待读者能够从一个法官个体办案数量和类型的变化体会到一个法院乃至整个国家知识产权事业的进步。

非常感谢著名知识产权专家孔祥俊教授和闫文军教授为本书作序，也非常感谢知识产权出版社刘睿主任和邓莹编辑为本书出版所做出的贡献。

愿本书在总结笔者审判历程的同时，能为读者提供一些知识产权案件素材和观点，这是出版此部作品的中心所在。

王俊河

2018 年 4 月